Herta-Elisabeth Renk (Hrsg.)

Lernen und Leben aus der Welt im Kopf

Jubiläumsjahr 1999
Von Profi zu Profi. Seit 75 Jahren.

Herta-Elisabeth Renk (Hrsg.)

Lernen und Leben aus der Welt im Kopf

Konstruktivismus in der Schule

Luchterhand

Die Deutsche Bibliothek – CIP-Einheitsaufnahmen

Lernen und Leben aus der Welt im Kopf:
Konstruktivismus in der Schule / Herta-Elisabeth Renk (Hrsg.) -
Neuwied; Kriftel: Luchterhand, 1999
(Pädagogik)
ISBN 3-472-03979-5

Titelvignette gezeichnet von Gordon Pask zu H. v. Foerster:
On Self-Organizing Systems and Their Environments, in: M.C.Yovis & S. Cameron (eds),
Self-Organizing Systems (Pergamon Press), London 1960, 31-50

Umschlag: arttec grafik simon & wagner, St. Goar
Papier: Permaplan von Arjo Wiggins Spezialpapiere, Ettlingen
Druck: MVR Druck GmbH, Brühl
Printed in Germany, Oktober 1999

♾ Gedruckt auf säurefreiem, alterungsbeständigem und chlorfreiem Papier

Inhalt

Vorwort

Als wir 1994 das erste Mal zu einem Symposion an die Katholische Universität Eichstätt einluden, um über die Praxis des konstruktivistischen Paradigmas zu diskutieren, da wollten wir uns vor allem mit anderen Lehrern und Wissenschaftlern austauschen. Wir waren neugierig, wie andere in ihrer Praxis mit diesen Ideen umgingen, mit welchen Methoden, welchen Überlegungen und in welchen Bereichen sie das taten. Viele der folgenden Beiträge sind kürzlich beim dritten Treffen dieser Art vorgestellt worden.

Jeder, der eine Zeitlang im akademischen Geschäft ist, sieht die Moden kommen und gehen. Da gibt es die höchst seltenen Bücher, die neue Gedanken vorstellen, die uns anregen oder aufregen, aber jedenfalls zur Überprüfung der eigenen Arbeitsweise veranlassen; die uns manchmal elektrisieren: »Aber natürlich, das habe ich schon immer gedacht! Das habe ich doch auch versucht! Das erklärt mir vieles, was ich schon lange wissen wollte!« Und dann gibt es die gar nicht so seltenen Bücher, die im neuesten Fachchinesisch stets aufs neue erzählen, was man ohnehin so oder so seit langem kennt.

Wir sind ziemlich sicher, hier kein Buch der zweiten Kategorie vorzulegen; doch viele Artikel sind entstanden aus einem Aha-Erlebnis der ersten Art, aus der Begegnung mit den Ideen Maturanas und Foersters zum Beispiel, aus der Faszination mit den Pionieren des drama-in-education wie Gavin Bolton und Dorothy Heathcote. Und die Verfasser sprechen von der eigenen Praxis zu anderen Praktikern – das ist der rote Faden, der alle Beiträge verbindet.

Einige Beiträge (von Glasersfeld, von Foerster, Fischer) befassen sich mit Prinzipien der Praxis, die für alle Bereiche der Wissensvermittlung gleichermaßen gültig sind. Andere Beispiele zeigen die Umsetzung solcher Prinzipien in spezifische Techniken und ihre Anwendung im Kontext bestimmter Sachgebiete wie Schreibkultur und Mathematik (Ackermann), Friedenserziehung (Schonmann) und Sprach- und Literaturunterricht (Renk); das Stichwort hier heißt »Lernumgebungen« oder, einen entscheidenden Schritt weitergeführt, imaginierte Situationen und Geschichten als Lernsituationen, wie sie das educational drama oder die virtual environments in ganz unterschiedlicher Weise entwickelt haben.

Immer schwingt dabei die unausgesprochene Frage mit, wieweit konstruktivistisches Denken integrierbar ist in »traditionelle Vorstellungen«, was immer die sein mögen. So fragt Fischer, welche Formen des Verstehens es gibt und wieweit sie genetisch determiniert sind, wie die »Nativisten« glauben, oder nur die Basis, auf der individuelles Wissen konstruiert wird, wie die »Konstruktivisten« glauben; und welche Rolle dabei kulturell geprägte Denkschemata spielen. Mandl schlägt ein breites Strategiekonzept vor, das im wesentlichen darauf vertraut, daß konstruktivistische Ideen allmählich in die traditionelle Denkweie »diffundieren«. Von Glasersfeld dagegen sagt ohne Umschweife, »daß es ein unbeliebtes Unterfangen ist, konstruktivistisches Denken verbreiten zu wollen«, und er erklärt auch, warum. Foerster denkt ebenso, auch wenn er meist amüsiert auf Menschen reagiert, die ihm nicht folgen wollen. Wie schon Hofmannsthal versteckt er seine Überzeugungen an der witzigen Oberfäche von Aperçus und Anekdoten - und redet doch mehr als andere von der »KybernEthik«, der bewußten Verantwortung für das eigene Denken; läßt keinen Zweifel, daß es für ihn nie eine strategische Entscheidung war, sich für individuelles Denken und individuelle Verantwortung zu entscheiden und gegen Paukwissen und autoritäres Lehren. Es war nicht sehr klug, beispielsweise, lieber die eigene Entlassung aus der Universität zu riskieren als die Beiträge der Studenten in einer Hochschulzeitung zu zensieren. Schließlich gibt es gute Argumente für die »Traditionalisten«. Die Handwerkskammern, die auf der Erfüllung präziser Vorgaben bestehen, oder die peruanischen Studentinnen, die unbeschwert etwas pauken und dank gutem Gedächtnis einen akzeptablen Job ergattern wollen, wissen schon, warum sie sich gar nicht erst mit der Unberechenbarkeit oder der Verantwortung eigenen Denkens und eigener Ansichten herumschlagen möchten.

Letztlich muß man sich in der Wissenschaft wie in der Erziehung für ein Menschenbild entscheiden. Entweder akzeptiert man die Autonomie des Einzelnen, oder man tut es nicht. Tut man es, dann wird man den Menschen nie als das bloße Produkt äußerer Mechanismen sehen, wird ihn nie ganz von seiner Verantwortung freisprechen – weder für die Ansichten, die er vertritt, noch für die Art, wie er dazu kommt.

So kompliziert wie es scheint, sind die Entscheidungen gar nicht, die Schule und Hochschule treffen müssen. Man kann Menschen nicht als Paukmaschinen trainieren und dann von ihnen Lösungsstrategien und laterales Denken verlangen; man muß wissen, welche Regeln ein bestimmter Unterricht setzt und was man davon erwarten darf. Und ob man das dann wirklich will. Man kann auch nicht ein bißchen eigenes Denken erlauben, am Ende aber doch nur die Ergebnisse zulassen, die von vorneherein feststehen.

Wahrscheinlich haben alle Hochkulturen ihren Kindern immer zweierlei vermittelt: den aktuellen Wissensstand des kulturellen Konsens und die ihm zugrundeliegenden Prinzipien oder das, was von Foerster die Betrachtung des Wissens »vom höheren Standpunkt aus« nennt. Sicher gab es immer schon viele, die nur das erste interessierte; aber das Infragestellen des Gelernten ist kein akademisches Privileg. Jeder Handwerker, der sein Werkzeug verbessert, jeder Bauer oder Geschäftsmann, der eine Marktlücke als solche erkennt, operiert mit den impliziten Prinzipien seines kulturellen Wissens. Fortschritt ist nur in dieser Weise möglich – für das gute Funktionieren im allgemeinen reicht vielleicht der aktuelle Konsens. Jedenfalls reicht er für eine gewisse Zeit, die aber angesichts unserer immer rascher sich wandelnden Welt auch immer kürzer wird. Das müssen Handwerkskammern und Lehrerseminare wissen, wenn sie sich für eine bestimmte Schule entscheiden.

Diese Probleme gibt es überall; in Deutschland werden sie aber verschärft durch die lange Dauer unserer Ausbildungszeiten. Zu einem Zeitpunkt, wo unsere Studenten sich noch in Grundkursen mit Paukwissen vollstopfen, sind ihre Altersgenossen in Großbritannien bereits post-graduates, stehen in der Forschung oder im Beruf. Der Anteil unserer Abiturienten steigt, die meisten studieren und sind um die dreißig Berufsanfänger (oder arbeitslos). Sollte unter diesen Umständen nicht ein Kriterium des Prüfungserfolges auch die Bereitschaft sein, sich selbstverantwortlich zu organisieren und das Fach »von einem höheren Standpunkt« zu begreifen? Was im Augenblick als »Problemwissen« verstanden wird, ist doch in der Regel nicht viel mehr als das Herbeten von Sekundärliteratur.

Wir sollten uns auch mit Heinz von Foerster fragen, ob Prüfungen wirklich die Eingangsprüfungen zu bestimmten Laufbahnen sein müssen, wie das in vielen Bereichen noch der Fall ist. Ist das System des »concours«, den Bayern und Frankreich aus napoleonischen Zeiten erhalten haben, immer noch der beste Weg des Staates, sich eine intellektuell-kreative Elite zu sichern wie vor fast 200 Jahren? Wie sollte das Verhältnis von Faktenwissen und der individuellen Fähigkeit, seine Prämissen in Frage zu stellen, bei unseren Beamten und in unserer Gesellschaft aussehen, und wie sollten unsere Schulen demgemäß operieren?

So kompliziert sind diese Fragen gar nicht, nur ein bißchen unangenehm. Wenn Menschen das Recht haben, »deppert zu sterben«, wie Heinz von Foerster mit schwarzem österreichischem Humor vermutet, dann müssen wir das akzeptieren. Wenn wir andererseits eine kreative Elite brauchen, die imstande ist, die Prämissen unseres kulturellen Konsens neu zu überdenken, dann dürfen wir nicht 30jährige (oder 16jährige) aus der Ausbildung entlassen, die nur nachbeten, was man ihnen eingetrichtert hat.

Wenn wir das trotzdem tun, ist es freilich nicht immer das Resultat einer bewußten Entscheidung - viel öfter der Zwang fehlender methodischer Alternativen. Und das erklärt die Notwendigkeit neuer Methoden, wie sie Ackermann, Renk und Schonmann darstellen.

In jedem Fall geht es um das Lernen durch Erfahrung, das Lernen in Situationen, und das hat tatsächlich eine ebenso lange Tradition wie das Pauken von Fakten; wir müssen diese Methoden nur wieder kennenlernen und unseren Bedürfnissen anpassen. Das ist allerdings nicht so leicht, wie es aussieht; die Geschichte des drama-in-education seit den 40er Jahren ist reich an Beispielen, wie weit und wie fallenreich der Weg von der guten Absicht zu ihrer guten Umsetzung sein kann.

Schonmann berichtet von ihren wahrhaft heroischen Versuchen, mit Mitteln des educational drama die Vorstellung von einer friedlichen Zukunft in den Köpfen von Palästinensern und Israelis zu »konstruieren«. Ich habe sie nach Eichstätt eingeladen, weil ich mir beim besten Willen kein besseres Beispiel für »constructivism in progress« denken konnte. Ackermann berichtet von verschiedenen Vorschlägen, das Spiel in virtuellen Welten für den Mathematik- und Sprachunterricht zu nutzen. Meine eigenen Beiträge berichten zunächst von den Möglichkeiten, das Spiel in imaginierten Situationen für den Literaturunterricht zu nutzen und stellen dann das drama-in-education vor, aus dem man wichtige Methoden für situatives Lernen entwickeln kann.

Vielleicht sollte ich erklären, warum ich mich mit einigen Kolleginnen entschlossen habe, auf Kunstwörter wie LehrerInnen zu verzichten. Wenn wir als Frauen über »Lehrer« schreiben und dabei ganz offensichtlich auch von eigenen Erfahrungen sprechen, gehen wir davon aus, daß sich Männer und Frauen gleichermaßen eingeschlossen fühlen können.

Für das Zustandekommen dieses Bandes habe ich Anna Gruber zu danken, die den Text am Computer in Form gebracht hat, und Dr. Margarete Willerich-Tocha und Anja Tillmann für Anregungen und das Lesen der Korrekturen.

Die Herausgeberin

Konstruktivistische Anregung für Lehrer:
Was im Bezug auf Sprache zu bedenken wäre

Ernst von Glasersfeld

Die Sorte Konstruktivismus, an der ich in den vergangenen vier oder fünf Jahrzehnten gearbeitet habe, ist ein Versuch, das Problem zu umgehen, das die Skeptiker vor rund 2500 Jahren erkannt und als unüberwindlich aufgezeigt haben. Dieses Problem besteht, kurz gesagt, darin, daß menschliches Wissen notgedrungen in der Luft hängt, weil niemand in der Lage ist, es mit einer vom Menschen unabhängigen Realität zu vergleichen, um zu sehen, ob es richtig oder falsch ist. Wir gewinnen unser Wissen aus der Erfahrung und können es in der Erfahrung ausprobieren und prüfen, aber in der Welt, von der wir annehmen, daß sie unseren Erfahrungen zugrunde liegt, können wir seine Gültigkeit nicht feststellen. Hätten wir stichhaltige Indizien, daß Erfahrung die reale Welt objektiv spiegelt, könnte man wohl auf einen Nachweis verzichten. Doch vieles weist darauf hin, daß es unsere Art und Weise des Wahrnehmens und Begreifens ist, die bestimmt, was wir erfahren.

Es ging mir also darum, ein Modell zu entwickeln, das die Möglichkeit zeigt, Wissen ohne Zugang zur Realität aus der erlebten Wirklichkeit aufzubauen. Diese Idee ist natürlich nicht meine Erfindung. Vico, Kant – und vor allem Piaget und mein jüngst verstorbener Freund Silvio Ceccato – haben sie jeder auf seine Weise ausgearbeitet. Ich habe wenig mehr getan, als zu versuchen, diese in recht unterschiedlichen Begriffen dargestellten Theorien in eine allgemein zugänglichere Form zu bringen. Heinz von Foerster, einer der ersten Kybernetiker und Begründer der »Kybernetik zweiter Ordnung«, ist auf ganz anderem Weg zu sehr ähnlichen Ansichten gekommen.

Im Lauf der Zeit ist mir klar geworden, daß es ein unbeliebtes Unterfangen ist, konstruktivistisches Denken verbreiten zu wollen. Nicht nur alle Formen von Fundamentalismus – einschließlich des populären wissenschaftlichen Fundamentalismus – sind dagegen, sondern auch die sogenannten Leute auf der Straße haben Hemmungen, den gesunden Menschenverstand in eine konstruktivistische Richtung zu leiten.

Das Verlangen, zumindest annäherungsweise, etwas von jener Welt herauszufinden, die unabhängig von unseren Wahrnehmungen und unseren

Begriffsoperationen »existieren« soll, ist unheimlich groß. Sehr viele sind nicht bereit, es aufzugeben. Das ist nicht verwunderlich, denn trotz der Einwände, die seit jeher von Skeptikern erhoben wurden, ist das Verlangen nach »wahrer Erkenntnis« vom Hauptstrom der abendländischen Philosophie unentwegt bestärkt worden, nicht etwa dadurch, daß Philosophen gezeigt hätten, wie solche Erkenntnis rational möglich wäre, sondern dadurch, daß sie diese Möglichkeit mit Hilfe von raffinierten metaphysischen Metaphern vorgetäuscht haben.
Mit Recht werden Sie nun vielleicht fragen, wie jemand dazu kommt, die unzweifelhaft schönen metaphysischen Bauwerke untergraben zu wollen. Darauf würde ich sagen, untergraben will ich sie gar nicht – mein Ziel ist lediglich zu zeigen, daß metaphysische Annahmen auf die Frage des »wahren« Wissens keine rationale Antwort geben und daß die Frage als solche schon falsch gestellt ist. Zur Erklärung, wie ich zu dieser Zielsetzung gekommen bin, muß ich wohl oder übel etwas aus meiner Vorgeschichte erzählen.

Relativität der Sprachen

Wer unter mehr oder weniger normalen Umständen aufwächst, kommt unwillkürlich zu der Überzeugung, daß die Muttersprache die Welt so beschreibt, wie sie ist. Später gibt es wohl Situationen, die das in Frage stellen, doch in der Jugend hat man kaum Grund, daran zu zweifeln. Beginnt das Dasein jedoch wie in meinem Fall in einer Umwelt, in der das tägliche Leben von Anfang an in mehr als einer Sprache vor sich geht, so ist es unvermeidlich, daß eines Tages die Frage auftaucht, welche der Sprachen das »richtige« Bild der Realität vermittelt. Ein Kind lernt zwei Sprachen ebenso mühelos wie eine und findet sich sehr schnell in beiden zurecht. Solange die Kontexte getrennt bleiben, merkt es auch keine Unterschiede. Doch wenn dann zum Beispiel ein Erlebnis zuerst in der einen und dann in der anderen Sprache besprochen wird, zeigt sich mitunter deutlich, daß das Erlebnis jeweils anders beschrieben, und das heißt anders gesehen und erlebt wird.

Mit der Zeit wird dem Kind dann klar, daß alle »Einsprachigen« in der Überzeugung leben, ihre Sprache garantiere die richtige Beschreibung der Welt. Da aber die Sprecher der anderen Sprache auch ganz vernünftige Leute sind, ist diese Überzeugung offensichtlich eine Illusion. Eine »objektive«, vom Menschen unabhängige Erkenntnis ist ausgeschlossen, weil niemand aus der menschlichen Art und Weise des Wahrnehmens und Denkens aussteigen kann. Zwar ist die menschliche Art und Weise des Wahrnehmens und Denkens im Prinzip überall ziemlich die gleiche, aber was durch sie hergestellt wird, hängt von den jeweiligen Lebensbedingungen und kulturellen Entwicklungen ab – und diese weichen oft beträchtlich voneinander ab.

Da begriffliche Unterschiede in den Sprachen zum Vorschein kommen, ist es wichtig, sich über den Zusammenhang von Wort und Bedeutung klar zu werden. Ferdinand de Saussure hat Anfang des Jahrhunderts das grundlegende Modell erdacht:

Begriff	Lautbild
Abstraktion von generalisiertem Phänomen	*Abstraktion von generalisiertem akustischem Phänomen*

(Nach de Saussure, 1959)

Die semantische Verbindung, durch die ein Wort zum Sprachzeichen, d.h. zum Element einer tatsächlichen Sprache wird, ist nie von selbst gegeben, sondern muß von einem denkenden Subjekt hergestellt werden. Diese Verbindung besteht darin, daß ein aus der Erfahrung abstrahiertes »Lautbild« mit der Vorstellung eines ebenfalls aus der Erfahrung abstrahierten Begriffs assoziiert wird.

Die Konstruktion von Vorstellungen

Das wirft nun die Frage auf, was wir unter »Vorstellung« verstehen sollen. Von meinem konstruktivistischen Gesichtspunkt aus handelt es sich um das, was wir »im Geist« heraufbeschwören, wenn wir uns an Dinge erinnern, die wir erlebt haben. Das können Erlebnisse der Wahrnehmung sein ebenso wie Erlebnisse des Denkens oder der freien Phantasie. Da auch Denken und Phantasie mit Bausteinen arbeiten, die ursprünglich aus der Wahrnehmungswelt hervorgingen, will ich das Entstehen von Vorstellungen an Hand der Wahrnehmung zu erhellen versuchen.

Das grundlegende Problem ist also, wie wir die Einheiten schaffen, die wir uns dann dank der Assoziation mit einem Namen wieder »präsentieren«. Ein Beispiel soll das verständlich machen:

Wahrscheinlich sehen Sie zunächst eine Wellenlinie. Das muß aber nicht sein. Sie können ebenso gut drei Hügel, zwei Täler oder einfach eine Reihe von schwarzen Punkten sehen. Hätten wir gerade von Schlangen gesprochen, so würden Sie die Skizze wahrscheinlich als Schlange sehen. Wie Sie das sensorische Rohmaterial interpretieren, hängt davon ab, wie Sie es in Einheiten aufteilen und kategorisieren. Das heißt, was wahrgenommen wird, hängt weitgehend vom Kontext und von den Vorstellungen ab, die dem Wahrnehmer geläufig sind.

Auch die Art der Präsentation spielt eine Rolle. Das gleiche sensorische Material kann je nach der relativen Lage unterschiedlich interpretiert werden:

Dieses Beispiel stammt von Silvio Ceccato. Es zeigt, daß oft der Gesichtspunkt ausschlaggebend ist für die Wahrnehmung und Interpretation von Dingen, die uns als vollkommen »real« erscheinen. Ceccatos Analysen der Augenbewegungen haben bereits in den Sechzigerjahren gezeigt, daß die visuelle Erkundung zumeist in dem breitesten geschlossenen Teil des präsentierten Materials einsetzt. Das heißt, in der linken Zeichnung beginnt der Weg der Wahrnehmung unten und geht hinauf; in der rechten beginnt er oben und geht herunter. Es ist also die Direktion des Wahrnehmungspfades, die im ersten Fall die Vorstellung »Karaffe«, im zweiten die Vorstellung »Glas« bedingt. Der Gesichtspunkt spielt eine ausschlaggebende Rolle in der Wahrnehmung von Sternbildern. Nehmen wir zum Beispiel jene fünf Sterne, die in klaren Nächten auf der dem »Großen Wagen« entgegengesetzten Seite des Polarsterns leuchten. Die Griechen gaben ihnen den Namen Kassiopeia,

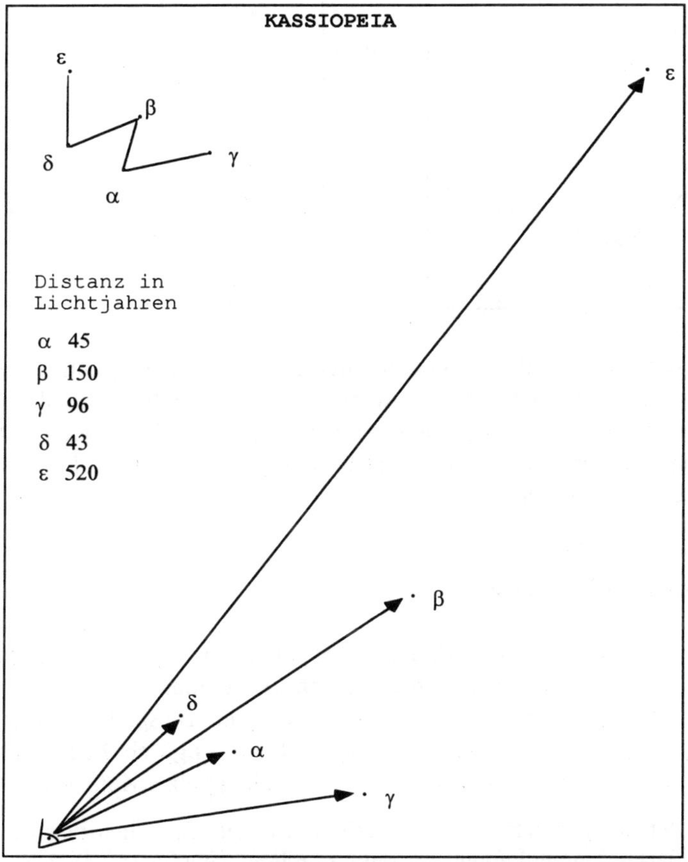

weil sie in ihnen die Krone dieser mythischen Königin sahen. Wir hingegen sehen ein großes W, weil uns die prosaische Analogie zu diesem Buchstaben näher liegt.

Ich erwähne das Beispiel aus zwei Gründen. Erstens gibt es in dem Weltraummodell, das Astronomen heutzutage verwenden, nur eine eng begrenzte Gegend, in der die Anordnung der Sterne eine Interpretation als W oder Krone erlaubt. Befände der Beobachter sich wenige Lichtjahre weiter links oder rechts, so könnte er das gewohnte W nicht mehr sehen. Zweitens enthält die Wahrnehmung der einzelnen Sterne nichts, was ihre Verbindung in Form von einem W bedingt. Man könnte die fünf Punkte ebensogut auf Grund anderer Aufmerksamkeitsbewegungen auch so verbinden:

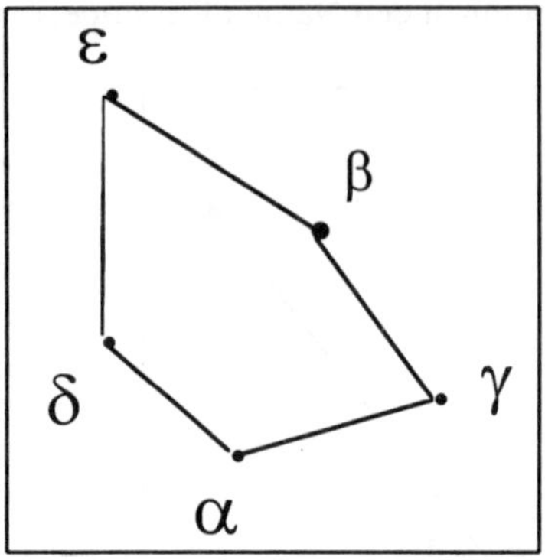

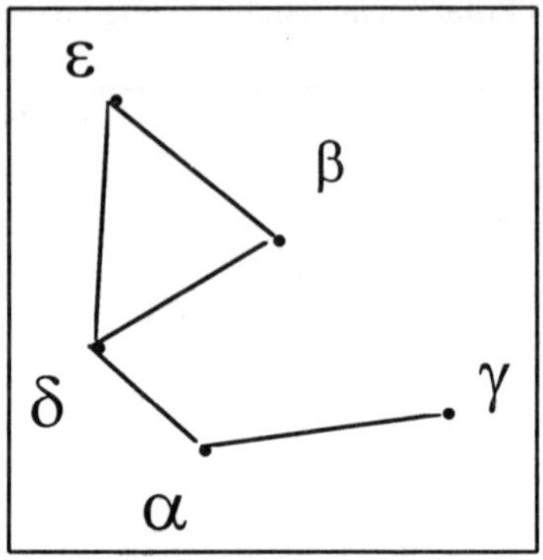

Wir tun das nicht, weil es angesichts der gewohnten Konstellation einiger Anstrengung bedarf, sich die fünf Sterne anders verknüpft vorzustellen. Wir haben sie als W sehen gelernt und neigen dazu, die gelernte Konstruktion beizubehalten, vor allem weil sie sich in sprachlichen Interaktionen mit anderen gut bewährt hat.

Begriffliche Unterschiede

Was die Sternbilder betrifft, sind die Vorstellungen, die mit ihren Namen assoziiert werden, bei den Sprachen, die ich kenne, meistens ähnlich. Doch auch da gibt es Unterschiede. Manche sehen zum Beispiel den »Großen Wagen«, andere den »Großen Bären«; und auf Englisch heißt dasselbe Sternbild »The Big Dipper«, ruft also die Vorstellung einer Kelle hervor.

Was Wörter des gewöhnlichen Wortschatzes zweier Sprachen betrifft, sind die assoziierten Vorstellungen fast immer andere, selbst wenn die Wörter in zweisprachigen Lexika als gleichbedeutend hingestellt werden. Zumeist bleibt es dem Lernenden überlassen, die Unterschiede allmählich herauszufinden. Das ist dadurch erschwert, daß man in der Muttersprache wohl Wörter »richtig« verwenden lernt, sich aber nur selten fragen muß, was sie als Einzelelemente der Sprache bedeuten. So wird etwa in englischen Linguistiktexten der Satz »The boy hits the ball« als einfaches Beispiel der Subjekt-Verb-Objekt-Konstruktion angeführt, doch der Anwendungsbereich des Satzes wird nicht erklärt. In der britischen Welt ruft der Satz spontan die Vorstellung von einem Jungen mit einem Tennisracket oder Golfstock hervor, in den Vereinigten Staaten hingegen schwingt er einen Baseballschläger. Das ist ein geringfügiger Unterschied. Soll der Satz nun aber ins Deutsche übersetzt werden, so muß man mehr über den Zusammenhang erfahren, in dem der Satz stehen soll, denn er kann Vorgänge beschreiben, die unterschiedliche deutsche Zeitwörter verlangen.

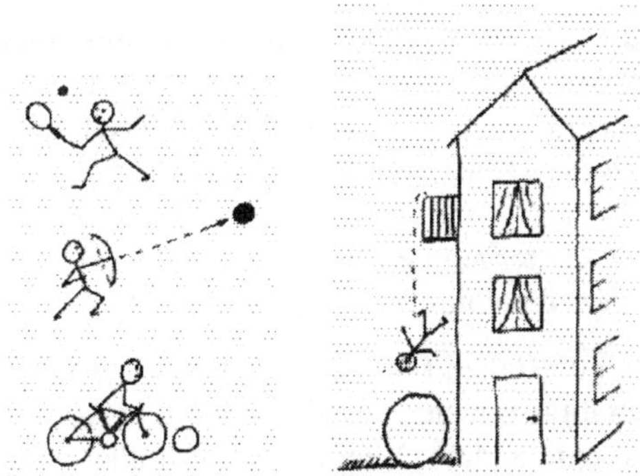

Schwingt der Junge einen Schläger (Tennis, Baseball, etc.), so muß das Verb to hit mit »schlagen« übersetzt werden; hat er einen Bogen oder ein Gewehr, muß der Übersetzer »treffen« wählen; im Falle des Fahrrads, ist »anstoßen« oder »anfahren« am Platz; und der Sturz vom Balkon verlangt »fallen ... auf« oder »schlagen ... auf«. Keines der deutschen Verben kann in den anderen drei Situationen verwendet werden. Darum hat der Deutschsprachige den Eindruck, das englische Wort sei mehrdeutig. Doch im englischen Sprachraum ist es eindeutig. Englisch-Sprechende lernen es richtig benützen, ohne sich je fragen zu müssen, was die genaue Denotation des Wortes ist. Die begriffliche Denotation von to hit ist die Vorstellung eines plötzlichen Kontaktes von Subjekt und Objekt. Das heißt, es bedeutet nur den »dynamischen« Teil der Vorstellungen, die von den deutschen Wörtern hervorgerufen werden, und überläßt die Bestimmung von Einzelheiten dem Kontext.

In der Linguistik wurde lange Zeit die Denotation eines Wortes von seiner Konnotation unterschieden.[1] Unter Denotation wurde die sachliche Bedeutung verstanden, die bei allen kompetenten Mitgliedern einer Sprachgruppe als gleich vorausgesetzt wurde; unter Konnotation hingegen

[1] Diese Unterscheidung ist nicht dieselbe, die in der Philosophie gemacht wird, wo »Denotation« durch die Definition des Wortes bestimmt ist, während »Konnotation« sich auf die Totalität der Dinge bezieht, die der Definition entsprechen.

die zur praktischen Verständigung nicht nötigen Assoziationen, die im Lauf des Wortgebrauchs im Einzelnen entstehen. In neueren Sprachtheorien, in denen die Funktion der Sprache gegenüber der logischen Struktur an Wichtigkeit gewonnen hat, hat die Unterscheidung an Wert verloren. Was die Vorstellungen unterschiedlicher Sprachgruppen betrifft, kommt sie jedoch zuweilen zum Vorschein. Ein Beispiel, das mir unvergeßlich ist, macht dies deutlich.

Als ich vor vielen Jahren in Mailand arbeitete, bekam ein Freund, der damals Germanist an der dortigen Universität war, den Auftrag eine Ballade von Uhland ins Italienische zu übersetzen. Die Ballade enthält unter vielen etwas altmodischen romantischen Bildern auch zwei Zeilen, die lauten:

»Die Götter auf den Bergen wohnen
so der Nebel ihre Wangen küßt«

Wie sollte man das auf Italienisch sagen? Da gibt es freilich das Wort nebbia, dessen Denotation mit der des deutschen gut übereinstimmt, doch seine Konnotation ist eine andere. Nebbia wird in Italien ausschließlich mit Schnupfen, Halsweh und Rheumatismus assoziiert. Daß es schön sein könnte, wenn Nebel einem die Wangen küßt, ist unvorstellbar.

Verstehen

Sprachliche Ausdrücke verstehen heißt also Vorstellungen produzieren, die mit denen des Sprechers oder Autors einigermaßen vereinbar sind. Beim Übergang von einer Sprache in eine andere wird das Verstehen durch Hindernisse erschwert, die folgenschwerer sind als die Konnotation des Nebels. In den englischen Übersetzungen deutscher Philosophen wird z.B. das Wort »Vorstellung« selbst zu einer tragischen Klippe. Im Deutschen haben wir zwei Wörter: Vorstellung und Darstellung. Sie sind fast nie miteinander austauschbar, doch im Englischen fallen beide unter das Wort representation. Den Unterschied zwischen den beiden deutschen Wörtern kann man zumindest ungefähr beschreiben, indem man sagt »Darstellung« bedeutet die Wiedergabe von etwas, das als Original betrachtet wird, während »Vorstellung« sich auf spontane Konstrukte bezieht, oft von Dingen, die man nie erlebt oder gesehen hat. Lesen englische Leser nun das Wort representation am Anfang von Kants Einleitung zur Kritik der reinen Vernunft (Übersetzung von Meiklejohn, 1897, 1), so werden sie eben durch die Vorsilbe »re« verleitet, es als Darstellung von etwas an sich Existierendem zu verstehen. Damit ist ein Ausgangspunkt geschaffen, der das Verständnis von Kants Epistemologie praktisch unmöglich macht.

Nimmt man eines der seriösen, mehrbändigen zweisprachigen Wörterbücher zur Hand, so wird schnell klar, daß mindestens dreiviertel der Eintragungen auf Unterschiede in der jeweiligen Begriffswelt hinweisen. Einer, der mich seit jeher fasziniert, ist, daß es für das englische Hauptwort mind auf Italienisch das entsprechende Wort mente gibt, während weder Deutsch noch Französisch ein Wort besitzen, das eine passende Vorstellung mit sich bringt.

Das zweibändige englisch/deutsche Wörterbuch von Muret-Sanders (1901) zum Beispiel, gibt folgende Übersetzungen als Hauptmöglichkeiten:

mind - 1. Sinn, Gemüt, Herz
2. Mut
3. Seele, Geist, Verstand
4. Gesinnung, Meinung, Gedanken, Ansicht, Urteil
5. Neigung, Lust, Verlangen, Wille
6. Achtsamkeit, Sorge
7. Absicht, Vorhaben, Zweck
8. Erinnerung, Gedächtnis
9. Erwähnung

Jedes dieser deutschen Wörter deutet in bestimmten Kontexten auf einen Teil der Bedeutung des englischen Wortes, doch keines vermittelt den eigentlichen Begriff, der zu ihm gehört. Eine ungefähre Umschreibung dieses Begriffs wäre etwa: »Psychisches Organ des Denkens und Vorstellens und somit Ort der Vernunft, Intuition und Aufmerksamkeit.« Es ist ein Baustein der Gedankenwelt, für den deutsches Denken kein Gegenstück hat.

Wer jahrelang mit verschiedenen Sprachen lebt und arbeitet, wird unzähliger solcher Unterschiede gewahr. Man lernt, sie zu sehen – und mit der Zeit kommt man darauf, daß es begriffliche Unterschiede auch bei den Sprechern *einer* Sprache gibt. Zunächst scheint das unsinnig zu sein, doch wenn man sich dann an das Saussursche Modell der Wortbedeutung erinnert, wird klar, daß es kaum anders sein könnte. Lautbilder werden ja nicht mit »*Dingen-an-sich*« assoziiert, sondern mit Stücken der individuellen Erfahrung des jeweiligen Sprechers. Daß es so sein muß, zeigt sich, wenn man beobachtet, wie ein Kind in den Gebrauch der Sprache hineinwächst.

Eintritt in den Bereich der Sprache

Für ein kleines Kind liegt das Erwerben einer Sprache zunächst darin, daß es Laute in seinem Hörfeld isoliert und mit anderen Wahrnehmungen in Zusammenhang bringt. Zum Beispiel schreit der Säugling, weil er das spürt, was er später »Hunger« nennen wird. – Die Mutter kommt und sagt: »Aha, Du willst deine Milch!« Kommt das öfters vor, so wird das Kind wahrscheinlich das Lautbild »Milch« mit der Wiederherstellung seines inneren Gleichgewichts assoziieren. Das heißt, für den Säugling bedeutet das Wort »Milch« von nun an einen Komplex von Wahrnehmungen, der zumindest folgende Teilstücke umfaßt:

- Ein Gegenstand, den man mit Händen greifen kann;
- etwas, das man in den Mund nimmt, um daran zu saugen;
- eine warme Flüssigkeit im Mund;
- das Ende eines unangenehmen Gefühls;

Sehr bald lernt das Kind, das Lautbild des Wortes selbst zu produzieren – und dann wird es geraume Zeit dauern und eine Reihe von »falschen« Anwendungen brauchen, bis z. B. gelernt wird, daß das Wort sich nicht auf den greifbaren Behälter bezieht, sondern auf seinen Inhalt; und daß die Flüssigkeit nicht warm sein muß und »Milch« heißt, auch wenn sie kalt in einer Schale auf dem Tisch steht.

Das Lernen und Verfeinern der Wortbedeutungen hört mit der Kindheit nicht auf. Wie ich immer wiederhole, kommen wir alle auch als Erwachsene manchmal darauf, daß wir das eine oder andere Wort so idiosynkratisch benützen, daß es zu Mißverständnissen führen kann – wir haben es nur deswegen nicht gemerkt, weil die Situation, in der der Unterschied eine Rolle spielt, noch nie vorgekommen ist.

Sozialkonstruktivisten werfen dem radikalen Konstruktivismus oft vor, er ignoriere soziale Faktoren. Was ich eben über Spracherwerb gesagt habe, scheint mir den Vorwurf deutlich zu widerlegen. Die Rolle der Anpassung an andere, im Sprachgebrauch wie auch in sämtlichen Formen der Interaktion, habe ich nie unterschätzt. Andererseits aber bestehe ich darauf, daß die Bedeutungen und Vorstellungen, die angepaßt werden, sowie das Ausführen der Anpassung, durchwegs Sache des individuellen Subjekts sind und bleiben. Die soziale Interaktion liefert lediglich den Anstoß dazu. Das ist nun auch der Punkt, der, so glaube ich, Lehrer interessieren sollte.

Die didaktische Rolle der Sprache

Was Lehrer im Laufe des Unterrichts sagen, ihre sprachlichen Ausführungen und Erklärungen, können die Begriffe, die sie im Kopf haben, niemals in die Köpfe der Schüler transportieren. Begriffe müssen von jedem Einzelnen auf Grund seiner Wahrnehmung, Reflexion und Abstraktion aufgebaut werden. Niemand kann diese drei Operationen für andere leisten.

Das schaltet die Rolle der Sprache keineswegs aus – doch sie hat nicht die Form der Übertragung. Die Rolle der Sprache besteht darin, daß sie durch Wörter und Wortverbindungen Vorstellungen hervorrufen und gegebenenfalls verhindern kann. Das heißt, Sprache kann im Zuhörer dem Aufbau von Begriffen sozusagen Direktion geben oder, wie Maturana sagt, sie kann »orientieren«.

Ich möchte dieses »Orientieren« mit Hilfe einer allerdings etwas unverschämten Metapher deutlich machen, deren Ursprung auf meine Erlebnisse als Farmer zurückgeht. Das war in Irland, und dort sind die kleinen Landstraßen fast immer von Hecken gesäumt, die aber hier und dort Lücken haben. Eine meiner ersten Aufgaben war es, sechs Kühe ein paar Kilometer auf eine andere Farm zu treiben. Zuversichtlich zog ich aus und da die Kühe brav vor mir die Straße entlang trotteten, sagte ich mir, das sei eigentlich ein netter Spaziergang. Dann kam die erste

Lücke in der Hecke, und kaum hatte die vorderste Kuh sie gesehen, war sie auch schon in der riesigen Wiese, und die anderen fünf folgten ihr. Es war Abend, bevor ich die sechs Kühe zu unserer Farm zurückgebracht hatte. Mein Freund und Lehrmeister sah mich mitleidig an und sagte: »Ja, ohne Hund kann man das nicht machen.«

Am nächsten Tag nahm ich den Farmhund mit. Der wußte sehr gut, was er zu machen hatte, und machte es mit offensichtlichem Vergnügen. Er lief voraus und sobald er eine Lücke in den Hecken sah, stellte er sich hin, und die Kühe zogen es vor, auf der Straße zu bleiben. Bei Straßenkreuzungen wartete er auf ein Zeichen von mir, welche Seite er blockieren sollte.

Als ich vierzig Jahre später in Georgia mit Les Steffe monatelang Kinder und Lehrer der ersten Grundschulklassen beobachtete, um die Entwicklung des Zahlbegriffs zu erkunden[2], kam mir das irische Erlebnis in den Sinn. Was damals der Hund leistete, sagte ich mir, bewirken wir hier mit der Sprache. Sie ermöglicht es, den Begriffsbau der Kinder in bestimmte Richtungen zu leiten und unerwünschte Möglichkeiten zu blockieren.

Das ist nicht die einzige Rolle der Sprache im Unterricht. Sie gibt auch Anlaß zu einer Art der Reflexion, die im begrifflichen Lernen unerläßlich ist. Das Beschreiben eines Gegenstands oder einer Tätigkeit verlangt, daß man darüber nachdenkt, d.h. daß man sich Rechenschaft gibt, was man wahrnimmt oder was man tut. Allein solche Reflexion kann zum »Begreifen« führen.

Meines Erachtens ist das der Grund, weswegen das Lernen in Gruppen so erfolgreich ist. Wenn Schüler miteinander darüber diskutieren, was sie gemacht haben und warum sie es als Lösung des gestellten Problems betrachten, so lernen sie zehnmal mehr, als wenn der Lehrer die Lösung erklärte – denn sie müssen sich der eigenen Operationen bewußt werden. Diese Reflexion läßt sie in den meisten Fällen Widersprüche und Unmöglichkeiten selbst erkennen. Und das wiederum bestärkt das Gefühl der Autonomie und macht das Lernen mit der Zeit sogar zu einem Vergnügen.

Das Institut, an dem ich nun seit zehn Jahren arbeite, befaßt sich vor allem mit dem Problem, Physikstudenten ein eigenständiges Verständnis der Begriffe und Modelle zu ermöglichen, die in der Physik eine Rolle spielen. Unzählige Studien haben gezeigt, daß Studenten meistens die nötigen Formeln lernen und bald auch die Situationen erkennen, in denen die Lehrtexte die Formeln anwenden. Damit sind sie in der Lage, die üblichen Tests mehr oder weniger gut zu bestehen, doch von den Begriffen und ihren Beziehungen, die in den Formeln symbolisch ausgedrückt sind, haben sie kaum eine Ahnung. Unsere Versuche, das zu kurieren, haben sich im großen und ganzen als erfolgreich erwiesen. Sie beruhten darauf, daß ein Problem gestellt wird, das anders aussieht, als jene Probleme, denen die Studenten im Unterricht begegnet sind, technisch aber nicht mehr erfordert, als sie bereits wissen sollten. Dann fordert man, daß sie nicht nur die Interpretation des Problems, sondern auch sämtliche Lösungsversuche Schritt für Schritt in Worte fassen und begründen. Dabei stößt der Student selbst auf Denkfehler, lernt sie korrigieren und schafft sich somit eine brauchbarere Begriffsbasis. Diese entspricht oft noch keineswegs jener, in der der gelernte Physiker sich bewegt, doch da sie nun dem Lehrer zugänglich ist, kann ein Umbau

---

[2] Die Ergebnisse dieser Forschung veröffentlichten wir in dem Buch Children's counting types, New York: Praeger, 1983.

meistens durch weitere Fragen oder Hinweise auf Widersprüche in die Wege geleitet werden.

Schlußbemerkung

Die Anregungen, die ich Lehrern vorschlagen möchte, sind im Grunde überaus einfach. Sie lassen sich in wenigen Sätzen zusammenfassen:

1. Da begriffliches Wissen nicht als Abbild einer vom Wissenden unabhängigen Welt betrachtet werden soll, läßt es sich nicht als Fertigware durch Wahrnehmung oder Mitteilung übermitteln, sondern muß von jedem Lernenden selbst aufgebaut werden.
2. Der Aufbau von Begriffen findet in der Erfahrungswelt des einzelnen Individuums statt, doch die fortwährende soziale Interaktion sorgt für weitgehende intersubjektive Anpassung. Aber zur Anpassung kommt es meistens nur, wenn der Sprecher merkt, daß das, was er sagt, nicht die erwartete Wirkung hat.
3. »Verstehen« bedingt nicht die Gleichheit, sondern lediglich die vermeintliche Kompatibilität von Begriffen und Vorstellungen. Unterschiedliche Vorstellungen zeigen sich nicht nur im Vergleich unterschiedlicher Sprachen, sondern auch in den Unterhaltungen der Mitglieder ein und derselben Sprachgruppe.
4. Viele der Wörter, die im Rahmen des Lehrstoffes für Lehrer eine selbstverständliche Bedeutung haben, sind für Schüler mit eigenen Vorstellungen verknüpft. Ein Verstehen der gewünschten Zusammenhänge (besonders in wissenschaftlichen Gebieten) wird erst möglich, wenn »naive« Begriffe bewußt umgebaut werden.
5. Um diesen Umbau und das Entstehen neuer Begriffsverbindungen zu fördern, müssen Lehrer zumindest Vermutungen über die gegenwärtigen Ideen und Theorien der Schüler haben, denn nur dann können sie versuchen, »abwegige« Konstruktionen zu verhindern.
6. Einem Lernenden zu sagen, seine Antwort oder Denkweise sei falsch, hat nur die eine Wirkung, die wenige Motivation, die er vielleicht hat, zu vernichten. Schüler sagen meistens das, was sie im Augenblick für richtig halten – und oft ist es für sie richtig, weil es in bisherigen Erfahrungen gut funktioniert hat. Das ist immer ernst zu nehmen, denn ihr Wissen wird auf die Weise konstruiert, wie es immer konstruiert wird. Somit liegt die Hauptaufgabe des Lehrenden darin, dem Lernenden in annehmbarer Form zu zeigen, daß es Denkweisen gibt, die auch in weiteren Bereichen brauchbar sind.

Zum Schluß möchte ich betonen, daß es schon immer gute Lehrer gegeben hat, die davon ausgingen, Lernende seien stets als selbständig denkende Wesen zu betrachten. Was ich hier erklärt habe, liefert zu dieser unerläßlichen Einsicht lediglich eine wissenstheoretische Grundlage.

Literatur

Ceccato, S. (1964-66): Un tecnico fra i filosofi, Bd.1 & 2, Padua: Marsilio

Meiklejohn, J.M.D. (1897) Kant: Critique of pure reason (Übersetzung). London: George Dell

Muret-Sanders (1901): Encyklopädisches Wörterbuch der englischen und deutschen Sprache. Berlin: Langenscheidtsche Verlagsbuchhandlung

Saussure, F.de (1959): Course on general linguistics. New York: Philosophical Library (französische Originalausgabe, 1916)

Neue Prüfungen braucht das Land

Heinz von Foerster/Herta-Elisabeth Renk

Ein Gespräch: 20. – 21. – 22.10.1998

Heinz von Foerster wollte wieder zu unserem Eichstätter Kongreß kommen und über seine Erfahrungen mit Konstruktivismus und Unterricht sprechen. Dann gab es gesundheitliche Probleme, und er mochte auch seine Frau nicht so lange allein lassen. Da ich nur 900 Meilen entfernt von seinem Haus den Sommer in Bibliotheken und am Computer zubrachte, beschlossen wir, aus seinem Vortrag ein Gespräch zu machen, das ich aufzeichnen und mit anderen Kongreßbeiträgen veröffentlichen würde.
Fährt man auf dem Pacific Coast Highway nach Norden, dann hebt sich vor San Francisco das Land in sanften Hügeln aus dem Pazifik – in den es bei Erdbeben auch gelegentlich wieder hineinrutscht. Hier leben Fischer, Künstler und Individualisten. Schnurgerade laufen die Stichstraßen von der Küste weg ins Landesinnere – auch nach Pescadero, das sich wenig verändert hat in den letzten 100 Jahren: Die Straße von der Küste trifft auf die Main Street des Dorfes, an der Kreuzung drängen sich Tankstelle, Wirtshaus, Gemischtwarenhandlung, ein Agrardepot und die Post. Von hier windet sich die Straße hinauf in die Hügel, und hinter einem Gatter verläßt man sie für einen Waldweg durch das dichte Unterholz des Rattle-Snake-Hill. Wenn es nicht mehr weitergeht, steht man unter alten Bäumen mit tiefhängenden Flechten – und vor dem Blockhaus von Heinz und May von Foerster. Während der letzten Winterstürme blockierte ein entwurzelter Baum diese Zufahrt, kappte Strom und Telefon, und Heinz mußte ihn erst in Stücke sägen, ehe er ins Dorf fahren und Hilfe holen konnte. Da kennen und mögen sie ihn alle und erklären dem Fremden den Weg zu ihm. Zweimal verlegten auch wir unser Gespräch ins Dorf zu Duarte, der in vierter Generation die besten crab-cakes serviert, fangfrische Fische und eine deliziöse Artischockensuppe. Wir begannen es auf der Bank unter den Bäumen hinter dem Haus, wir saßen nachts im Studio und auf der Terrasse unter den Sternen.

1. Experimente des Lehrens – eine Entwicklung in drei Beispielen

H.E.R.: Heinz – was muß man tun, damit unsere Schulen besser werden?
H.v.F.: Ich bin ja ein Laie als Lehrer, ich bin da zufällig hineingeraten. Ich möchte Dir von drei Lehrerfahrungen erzählen, Experimenten, die ich gemacht habe, die beleuchten, was ich mir vorstelle. Ich denke, daß sie auch in die Kategorien Deiner Arbeit mit Theater fallen, wo die Studenten selber die Erfahrungen aufbauen, die sie machen, so daß sie sozusagen die Schöpfer ihrer eigenen Welt werden.
Ich denke, daß die Experimente, die ich gemacht habe, alle sehr gut ausgefallen sind, nicht nur für mich als Erfinder dieser Experimente, sondern auch für die Menschen, die daran teilgenommen haben. Viele von ihnen kommen heute noch aus aller Welt in Pescadero vorbei und sagen: »Heinz, diese Jahre, die wir da bei Euch verbracht haben – unvergeßlich!«
Ich werde Dir davon berichten, und die Leser können daraus entnehmen, was sie brauchen können. Ich werde diesen drei Experimenten einen Namen geben.
Die erste Phase war meine Amateurphase, wo ich durch einen Zufall zum Unterrichten kam. Ich bin ja Forscher, ich saß im Forschungslabor einer ziemlich großen Universität: Wir hatten das physikalisch-elektronische und das biologische Computerlabor, wohin die Leute aus der ganzen Welt kamen[1].
Nun hatte ich als junger Student in Wien in großen Klassen gesessen, und einige Professoren haben mir die Vorlesungen zu einem unvergeßlichen Erlebnis gemacht; ich habe es genossen, welche Meister dort Vorlesungen hielten! An amerikanischen Universitäten ist das anders, dort werden die großen Einführungsklassen in der Regel in kleine Gruppen aufgeteilt. Die Einführung in die Physik oder in die Elektrostatik mit ihren 200, 300 Studenten wird in 10 Klassen von 20 aufgeteilt und teaching assistents übergeben, die diese Klasse auch gerade hinter sich haben und nun die anderen Studenten mit ihrer eigenen Ahnungslosigkeit belehren.
Manchmal hat die Fakultät am Anfang eines Schuljahres nicht genug teaching assistants und dann ruft der Dekan in seiner Verzweiflung die Professoren an:
»Hast du Zeit, eine Gruppe zu übernehmen?«
Als ich schon sechs oder sieben Jahre an der University of Illinois war, rief mich der Dekan um 12 Uhr an und sagte: »Lieber Heinz, wir haben hier

---

[1] Das von H.v.F. aufgebaute Biological Computer Laboratory der University of Illinois, Urbana, vgl. Kenneth L. Wilson, The Collected Works of the Biological Computer Laboratory, Department of Electrical Engineering, Univ. of Illinois, Peoria, Ill. 1976

eine Einführung in den Elektromagnetismus, kannst du eine Klasse übernehmen?« »Was für eine Klasse?« »Einen Grundkurs« »Ja natürlich kann ich das. Habt Ihr dafür ein Lehrbuch?« »Ja, das haben wir« »Kannst du es mir schicken. Wann fängt denn diese Klasse an?« »Um ein Uhr? Dann schick es mir bitte ganz schnell.«
Er hat es geschickt, ich hab' es angeschaut und mir war klar: Das ist ein ganz elendes Buch! Von einem Menschen, der so wenig von der Idee, der Faszination des Magnetismus, der Elektrizität, von der Geschichte und Entwicklung dieser Dinge verstand. Es war entsetzlich! Ich habe einige Notizen an den Rand geschrieben wie:
»Der Blödsinn geht zu weit!« etc. Um ein Uhr bin ich dann in die Klasse gegangen und habe gesagt: »Also hört mal zu, ich bin euer teaching assistant und wir wollen über Elektromagnetismus arbeiten.«
Dann zeigte einer auf und sagte: »You have to take a roll-call« , d.h. ich sollte aufschreiben, wer da war. Sie wollten nachweisen, daß sie da waren. »Ich dachte, ihr wollt was über den Elektromagnetismus lernen – wenn ihr lieber Ski fahren geht, ist das euer Problem. Ich werde hier mein Bestes geben und wer mitspielen will, ist herzlich eingeladen, aber ich mache keinen roll-call.« «Dann müssen wir den eben selber machen« – und das haben sie auch getan. Ich bin da gesessen und habe mich schiefgelacht.
Dann machte ich ihnen einen Vorschlag. »Dieses Buch ist so schlecht, daß ich nicht damit arbeiten kann. Ich kann entweder nach dem Buch vorgehen und auf jeder Seite zeigen, was falsch ist. Oder ich kann von vorneherein erzählen, was beim Elektromagnetismus los ist.« Die Abstimmung war ziemlich knapp, aber sie haben sich doch entschieden, nicht mit dem Buch zu arbeiten. »Ausgezeichnet, dann können wir das Buch zur Seite legen, und ich kann euch erzählen, was wichtig ist.«

Nun war ich damals rund um die Uhr beschäftigt mit meinem Forschungsprojekt, und ich hatte eigentlich überhaupt keine Zeit für diese Einführung. Aber bitte, jede Woche dreimal eine Stunde, das ging gerade noch. Doch dann kamen die Hausaufgaben, das Korrigieren und Notengeben, alles Neuland für mich.
So habe ich vorgeschlagen: Ich werde Hausaufgaben aufgeben, sie einsammeln und numerieren und dem Studenten 2 die Hausaufgabe von 3 geben usw. Ich habe alle Arbeiten vertauscht und sie aufgefordert, sie zu bewerten. So bin ich die Hausaufgaben losgeworden und habe nur einige Stichproben gemacht. Und was glaubst Du – die waren viel strenger, als ich es gewesen wäre!
Beim nächsten Mal habe ich jedem Studenten seine eigene Arbeit zurückgegeben und ihn aufgefordert, sich selber zu bewerten – und auch diese Bewertung fiel strenger aus als ich sie gemacht hätte. Ich fand das

absolut faszinierend. Die ganze Prüfungsidee ist doch normalerweise die, daß ein Dritter aufpassen muß, wer schwindelt usw..
Aber die wollten tatsächlich etwas lernen – ich war sehr beeindruckt.
Mein zweites Experiment[2], die nächste Phase des »Whole University Catalog (Heuristics Directory, 1969)« kam so zustande:
Ich hatte einen sehr lieben Freund an der Universität, er war Professor für Musik, hat das erste elektronische Musikstudio aufgebaut und hieß Herbert Brün. Jedes Jahr veranstalteten die Studenten ein großes Indianerfest und verwandelten den ganzen Campus in einen Riesenzirkus mit Buden, Tanzpodien, Rockbands, Spielgruppen. Wir haben uns das immer angeschaut und nach Talenten Ausschau gehalten. Bei so einer Gelegenheit kam ein bildschöner junger Mann, 1,85 m groß, so ein richtiger Siegfried auf mich zu, schaute mich ernst an, nahm mich beim Kragen und sagte: »Wollen Sie einen Kurs zur Heuristik lehren?« Ich fragte zurück, wie er das meine: Heuristik als Lösungsmethode wie in der Mathematik oder als Lehrverfahren, wo der Student selber die Antwort für ein Problem findet. »Beides,« meinte er. Ich dachte: »Der ist gut!«, drehte mich zu Herbert um und fragte: »Willst du mit mir ein Heuristik-Seminar machen?« Er antwortete, er werde jeden Kurs lehren, der von Studenten vorgeschlagen werde, denn wir seien ja für die Studenten da und nicht die Studenten für uns. Am nächsten Morgen kam Jung-Siegfried in mein Büro und erzählte mir, daß er schon die ganze Hierarchie der Uni abgeklappert habe, von den Grundkursplanern bis zum research director und überall abgewiesen worden sei. Wir vereinbarten, daß ich mich um die Lehre kümmern würde und er darum, daß überhaupt Studenten kämen. Wir setzten den Kurs ins nächste Vorlesungsverzeichnis: *Heuristik*, geleitet von Heinz von Foerster und Herbert Brün. Ich habe ihn in allen Departments angekündigt, wo ich Professor war: Biophysik, Physiologie, Electro-Engineering und Computerscience.
Dann stellte sich heraus, daß Studenten aller Fächer mitspielen wollten, und da wir uns schwer taten, eine passende Zeit und Räume zu finden, ließ uns der Director des Institute of Advanced Studies am Abend in seine Institutsräume, wo es Ledersessel gab, alles vom Feinsten.
Ich hatte damals an meinem Biological Computerlab viele ausländische Gäste, es wimmelte von Weltkanonen[3]. Maturana war da, Lars Löfgren, ein

---

2 (vgl. eine Zusammenfassung dieses Experimentes im Anhang dieses Gesprächs)

3 Im Gespräch mit Bernhard Pörksen hat Heinz v. Foerster die Arbeit des BCL so charakterisiert: „Wir befaßten uns mit Logik und Epistemologie, Spracherkennung und Kommunkation. Es ging um Fragen, die heute im Zusammenhang mit der Künstlichen Intelligenz debattiert werden. Der Philosoph Lars Löfgren arbeitete hier an dem Konzept einer selbstreferentiellen Logik, die er, wie schon gesagt, *Autologik*

schwedischer Logiker, John Lilly, der Erforscher der Delphinsprache, und ich habe ihnen gesagt: »Ihr müßt in diesem Heuristikkurs einen Vortrag halten« – und alle sind gekommen. Es war ein riesiger Erfolg.

Im zweiten Semester haben sie gesagt, das muß weitergehen. Im ersten Semester waren es 49 Studenten, im zweiten schon 65, und im nächsten Herbst bestanden sie erneut darauf. Aber mein Forschungsprojekt ließ mir einfach keine Zeit mehr, Herbert Brün war im Freisemester, Maturana schon wieder in Chile. Doch blöd wie ich bin, habe ich den Kurs wieder ausgeschrieben.

Damals gab es schon Studentenrevolten, und als ich um 2 Uhr zur ersten Sitzung gehen wollte, kam ich gar nicht ins Gebäude hinein, weil die Gänge verstopft waren. Aber es war keine Demonstration, wie ich gedacht hatte – sie wollten alle in den Heuristikkurs. Ich habe das große Auditorium gemietet und sehr schnell gedacht: Ich bin allein, kein Kollege ist da, der mir helfen könnte. Damals gab es diese Spannung zwischen der Universität und den Studenten, und ich dachte, das kann man vielleicht nutzen. Ich sagte: Also wir werden den Kurs dieses Mal so machen, daß wir ein Buch darüber schreiben, wie Ihr denkt, daß eine Universität eigentlich sein soll. Warum machen wir nicht einen »Whole University Catalog?« Dazu muß zunächst jeder jeden kennen. Ich werde daher eine Adressenliste machen, jeder schreibt dafür seinen Namen auf, seine Adresse, Telefonnummer, Interessen, belegte Fächer. Manche Studenten haben das nicht ernstgenommen, sie haben bei Interessen notiert »Schlafen, Sex, Essen«, ein Mädchen sogar: »To get laid all the time« – ich habe das gedruckt und nach 2 Tagen hatten 150 Studenten ihre Angaben ausgedruckt vorliegen. Jenes Mädchen kam weinend zu mir: »Wie können Sie mir das antun!« Ich sagte nur: »Sie haben das nicht ernst genommen, Sie werden wohl damit leben müssen!« Das Verzeichnis hat sehr gut funktioniert, Gruppen haben sich gebildet, und sie haben viel gelernt: erstens, kooperativ zu arbeiten, und zweitens erlebten sie, daß bei aller Mühe, die sie sich gaben, ihre Enttäuschung doch immer wieder groß war.

Dann stellte sich die Frage, ob sie ihre Projekte mit Namen zeichnen sollten oder mit Nummern, bei denen ich wußte, wer dahinter steckte, aber die

genannt hat. Warren McCulloch hielt Vorträge; die Neurobiologen Humberto Maturana und Francisco Varela beschäftigten sich mit Problemen der Kognition und verfaßten wichtige Arbeiten zum Begriff der Autopoiesis, der heute so bekannt geworden ist. Der Delphinforscher John Lilly besuchte uns immer wieder und sprach über seine Versuche, mit Delphinen zu kommunizieren, ihnen Englisch beizubringen oder von ihnen ihre Sprache zu lernen. Er studierte die Lautgebungen der Delphine, die Struktur der Phoneme und ihr Gehör. Eine israelische Tänzerin lehrte uns eine Notation für Bewegungsformen (Pörksen, 147 f.).

Verantwortung für kritische Artikel übernahm. Dann haben die Studenten die Lokalzeitung überredet, den Katalog der Projekte zu drucken. Sie entschieden auch, ob und wieviel sie dafür verlangen wollten – einen Dollar – und wofür sie das so verdiente Geld ausgeben wollten – nämlich für ein Institut der Universität, das Einrichtungen für körperlich Behinderte schuf. Die Diskussion war faszinierend, ich wertete das als echten Erfolg.

Dieser große Katalog enthielt viele anstößige Beiträge. Ein Student beschrieb detailliert, wie man Marihuana züchtet, trocknet und zu Zigaretten rollt. Jeder, der wußte, wie man Marihuana wirklich raucht, erkannte, daß nichts stimmte und alles nur Jux und Blödsinn war. Da aber die Legislatoren des Staates Illinois nicht wußten, wie man Marihuana raucht, wurde ich mit Gerichtsbeschluß vor den Senat des Bundesstaats geladen – subpoenaed – und mußte mich verteidigen, weil ich unverdorbenen amerikanischen Kids beibringe, wie man Marihuana raucht. Ich fragte: »Haben Sie schon einmal Marihuana angebaut und geraucht?« »Nein, natürlich nicht.« »Dann lassen Sie sich doch mal von einem Fachmann diesen Artikel erklären.«

H.E.R.: Hättest Du diesen Artikel auch akzeptiert, wenn er den Marihuana-Anbau richtig beschrieben hätte?

H.v.F.: Oh ja, absolut.

H.E.R.: Dann wärst Du aber in größere Schwierigkeiten geraten.

H.v.F.: Ja, aber das hätte ich riskiert. Wenn der Student etwas sagen möchte, dann laß' ich ihn das sagen. Sie wollten mich ja rausschmeißen, aber ich hatte eine Lebensstellung – *tenure* – und war geschützt.

Und so konnte ich meine Experimente des Lernens weiterführen, mit Lernen durch Publizieren.

Margaret Mead hatte mir immer gesagt: »Du mußt ein Buch über Kybernetik schreiben. Du kennst die biologische Seite, die technischen Aspekte, die neurologischen: Aber ich bin kein Buchschreiber – ich bin ein Artikelschreiber, ein Vortragender – Bücher schreibe ich nicht.

Da ist mir der Gedanke gekommen, einen Kurs ins Vorlesungsverzeichnis zu setzen, der das Ziel hatte, ein Buch über Kybernetik zu schreiben, und er würde in kybernetischer Weise gelehrt werden und folglich heißen: Kybernetik der Kybernetik, The Cybernetics of Cybernetics. 50 Studenten meldeten sich an, Anfänger ebenso wie promovierte post-docs. Ich habe im ersten Semester vorgetragen, dann wurden wieder Gruppen gebildet, und sie haben im zweiten Semester das Buch verfaßt.

Sie haben große Gelehrte angeschrieben und befragt: »Kannst Du uns sagen, was Kybernetik ist?« etc. Erfreulicherweise haben die meisten geantwortet. Es entstand sozusagen ein Sachwörterbuch der Kybernetik.

Wenn sie denselben Begriff vier verschiedenen Gelehrten zur Stellungnahme vorlegten, erhielten sie vier ganz verschiedene Antworten. Das allein war schon eine unerhörte Einsicht: Die Definition definiert den

Definierenden, mehr als den zu definierenden Begriff. Dieses Buch wurde ein dicker Wälzer von 450 Seiten, mit Bildern, grafisch wunderbar illustriert: Wir haben es dann in meinem Institut in etwa 200 Exemplaren gedruckt, und jeder von den Studenten bekam zwei davon.
Später lernte ich einen Verleger kennen, den ich fragte, was er eigentlich mache. Er hat geantwortet: »Ich publiziere nicht-publizierbare Bücher.« Ich habe ihm dann gesagt, daß ich »the most unpublishable book« überhaupt besäße und er ist vorbeigekommen, um es sich anzusehen und hat meine einzige Kopie mitgenommen, weil er das unbedingt publizieren müsse. Die neue Auflage war noch viel schöner als die erste, und dieses Buch wird von jedem als das Beste bezeichnet, was je zur Kybernetik erschienen ist, das einzige Buch, in dem man die Gesamtbibliographie findet von Norbert Wiener, Warren McCulloch, Ross Ashby – von diesen Großvätern der Kybernetik. Diese Leute haben hervorragende Beiträge geschrieben, die Studenten selber steuerten exzellente Reflexionen bei (Foerster, 1998).

Das sind meine drei Lehrexperimente: Lernen durch Selbstbewertung – Lernen durch das Entdecken eigener Fragen – Lernen durch Publizieren.
Ich habe alle am Aufbau einer Sache beteiligt, und wo man jeden beteiligt, hat jeder die Sache absorbiert und kann verweisen auf das, was er beigetragen hat. Kinder lieben es, Sachen zu bauen, Sandburgen, Häuser etc. – wenn du sie einlädst, etwas zu machen, kannst du sie kaum zurückhalten.
H.E.R.: Das wäre nicht möglich gewesen, ohne Deine eigene Art zu lehren. Das beginnt damit, daß Du sie einlädst, wie Kollegen das Buch eines anderen Kollegen kritisch zu betrachten. Wahrscheinlich hat es Deine Studenten ziemlich schockiert, daß ein gedrucktes Buch, sogar ein Lehrbuch, so kritisiert werden konnte. Du hast ganz selbstverständlich erwartet, daß sie Deine Argumente begreifen, daß sie ihren Verstand benutzen, um auch ihre eigene Arbeit kritisch zu prüfen. Du hast ihnen das einfach zugetraut; normalerweise nähern sich Anfänger dem wissenschaftlichen Establishment ziemlich kritiklos, wenn sie nicht überhaupt hören »lernt erst mal was, dann könnt Ihr mitreden!« Du hast weniger die Arbeit selbst verändert als ihre Begründung, ihren Sinn, ihre Bewertung. Du hast den Studenten eine andere Rolle angeboten, und so konnten sie sich selber bewerten, eigene Fragen entdecken, konnten es wagen, zu publizieren.
H.v.F.: Die Prüfungen sind verschwunden.
H.E.R.: Sie sind nicht verschwunden, Du hast nur die Form der Leistungskontrolle geändert. Sich selber zu bewerten, vor der Gruppe oder einem lesenden Publikum zu bestehen, das ist ja auch Bewertung.
H.v.F.: Selbstbewertung. Die Menschen betrachten etwas, was sie gemacht oder was sie sich gewünscht haben. Im ersten Fall, bei dem »Whole University Catalog« waren sie ganz erstaunt, daß sich ihre Hoffnungen nicht

erfüllt hatten. Sie merkten: Da muß man noch ganz anders arbeiten, daß es so wird, wie ich möchte, daß es werden soll.
H.E.R.: Da setzst Du ganz auf Selbstkritik.
H.v.F.: Ja, wir sind viel selbstkritischer als man denkt, besonders wenn man sich nicht gegen die Bewertung durch Dritte verteidigen muß.

2. Unsere Prüfungen prüfen in den Sprachen der Lehrer

H.E.R.: Du hast heute morgen beschrieben, wie Deine Studenten sich selber prüften und motivierten. Nun war aber das Prinzip des Wettbewerbs ein wichtiges Instrument beim Enstehen einer nicht-feudalen Meritokratie. Ist es nicht ein Rückfall in eine alte, subjektive (wenn schon nicht mehr feudale) Willkür, wenn wir auf objektive Standards verzichten?
H.v.F.: Zunächst einmal refüsiere ich die Unterscheidung subjektiv und objektiv. Das Wort »objektiv« hat überhaupt keinen Sinn. Es ist unerheblich, ob dieser Student diese Spezialfrage beantworten kann – ich sehe jede Frage kontextuell, jede Prüfung in einem Kontext. Eines der letzten TIME-Magazine hat über die erfolgreichen Lehrer und Schüler geschrieben. Da waren 5 oder 6 Kinder abgebildet, alle diese whiz-kids, die schon mit 10 Jahren die besten ihrer Klasse waren, mit 11 super honorary students, und mit 12 Klassensprecher. Der eine war ein mathematisches Genie, der andere ein Genie in Biologie. Die waren da abgebildet als ein Erfolg des amerikanischen Erziehungssystems. Meine erste Reaktion war, von denen werden wir nicht lernen, was das Schulsystem braucht, um allgemein funktionieren zu können! Du mußt zu den schlechten Schülern gehen, um zu sehen, wo man das Schulsystem verbessern muß.

H.E.R.: Zwischenfrage: Liegt das daran, daß es die Erfolgreichen in jedem Fall geschafft hätten, egal welche Schwierigkeiten ein Schulsystem aufbaut oder daß sie zu whiz-kids werden, weil sie auch besonders angepaßt sind?
H.v.F.: Genau. Beide passen zusammen. Das Fragesystem der Schule, die Aufgaben und wie die Leute sie beurteilen, passen zufällig genau zu dem, was sie besonders gut können. Es ist eine evolutionäre Nische, wo sich die Schule und diese Schüler treffen. Natürlich sind das auch »smarte kids«, sie sind gesund, gut genährt, wahrscheinlich nicht von armen Eltern, und dann verlangt die Schule genau das von ihnen, was sie sowieso gut können.
H.E.R.: Aber würdest Du nicht erwarten, daß sie auf irgendeinem Gebiet revolutionäre Neuerungen und Einsichten bringen?
H.v.F.: Nein, das würde ich auf keinen Fall. Ich habe ja dieses Forschungslabor geleitet, und da hat man mir immer die glatten Einser-Studenten, die »straight As« empfohlen, weil man ja wußte, daß wir eine fantastische Gruppe beisammen hatten. Diese »straight As« haben sich in

der Forschungsatmosphäre überhaupt nicht zurechtgefunden. Sie wußten alle Antworten aus ihren Büchern, aber wenn sie ein Radio zusammenbauen sollten, waren sie hilflos. Weil das eine andere Art des Denkens verlangte. Ich würde sagen, jedes Schulsystem hat immer Leute, die da gut durchkommen. Aber das ist keine Antwort auf die Frage, ob es ein gutes Schulsystem ist. Es ist nur ein Schulsystem, in dem *diese* Leute gut durchkommen.

Wie man das Schulsystem verändern kann, sieht man daher an denen, die nicht gut durchkommen.

Ich frage mich beispielsweise, warum in Österreichs Gymnasien acht Jahre jeden Tag eine Stunde Latein gelehrt wurde, aber niemand in der letzten Klasse wirklich Latein konnte. Ich finde das eine Meisterleistung von nicht funktionierendem Unterricht.

Ich fand es in Deinem Artikel sehr gut beschrieben, wie Schüler textkritisch auf Gedichte losgelassen werden, und man dann in Prüfungen eine ganz bestimmte Analyse von ihnen erwartet. Ein völliger Wahnsinn (vgl. Renk, 1998).

H.E.R.: Dieser Literaturunterricht basiert auf fremden Fragen und fremden Antworten,

H.v.F.: – die genauso unerklärbar sind wie das, wonach man gefragt hat.

H.E.R.: Was ist dann die Aufgabe eines Lehrers? Die eines Facilitators?

H.v.F.: Genau, ja.

H.E.R.: Und herauszufordern, neue Fragen zu ermöglichen?

H.v.F.: Das Problem ist, daß die Lehrer »den Stoff behandeln« und viel zu wenig danach fragen, wie sie den Schülern den Stoff erklären, damit sie ihn zu ihrem eigenen Problem machen.

Die Universität von Illinois hatte eine experimentelle Mittelschule in ihrem Erziehungsprogramm, die University High School. Es wurden nicht alle Kinder angenommen, meist gab es wechselnde Vorgaben; so konnte es einmal heißen: ein Drittel schwarz, ein Drittel gelb, ein Drittel weiß, dann wieder etwas anderes. Jedenfalls hatte jede Klasse ihre spezifischen Facetten.

Ein Professor der Mathematik und ein Pädagoge entwickelten ein mathematisches Lehrprogramm im Sinne des Wiener Kreises (vgl. Stadler, 1997). Da sie wußten, daß ich von Wittgenstein und Carnap sehr beeinflußt war, kamen sie zu mir, und wir haben sehr oft über dieses Programm gesprochen. Der Unterschied zwischen der Mathematik des Wiener Kreises und vielen anderen mathematischen Philosophen ist folgender: Der Wiener Kreis nimmt an, daß Mathematik erfunden ist, viele andere nehmen dagegen an, daß mathematische Formeln entdeckt werden. Im Wiener Kreis werden mathematische Formeln erfunden wie die Regeln eines Spiels. Zwischen der Haltung des Entdeckens oder des Erfindens liegt ein fundamentaler

Unterschied für den Lerner. Denn wenn ich etwas erfinde, bin ich daran beteiligt, wenn ich etwas entdecke, muß ich mir sagen lassen, wie das geht. Erdös (Hoffmann, 1999) sprach immer von Gott als dem Chefmathematiker, der das große Buch der Regeln in seiner Hand hält und von Zeit zu Zeit einen seiner Lieblinge hineinschauen läßt. Das war natürlich für den Wiener Kreis ein Witz – für ihn war Mathematik ein Spiel wie Mühle, Dame oder Bridge, und wenn man die Grenzen des Spiels kennt, dann weiß man, daß man alles auch von einer ganz anderen Seite aus betrachten und neue Formeln erfinden kann.

Meine drei Söhne sind alle durch dieses experimentelle Mathematikprogramm gegangen und haben für den Rest ihres Lebens ein völlig überlegenes mathematisches Verständnis mitbekommen. Mein Sohn Andreas ist Architekt, und er mußte alle möglichen Mathematikprüfungen ablegen – seine Freunde haben sich zu Tode geschunden, doch für ihn war es ein Kinderspiel.

H.E.R.: Und trotzdem, so meinst Du, wären diese Freunde vielleicht ganz gute Mathematiker geworden, wenn sie in einem ähnlichen Programm gelernt hätten wie Deine Söhne – weshalb Du eben findest, daß die Prüfungen mehr über das Umfeld aussagen, aus dem die Schüler kommen als über ihre eigene Begabung.

H.v.F.: Ja; und dann gibt es Kinder, die in einer Prüfungsatmosphäre aufleben und andere, die vollkommen gehemmt sind.

Und es gibt die smarten kids, die das Prüfungssystem durchschauen und nutzen.

Als meine drei Söhne den Scientific Achievement Test machen mußten, haben sie die Lösung jeweils in wenigen Sekunden gehabt – einfach weil sie die Strategie erkannten, mit der sie gefragt wurden. Die Schulbehörde hat jedem Prüfling – als Beispiele – einige Aufgaben geschickt, und ich habe mich hingesetzt, und eine Stunde gebraucht, um eine einzige auszurechnen. Es ging irgendwie um Kreis und Kegelschnitte. Dann kamen meine Söhne heim und haben mich ausgelacht – sie wußten, daß von den drei angegebenen Lösungen nur die richtig sein konnte, in denen die Zahl π vorkommt. Sie haben sich schief gelacht, weil der dumme Papa gemeint hat, das ausrechnen zu müssen. Und das galt natürlich auch für andere Fächer. In Musik z.B. wurde gefragt: »Wer hat das Konzert l'empereur geschrieben?« Tatsächlich gibt es eins von Haydn und eins von Beethoven, aber als Prüfling überlegt man sich, ob der Prüfer gebildet genug ist, das von Haydn überhaupt zu kennen und entscheidet sich dann – richtig! – für Beethoven.

Das hat weniger mit Wissen als mit der smarten Kompetenz zu tun: Wie schlüpfe ich durch das Netzwerk der Gesellschaft.

Ein anderes Beispiel.

In dieser Experimentalschule haben sie eine Klasse in zwei Gruppen geteilt, einfach von A – M und von N – Z. In die eine ging der Lehrer hinein und sagte: »Durch Zufall haben wir eine Reihe von Fragen bekommen, die ganz entscheidend für Euer weiteres Leben sein werden. Paßt auf, daß Ihr sie so gut als möglich beantwortet, denn es kann ganz entscheidend für Eure Zukunft sein.« In der anderen Gruppe sagte der Lehrer: »Ihr wißt, daß wir ein experimentelles Mathematikprogramm haben; wir wissen nicht, wie gut wir das machen, aber von Zeit zu Zeit müssen wir uns prüfen. Seid so gut, und beantwortet diese Fragen, Ihr müßt sie ja nicht absichtlich schlecht beantworten, damit wir verstehen, ob wir einen kleinen Erfolg mit unserer Methode haben.«

Die gleichen Fragen wurden von der Gruppe, die an eine Lebensentscheidung glaubte, elendiglich beantwortet. Die andere Hälfte hat hervorragend geantwortet. Das zeigt, daß die Atmosphäre einer Prüfung ganz entscheidend das Ergebnis beeinflußt.

H.E.R.: Was würdest Du dann an die Stelle von Prüfungen setzen?

H.v.F.: Ich kann hier keinen Vortrag über Prüfungsstrategie halten, ich würde aber gerne vorschlagen, daß sich Neurologen, Psychologen und Lehrer einmal zusammensetzen zu einer ernsthaften Konferenz über Prüfungen, so daß wir uns klar werden, was prüfen wir?

Meine Aussage ist bekannt, daß Prüfungen nur Prüfungen prüfen, nicht die Schüler.

Der Fluß der Ideen, der Gedanken soll gefördert werden. Ich hatte selber zwei Prüfungen an der Technischen Hochschule, in denen ich mehr gelernt habe, als im ganzen Jahr des Studiums vorher. Aber das waren eben wunderbare Lehrer. Ich habe ihnen gesagt: »Das habe ich leider nicht sehr gut gelernt«. Dann haben sie gefragt: »Was wissen Sie denn? Fangen Sie mal an!« Nach einer Stunde hatte ich das völlig begriffen, was ich vorher nicht verstanden hatte. Aber nicht jeder Lehrer kann das. Das ist eine Kunst, die beherrschen nicht viele.

H.E.R.: Daß es viele Lehrer nicht können, liegt eben auch daran, wie sie selber ausgebildet worden sind.

H.v.F.: Aber natürlich. Ende des 19. Jh. waren die Schüler, die vom Gymnasium kamen, um Mathematik zu studieren, so schlecht ausgebildet, daß sich einige der Mathematikprofessoren und der Lehrer in Erlangen zu einer Konferenz zusammensetzten, um über Abhilfe zu diskutieren. Da machte einer der Mathematikprofessoren, Felix Klein, den Vorschlag, neue Lehrbücher zu schreiben. Und da er am lautesten schimpfte, überredete man ihn, dieses Buch zu schreiben. Er nannte es »Elementarmathematik vom höheren Standpunkt« (Klein, 1968, 1968). Das heißt, daß Multiplikation und Addition von einem sehr theoretischen Standpunkt aus behandelt wurden, wie man überhaupt zählt, überhaupt mulitpliziert. Wieso kann ich drei und drei zusammenzählen. Wie mache ich das, wieso kann ich zwei weniger drei zählen, wo es doch diese Zahlen überhaupt nicht gibt? Es ist ein Genuß, diese Elementarmathematik vom höheren Standpunkt zu lesen; denn diese ganzen philosophischen Konzepte werden ja schon beim Addieren, beim Zählen offenbar. Diese Bände sind absolute Meisterwerke.[4]

H.E.R.: Im Grunde ist es eine Metaebene zur üblichen Fachsprache.

H.v.F.: Ich habe das übernommen in meinem spanischen Buch »Sistémica Elemental desde un Punto de Vista Superior« (Foerster, 1998) Systemics vom höheren Standpunkt aus. Das sind Vorbedingungen von einer philosophischen Tiefe, die man immer akzeptiert, ohne je darüber nachzudenken.

Dieses Elementare, Grundlegende ist es, was eigentlich gemacht werden sollte – elementare Mathematik, elementare Literatur, Sprache, Geographie, Physik vom höheren Standpunkt aus. Das ist es, was ein Lehrer wirklich verstehen sollte. Ein Lehrer muß wissen, warum man addieren kann.

H.E.R.: Wenn ein Lehrer nicht auf die Metaebene des Lernstoffs gehen kann, ist er kein guter Lehrer.

H.v.F.: Ja, in meinem Artikel zur Lethologie (Foerster, 1996) habe ich das dargestellt. Du kennst meine kleine Geschichte, wo ein Junge nachsitzen mußte, weil er auf die Frage, was ist »zwei mal drei« antwortete »drei mal zwei«, und das auch zeigen konnte: mit zwei Linien von jeweils drei Punkten, die, um 90 Grad gedreht, drei Linien von zwei Punkten ergaben.

Er hatte die Kommutativität der Multiplikation bewiesen, die Invarianz von Punkten gegenüber der Kommutation. Damit hat er die Spielregel hinter der Mulitplikation begriffen. Das hat die Lehrerin nicht verstanden, daß das eine tiefe Einsicht in das Zahlensystem bewies.

---

4 Während dieser Aufsatz in Druck geht, erregt sich die bayerische Presse über das schlechte Abschneiden bayerischer Mittelstufenschüler bei der internationlen TIMS-Studie (Third International Mathematics and Science Study). Als besondere Schwächen wurden angegeben: die Unfähigkeit, gelernte Regeln ad hoc auf andere Beispiele zu übertragen und Gelerntes, das länger zurückliegt, zu erinnern. Bayerische Gymnasien gelten an sich als „gut" - hier wird vergleichsweise viel „gepaukt". Es scheint, als würde das ebenso das rasche Vergessen des nicht mehr Benötigten fördern wie eine Schwäche, das Gelernte „von einem höheren Standpunkt aus" auf andere Aufgaben zu übertragen. Vgl. etwa SZ vom 04.02.1999 und TIMS.

3. Facts and fiction oder: Kreative Genialität als kultureller Konsens

H.E.R.: Lehrer und Eltern legen Lernziele fest, weil sie meinen, daß Lernende unkritisch und eigentlich ohne eigene Fragen, ohne Neugier, ohne Ehrgeiz und Perfektionismus seien.
H.v.F.: Man muß ja nur zusehen, wie Kinder spielen, oder wenn sie aus der Schule kommen, wie beschäftigt sie sind, wie interessiert; ganz wichtige und bedeutende Sachen werden da verhandelt.
Kinder stellen leidenschaftlich gern Fragen, aber sie bekommen immer Ohrfeigen, wenn sie es tun. Warum fliegen die Schwalben so tief vor dem Gewitter? Weil die Mücken so niedrig fliegen. Warum fliegen die Mücken so niedrig – schon hast du eine Watschen.
H.E.R.: Und so hören Menschen an einem bestimmten Punkt auf zu fragen?
H.v.F.: Weil sie abgedreht werden, weil sie eine Watschen kriegen. Und weil sie Fragen stellen, die über das Wissen der Erwachsenen hinausgehen. Weil sie deren System in Frage stellen.
H.E.R.: Eine Generation stellt ihre Fragen, die Antworten gerinnen zu Fakten und landen in Schulbüchern als Paukwissen, das nicht mehr in Frage zu stellen ist.
H.v.F.: Im Englischen gibt es den schönen Unterschied zwischen facts and fiction. Beides kommt von derselben lateinischen Wurzel facere, machen. Ich behaupte »facts are made up« – aber man kann sie in Frage stellen. »Fiction is made up« – aber man stellt sie nicht in Frage. Bei facts kann man sagen: »Beweis' mir das!« Fiktion wird von niemandem bezweifelt und muß nicht bewiesen werden.
H.E.R.: Im educational drama gibt es eine Tradition, die Schüler in der Rolle von Experten eine Aufgabe lösen zu lassen – etwa, wenn sie als Psychiater entscheiden, ob Macbeth noch therapiefähig ist. Viele Lehrer lehnen das ab, weil Schüler ja tatsächlich keine Fachleute sind. Aber im Grunde macht ihnen die Expertenrolle nur die Verantwortung ihres Entscheidungsprozesses bewußt,
H.v.F.: – und sie lernen obendrein eine Fachsprache, die sie ohne diese Aufgabe nicht könnten; sie tun es in der Fachsprache, aus der Perspektive von Psychologen.
H.E.R.: Umgekehrt übernehmen die Lehrer die Rolle der unterlegenen Nicht-Fachleute –
H.v.F.: – das ist ganz wichtig, ganz wichtig.
H.E.R.: Wir wollen das Urteil der Lernenden immer nur dann als »professionell«. akzeptieren, wenn sie unsere Sprache gelernt haben – so denken und formulieren wie wir.
H.v.F.: Da hat Herbert Brün den Spruch geprägt: »Teach me my language, not yours; Teach us our language not theirs.« (Brün, 1966) Das gehört in

diese Kategorie. Laß mich meine Sprache – nicht deine Sprache – *meine* Sprache lernen.

Ich habe einen kleinen Bruder, der zwanzig Jahre jünger ist. Als er so mit sieben in der Schule anfing, mit Zahlen zu arbeiten, kam er zu mir und fragte: »Kann ich eine Zahl schreiben, die unendlich groß ist?« Ich sagte: »Es ist nicht leicht, aber es geht.« »Ist das eine Zahl, die auf einem Zettel steht, der so lang ist, daß er von hier bis zum Mond reicht?« »Da hast Du noch nicht einmal angefangen, eine unendliche Zahl anzukratzen. Aber ich sage Dir, wie das geht. Das ist ganz einfach. Denk Dir eine Zahl aus lauter Einsern, wenn jeder Einser zwischen zwei anderen Einsern steht, dann hast Du eine unendliche Zahl.« Er sagte »Dankeschön« und ging weg. Am nächsten Tag kam er wieder und sagte: »Ich habe Dir eine unendlich große Zahl aufgeschrieben.« Er hatte einen Einser und noch einen Einser und noch einen Einser geschrieben – im Kreis.

Er hatte das generative Prinzip gefunden, um die Unendlichkeit zu zeigen. Ein Siebenjähriger kann das, aber es wird ihm nicht erlaubt.

H.E.R.: Angenommen, jeder Schüler findet seine persönliche Motivation in einer Aufgabe und kommt zu individuellen Lösungen wie Dein Bruder. Gesellschaften beschränken aber das, was in ihnen gedacht werden soll, auf einen kulturellen und sozialen Konsens. Die Schule ist dabei vielleicht das wichtigste Instrument. Wie soll die Schule innovative Brillanz und die Tradierung eines kulturellen Konsenses verbinden?

H.v.F.: Indem man die kreative Genialität als kulturellen Konsens versteht. Indem man sagt: »Das ist ja großartig, wie er das gesehen hat.« Es kann ja Teil des kulturellen Konsenses sein, zu so etwas zu ermutigen.

H.E.R.: Damit tun sich die Naturwissenschaften natürlich leichter; sie können feststellen, ob eine Lösung funktioniert oder nicht.

Dagegen gibt es etwa in der Psychologie eine Reihe von Schulen, die sich gegenseitig zwar diskreditieren, aber nicht eindeutig falsifizieren können.

Gleiches gilt für die Literatur- und Sprachwissenschaft, wo individuelle Interpretationen, Beschreibungsmodelle und Terminologien mit manchmal fast religiösem Glauben gegeneinander ausgespielt werden.

H.v.F.: Ich erinnere Dich an Gregory Batesons Metaloge (Bateson, 1981, 32-96), als er die Fragen seiner Tochter beantwortet. Die fragt ihn etwa, »Daddy, was ist ein Instinkt?« Und er sagt: »Ein Instinkt ist ›an explanatory principle‹, ein Erklärungsprinzip.« Und sie fragt: »Ja was erklärt es denn?« »Alles, alles, was du erklären willst, kann es erklären.« »Das ist doch

Unsinn, kann es die Gravitation erklären?« »Selbstverständlich. Man muß nur sagen, daß der Mond einen Instinkt hat, der umgekehrt zum Quadrat der Entfernung die Erde anzieht.« »Das ist doch Blödsinn.« »Natürlich ist es Blödsinn, aber du hast mich ja gefragt, was ein Instinkt ist.«
Die Einführung der Idee eines Erklärungsprinzips – das ist es, was ich meine. Stell' Dir vor, Du kriegst als Kind schon so eine Erklärung: Ein Begriff ist ein Erklärungsprinzip – und nicht eine Definition vom Lexikon, »Instinkt ist: blablabla«. Stattdessen: Was tut so ein Wort, wozu ist es eigentlich da? Welche Politik verfolge ich, wenn ich ein Wort wie Instinkt verwende? Was will der Lehrer – oder mein Gesprächspartner – daß ich nicht mehr frage, wenn er das Wort Instinkt verwendet? »Das habe ich dir doch gerade erklärt.« Das ist es, was ich mir vorstelle, was ich meine, wenn ich vom Lehren von einer höheren Ebene aus spreche.

4. Die Suche nach neuen Prüfungsformen

H.E.R.: Natürlich kann man in jedem Schulsystem auf Denkvermögen, Flexibilität und geistige Wendigkeit prüfen.
Aber ist es das, was die Auftraggeber von Prüfungen wirklich wollen? In Bayern haben wir seit fast 200 Jahren – nach napoleonisch-revolutionärem Vorbild – in den Staatsprüfungen der Lehrer den sogenannten *concours*, der die Prüflinge anonym nach Platzziffern qualifiziert, welche dann über die Einstellung entscheiden. Dieses Verfahren hat vielen Talenten eine Chance gegeben, die ihnen weder Geburt, Vermögen noch Beziehungen geboten hätten. Aber Napoleon wollte das nachrevolutionäre System durch eine tüchtige Beamtenschaft stützen – nicht es kreativ in Frage stellen. Bis heute erwarten Staat und Betriebe von den besten Prüflingen, daß sie im gegebenen Rahmen »die Besten« sind. Wenn Prüfungen aber Angepaßtheit und gutes Funktionieren im gegebenen Rahmen belohnen, dann darf man sich nicht wundern, daß Beamtenschaft, Management und Wissenschaft in Deutschland immer weniger Talent entwickeln für Wandel, laterales Denken, neue Spielregeln in einer sich rasch ändernden Welt. Glücklicherweise ist der Mensch nie ganz berechenbar; doch institutionell verankert wird so das allmähliche Versteinern von »hochgeprüften« Gesellschaften, der Verlust von Begabungen, die durch das traditionelle Raster fallen.
H.v.F.: Ich denke, die Problematik liegt noch einen Stock tiefer. Im Rahmen der existierenden Schulidee ist diese Frage einfach unlösbar. Ich müßte ein Heftpflaster auf die Probleme kleben und dem Lehrer sagen, er soll sich das oder jenes merken, und das wäre im Prinzip genauso blöd. Es ist das ganze Schulproblem, die ganze Enkulturation in ständigem Wechsel.

Die Frage, wie man in einer sich ständig erneuernden Kulturatmosphäre lernt und lehrt, die kann ich so aus dem Stegreif nicht beantworten. Ich kann nur sagen, daß der Lehrer seinen Unterricht ständig adaptieren muß. Ich würde begeistert in einer Konferenz mit solchen Leuten mitspielen.
Von der Jammerei über den Ist-Zustand führt kein Weg zur Lösung. Ein Staat will, daß seine Jugend aus den Schulen mit gewissen Kompetenzen entlassen wird. Sie sollen die Orthographie beherrschen, Grundlagen des Rechnens, sie sollen die Geschichte des Landes und die Geographie der Welt kennen, dazu ein bißchen Physik und Chemie. Diese Ziele sind einfach zu definieren; die Frage ist, wie kommt man dorthin, und wie stellt man fest, ob diese Ziele erreicht worden sind. Wie können wir das Problem so angehen, daß mit der Lösung des Problems viele andere mit gelöst werden, nicht weil sie mit Heftpflaster überklebt werden, sondern weil sie mit gelöst werden in einer neuen Prüfungsvorstellung.

Ich habe das Gefühl, wenn das Problem der Prüfungen und der Standards richtig verstanden wird, das heißt genauer, wie man zu den Standards kommt, dabei könnte man sich übrigens an Gordon Pask (Pask, 1975, 1975) halten, der solche Zielkategorien sehr schön definiert hat – angenommen wir stimmen überein, daß hier ein Hauptproblem liegt, dann könnte man damit viele andere Probleme lösen.
Sollten wir darin übereinstimmen, dann sollten wir das Problem der Prüfungen zum Hauptproblem machen; das ist kein leichtes, denn es greift in die gesamte Sozialstruktur ein, und die müßte entsprechend umgemodelt werden.

Ich könnte mir vorstellen, daß schon eine nicht lineare, sondern multidimensionale Auswertung viel ändern könnte. Es müßten neue Vektoren in die Beurteilung hereingenommen werden. Eine Note müßte in einen 3- bis 4-dimensionalen Raum eingebracht werden. Dieser Mensch ist interessant, weil er neue Ideen hat. Dieser Mensch kann Formeln und Regeln auswendig und produziert schnell Ergebnisse. Dieser Mensch ist begabt in Zahlen, der kann gut beweisen, aber er kann nicht auf die Meta-Ebene gehen usw.

Angenommen wir hätten ein Budget von einer Million Dollar, eine Gruppe von brillanten Leuten, wie könnte man das behandeln? Das Problem ist fundamental, das haben wir alle erkannt. Es ist nicht getan mit einer lustigen Konferenz und ein paar witzigen Bemerkungen. Mein Vorschlag wäre es, ein wirkliches Forschungsprojekt zu entwickeln, wo man ein ständiges Personal hat und arbeitet und dann Gäste einlädt, die ein Viertel- oder ein halbes Jahr dort arbeiten und dann von Zeit zu Zeit in manifestos ihre Vorschläge vorstellen, wie man so ein Riesenprojekt strukturieren könnte. Ich könnte mir vorstellen, daß in mehreren Jahren die Fundamentalfragen berührt werden, die von Kognition bis zu Politik reichen, von den verschiedenen Fächern zu den Verwandtschaften zwischen den verschiedenen Fächern. Allein schon dieses Forschungsprojekt vorzuschlagen, ist ein interessantes Projekt für ein Forum das es über zwei Jahre entwickelt. Ich halte das für ein fundamentales Projekt, weil die Sache so verfahren und verfilzt ist. Die jetzt umzukrempeln oder etwas Neues einzuführen ist eine Meisterleistung, die nur die besten Leute machen können. Nicht nur Gescheite, sondern auch politisch Geschickte, bewandert in der politischen Situation, vielleicht mit der Möglichkeit, Einfluß auf die Regierung zu nehmen und etwas durchzusetzen. Ich halte das für ein faszinierendes, wichtiges, sogar essentielles Projekt, das nicht nur von mir, von Dir, von Maturana, von Glasersfeld und noch ein paar anderen lustigen Käuzen gelöst werden kann. Die könnten gute Ideen vorschlagen, aber das ganze braucht einen professionellen Rahmen, in dem es sich entwickeln kann.

Wenn ich da eingeladen wäre, würde ich sagen, laßt uns das Forschungsproblem zunächst betrachten als soziologisches, kognitives, analytisches Problem. Da würde ich nicht nur die Top-Genies, die Super-Gescheiten einladen, sondern auch die, die da hineinreden und Vorschläge machen können. Ich kann zuwenig Strukturelles und Politisches beitragen. Ich kann über die Prüfungen schimpfen, aber wenn ich der Prüfungspapst wäre, müßte ich mir doch einige kluge Leute einladen, die mit mir was ausarbeiten könnten. Wenn wir das anpacken würden, könnten wir in zwei bis drei Jahren vielleicht Vorschläge machen, wie man das machen soll.

Ich könnte mir vorstellen, so ein Projekt mit einer experimentellen Schule zu verknüpfen, etwa in der Art unserer University High School, wo die Schüler ganz normale Abschlüsse gemacht haben und teilweise viel mehr konnten als andere, als sie an die Universitäten gingen. Besonders in der Mathematik.

H.E.R.: Alles läuft eben unweigerlich auf einen Kompromiß zwischen Innovation und Tradition hinaus – nur auf welchen? Es gibt ja Antworten, die man lange kennt, aber sie müssen doch gelernt werden. Anderes braucht einfach Einübung; anderes muß als Erfahrung nachvollzogen werden können; und wenn man zur Kreativität ermutigt, muß man auch wissen, wie man mit abweichenden Antworten umgeht.

H.v.F.: In San Martino di Costozza saß ich mit einigen charmanten italienischen Lehrerinnen am Tisch und wollte von ihnen gerne die richtige italienische Übersetzung von »tests test tests« haben. Ich habe die Damen gefragt, und sie meinten: »Lieber Heinz, Sie mißverstehen das – Prüfungen prüfen nicht Prüfungen, sondern die Schüler.« Es ist mir nicht gelungen, den Damen klarzumachen, was ich sagen wollte, und noch weniger, von ihnen herauszukriegen, wie ich es auf italienisch sagen sollte, weil sie das so dumm fanden, daß sie darüber nicht eine Sekunde nachdenken wollten. Ich habe mich königlich amüsiert.

Nun im gleichen Land hat man schon früher gesagt: non vitae sed scholae discimus; die Damen blieben also durchaus in der Landestradition. Aber ich wußte, daß Heinz mich nur diskret an die enormen Widerstände erinnern wollte, die Lehrer aus bester Absicht gegen solche Reformvorstellungen entwickeln würden.
Er hielt ihre Logik für falsch, aber er hatte Verständnis und Sympathie für sie.
Er kennt das Dilemma des Lehrenden aus eigener Erfahrung und um diese mit den Lesern zu teilen, überließ er mir die Dokumentation seiner Lehrexperimente für den Druck. Sie folgt im Anschluß an dieses Gespräch.

ANHANG:
H. v. Foerster, Die Heuristik-Seminare an der University of Illinois

Anmerkung der Hrsg.:
Hier wird zum ersten Mal ein Beispiel der akademischen Lehre von H. v. Foerster der Öffentlichkeit vorgestellt, von dem er im 1. Teil des Gesprächs ausführlich berichtet. Dieser report wurde nach Abschluß der Kurse der Universitätsleitung vorgelegt. Nach der Lektüre überrascht es nicht, daß die Zahl der Teilnehmer von 49 im 1. Semester auf 65 im 2. Semester und 156 im 3. Semester anschwoll. Foersters Mischung von Anspruch und experimentierfreudiger Neugier ist überzeugend und ansteckend. –

»Heuristics«, Ein Bericht über einen Kurs zum Wissenserwerb, H.v. Foerster & H.Brün, Report Nr.131 des Biological Computer Laboratory, Dept. of Electrical Engineering, Univ.of Illinois, Urbana, Illinois (3.10.1970), übersetzt und gekürzt von H.E. Renk.

– Nach Vorbemerkungen zum curricularen, bildungspolitischen und epistemologischen Stellenwert der Veranstaltung beschreiben v. Foerster und Brün den Verlauf der Veranstaltung. –

I. Planung

Im Frühjahr 1968, und das war sicher kein Zufall, kamen Studenten aus verschiedenen Fakultäten zu uns und baten uns, einen Kurs in »Heuristik« anzubieten, wo sie lernen konnten, wie man ein Problem erkennt und löst.

Unter Heuristik versteht man, grob gesagt, die Ausbildung unserer Fähigkeiten zu begreifen und zu entdecken, und so kam uns der Vorschlag der Studenten gelegen, um die Arbeit und die Resultate des Forschungslabors in die akademische Lehre zu tragen.
Dabei verfolgten wir drei Ziele:

1. Die Studenten mit den neuesten Methoden der Semantik und Logik von Problemerkennung und Problemlösung vertraut zu machen; mit heuristischen Methoden, die man heute kennt oder nicht kennt, und mit verschiedenen Modellen der Mentation.
2. Das Seminar nach den uns bekannten Methoden des Wissenserwerbs zu führen, d.h. Heuristik nicht nur zum Gegenstand, sondern auch zur Lehrmethode zu machen.
3. Das Seminar als Fortsetzung der Forschungsarbeit im Labor zu betrachten, wo wir unser Verständnis der kognitiven Prozesse erweitern und weitere Daten und Einsichten erwerben konnten, die man unverzüglich auf ihre Wirksamkeit in einer Unterrichtssituation überprüfen konnte.

II. Durchführung

Die Sitzungen des ersten Semesters sollten in die Konzepte einführen, die mit den verschiedenen Bedeutungen des Begriffs Heuristik verbunden sind. Methodisch wechselten wir von Vorlesungen, die explizit die Terminologie darstellten, über Vorlesungen mit Diskussionen über Epistemologie und ausgewählte Texte bis zu mehr oder weniger angeleiteten oder improvisierten Übungen der Klasse in heuristischer Problemlösung; Aufgaben, bei denen wir ihnen begreiflich zu machen suchten, daß sie etwas lernten, was ihrem privaten Glück und ihrem gesellschaftlichen Erfolg dienen konnte.
Mit Hilfe der Unterrichtenden waren die Studenten bald in der Lage, sich konstruktiv und instruktiv mit Fragen, wie den folgenden zu befassen: Wer sind die Studenten? Wer die Lehrer? Was ist ein Problem? Wer ist ein Problem? Welche psychologischen und wissenschaftlichen Konzepte sind bekannt und erlernbar? Wo und wie suchen wir nach den Begriffen, die uns noch fehlen, die wir brauchen, die wir erschaffen und benutzbar machen müssen? Kann man aus einigen Antworten auf diese Fragen Denkmodelle entwerfen oder installieren, an denen man lebhaft empfundenes aber nur vag benennbares kritisches Unbehagen in klar artikulierte und lösungsfähige Diagnosen überführen kann?

Von hier aus war es nur ein kleiner Schritt zum Thema menschlicher Kreativität und der Anwendung kreativen Denkens für die Aufgaben dieser Modellentwürfe und Lösungen.

III. Charakteristika und Ergebnisse

1. Das Seminar wurde gemeinsam unterrichtet von einem Physiker, einem Komponisten, einem Soziologen, einem Sprachwissenschaftler und Gastprofessoren verschiedener Fachrichtungen.
2. Kontroversen zwischen den Lehrenden wurden offen dargestellt und vor den Studenten diskutiert.
3. Die Studenten kamen von allen Fakultäten der Universität.
4. Die Studenten wurden ständig daran erinnert, daß *sie selbst* diesen Kurs gewollt hatten.
5. Die Unterrichtenden einigten sich auf ein ausgewogenes Verhältnis zwischen der Präsentation erworbenen Wissens und speziellen Experimentalprojekten.
6. Die Unterrichtenden waren sich einig, daß diese Ausgewogenheit ihre Rolle als Katalysatoren spiegeln sollte, nicht die von programmatischen Leitern.
7. Nichts als das zu behandelnde Thema sollte die Struktur der Stunde und des Seminars prägen.
8. In jedem Augenblick sollte dieses Thema sowohl die äußeren als auch die inneren Strukturen des Seminars prägen: die Sitzanordnung in Reihen, an Tischen oder in Kreisen; ob ein Thema weitergeführt oder aufgegeben werden sollte; ob man große oder kleine Gruppen bilden sollte; ob man Experten einladen sollte; etc.
9. Erste These: Das Studium der Heuristik verlangt eine heuristische Haltung.
10. Zweite These: In einem heuristischen Prozeß muß ein trivialer Ausgangspunkt den Prozeß nicht entsprechend prägen.
11. Während der drei Semester, die der Kurs dauerte, versuchten zuerst die Lehrer, dann auch die Studenten, eine heuristische Haltung beim Lehren und beim Lernen von Heuristik einzunehmen. Manchmal waren das wohlvorbereitete und geplante Aufgaben; manchmal ergab es sich aus unbedeutenden Vorfällen.
12. Die Studenten erfuhren immer, ob eine Frage als Einladung zur Suche nach einer noch unbekannten Antwort verstanden werden sollte oder ob sie erraten sollten, welche Antwort der Fragende hören wollte.
13. Für die Sprache im Seminar gab es Konventionen: Kommunikative Sprache paßt den Gedanken der Sprache an; kreative Sprache paßt die

Sprache dem Gedanken an; unangemessene Sprache geht weiter als nötig, vermittelt aber auch den Gedanken; verletzende Sprache geht weiter als nötig und vermittelt den Gedanken nicht.

14. Damit die Studenten den Lehrern und die Lehrer den Studenten zuhören, müssen einige Bedingungen erfüllt sein. Die Person, der man zuhören will, muß gebeten werden zu sprechen, in der Lage sein zu sagen, was sie sagen will, und davon überzeugt sein, daß man ihr zuhört. Wenn eine dieser Voraussetzungen fehlt, wird man nichts hören können und nichts mehr sagen wollen. ...
15. Die Dokumentation des Seminars wird in den Archiven des BCL aufbewahrt. Dazu gehören zahlreiche Seminararbeiten, ... Berichte über spezifische Gruppenprojekte. Objekte der »Anticommunication Show«, der »Whole University Catalog«, ein Verzeichnis, in dem sich die Studenten selber vorstellen. Aufzeichnungen aus den Seminaren. ...

Appendix I. Vorläufiger Überblick über die Lehrangebote

I. Einführung der Begriffe
Anthropomorphe, linguistische, logische und mathematische Vorstellungen eines Problems und seiner Lösungswege. Lösbarkeit, Unlösbarkeit und Paradoxa.

II. Die Logik von Folgerungen
Deduktive, induktive und abduktive Modalitäten des Folgerns. Effektive Verfahren. Algorithmen. Grenzen des logischen Folgerns.

III. Heuristik
Die Methodik von Suchprozessen, wenn effektive Algorithmen fehlen. Problemzerlegungen, Search-Trees, Monte Carlo Simulationen. Paraphrasen und Metaphern. Bedeutung und Erschließbarkeit. Bedeutungsebenen und Suchverfahren.

IV. Kognitive Prozesse
Die logische Struktur der Beziehung zwischen Beobachter und environment. Die logische Struktur von Dialogen. Begriffe und Symbole als effektive Algorithmen.

V. Die Heuristik von Gruppen
Problemlösung in großen Gruppen. Identifikation und Nicht-Identifikation von Problemen in einem sozialen Kontext. Individuum und Gesellschaft. Soziale Normen als Algorithmen. Werte, Problemlösung in kleinen Gruppen. Übungen mit den Kursteilnehmern.

VI. Heuristik des Lernens
Erwerb von Begriffen als Suchprozeß für effektive Algorithmen. Gleichgewichtszustände von Systemen als Lösungen für Probleme (Perturbierung).
Habituierung, Adaption, Konditionierung und Lernen betrachtet als verschiedene Gleichgewichtszustände gekoppelter Systeme.
Hinweis: Studenten können die zeitliche Zuordnung von Themen im Interesse ihrer individuellen Forschung verändern.
Voraussetzung: Zustimmung des Lehrenden.
Vorausgesetzte Texte: Morrison, James C.: Meaning and Truth in Wittgenstein's Tractatus; Wittgenstein, Ludwig: Tractatus Logico-Philosophicus

Appendix II. Strukturen und Inhalte

... Bei der ersten Sitzung kamen 70 Studenten. Das Problem war, Termine für 2 Sitzungen à 90 Minuten pro Woche zu finden, die allen 70 paßten. Es dauerte eine halbe Stunde und bedurfte zahlreicher Hinweise des Leiters, bis die Studenten begriffen, daß sie nicht das Problem passender Zeiten zu lösen hatten, sondern die Frage, ob der Kurs überhaupt stattfinden sollte oder nicht. Fünf Minuten später hatten sie sich auf Zeiten geeinigt. Daraufhin erhielten sie ihre erste Aufgabe: »Schreiben Sie einen Aufsatz (max. 2 Schreibmaschinenseiten) zum Thema: ›Richtig oder Falsch: was ich mir wünsche‹. Nennen Sie alles, von dem Sie sagen würden: zwar ist das nicht so, aber ich möchte, daß es so wäre. Reihen Sie Ihre Aussagen so, daß die Erfüllung der zuerst genannten Wünsche die Erfüllung der später genannten einschließen kann, aber nicht umgekehrt. Sie können darauf eingehen, ob Ihre Wünsche vernünftig, wünschenswert oder erfüllbar sind – aber Sie müssen nicht. Gehen Sie davon aus, daß wir sagen ›Wünsche‹, wenn wir aus verschiedenen Gründen nicht sagen wollen ›vernünftige Erwartung‹. Sie haben vier Wochen Zeit».
Die Studenten waren begeistert und wollten uns das Papier in zwei Tagen bringen; die nächsten 3 Wochen mußten wir dazu unzählige Fragen beantworten; erst nach 6 Wochen lagen alle Arbeiten vor. Dann erhielt jeder Student die anonyme Kopie der Arbeit eines anderen und die Aufgabe, einen Kommentar dazu zu schreiben. Als jeder seinen Kommentar bekommen hatte, wurden Gruppen gebildet, in denen ein Autor war, den ein anderer aus der Gruppe kommentiert hatte, der aber selber auch den Aufsatz von einem anderen Mitglied dieser Gruppe kommentiert hatte.

Die Gruppen sollten die Frage beantworten: »Können Sie sich anhand der Informationen in Ihrem schriftlichen Material auf den wichtigsten Wunsch Ihrer Gruppe einigen?«
Nicht einer der Studenten (19 bis 30 Jahre) war jemals ganz ohne den Zwang, nur »vernünftige Wünsche« zu äußern, gefragt worden, in welcher Welt er leben wollte. Alle hatten gelernt, ihre Wünsche den üblichen Maßstäben von Vernunft und Praktikabilität anzupassen. Das führt zu unartikulierter Unzufriedenheit, die schließlich eine der wichtigsten Ursachen für Passivität, Lethargie und emotionale und physische Aggression ist.
Die heuristische Qualität dieser Aufgabe lag in dem, was die Studenten nur sehr langsam begreifen wollten: daß man sie ernsthaft fragte und sich wohl bewußt war, daß nur jeder einzelne von ihnen seine Antwort wissen konnte und daß die nicht an irgendwelchen Antworten gemessen werden konnte, die der Fragende bereithielt. Nicht-heuristische Verfahren benutzen die Kompetenz des *fragenden Systems*, heuristische Verfahren nutzen die Kompetenz des befragten Systems, um ein Problem zu definieren und schließlich zu lösen.
Jeder Mensch hat die Freiheit, kompetente Problemlösungen zu akzeptieren oder nicht. Allerdings kann er diese Lösung nicht einfach deshalb inkompetent nennen, weil er sie ablehnen will.
Als die Studenten merkten, daß niemand ihre Kompetenz für ihre Wünsche in Frage stellte, waren sie bereit, sich voller Enthusiasmus mit Begriffen wie »Hypothese«, »Theorie«, »Modell«, etc. zu befassen, da sie verstanden, daß sie ihnen nützliche Instrumente an die Hand gaben.
Es war klar: Wenn ich in einer Welt, einer Gesellschaft, einem System lebe, in dem meine Wünsche »unvernünftige Forderungen« sind, dann möchte ich mir ein Modell einer Welt, einer Gesellschaft, eines Systems denken, in dem meine Wünsche »vernünftige Forderungen« sind. Wenn ich ein solches Modell entworfen habe, kann ich es studieren, die Voraussetzungen für eine Erfüllung meines Wunsches, und schließlich kann ich auch die nächste Frage beantworten: Ist die Erfüllung meines Wunsches, abgesehen davon, daß ich ihn mir wünsche, wirklich wünschenswert?
Ist das System, das mein Wunsch erzeugt hat, so beschaffen, daß darin auch alle meine anderen Wünsche erfüllt werden und ich darin leben will? Muß ich meinen Wunsch korrigieren oder ändern, weil ein anderer Wunsch für mich wichtiger ist?
Muß ich meine Liste umschreiben? usw. usw.

– Im Bericht folgen nun Kurzberichte über jede Sitzung und statistische Überblicke über die teilnehmenden Professoren und Studenten. Die Veranstaltung fand zweimal wöchentlich, zweistündig (90 Minuten) statt. –

Literatur

Bateson, G. ([1]1981): Ökologie des Geistes. Frankfurt a. M.: Suhrkamp

Brün, H. (1961): Musik und Information (8 Vorträge), Sonderdruck des Bayerischen Rundfunks. München

Brün, H. (1966): Mit verdorrten Zungen. Sprache und Musik, Teil IV. Studio für Neue Musik, Hessischer Rundfunk. Frankfurt a.M.

Hoffmann, P. (1999): Der Mann, der die Zahlen liebte. Die erstaunliche Geschichte des Paul Erdös und die Suche nach der Schönheit in der Mathematik. Aus dem Amerikanischen von R. Schneider. Berlin: Ullstein.

Klein, F. ([4]1968): Elementarmathematik vom höheren Standpunkte aus I. Arithmetik, Algebra, Analysis (unveränderter Nachdruck der 4. Auflage, Berlin 1933). Heidelberg: Springer

Klein, F. ([3]1968): Elementarmathematik vom höheren Standpunkt aus II. Geometrie (unveränderter Nachdruck der 3. Auflage, Berlin 1925). Heidelberg: Springer

Klein, F. ([3]1968): Elementarmathematik vom höheren Standpunkt aus III. Präzisions- und Approximationsmathematik (unveränderter Nachdruck der 3. Auflage, Berlin 1928). Heidelberg: Springer

Stadler, F. (1997): Studien zum Wiener Kreis. Ursprung, Entwicklung und Wirkung des Logischen Empirismus im Kontext. Frankfurt a.M

Pask, G. (1975): Conversation, Cognition and Learning. A Cybernetic Theory and Methodology. Amsterdam/New York: Elsevier

Pask, G. (1975): The Cybernetics of Human Learning and Performance. A Guide to Theory and Research. London: Hutchinson

Renk, H.-E. (1998): Der neue Literaturunterricht. In: G.Köppel, Lehrerbildung im Wandel. Augsburg: Wißner

Foerster, H. v. (Hrsg.) (1998): Cybernetics of Cybernetics or the Control of Control and the Communication of Communication, Heidelberg: Carl Auer (Reprint)

Foerster, H. v. (1996): Lethologie. Eine Theorie des Lernens und Wissens angesichts von Unbestimmbarkeiten, Unentscheidbarkeiten, Unwißbarkeiten, in: K. Müller (Hrsg.) Konstruktivismus, Neuwied: Luchterhand, 1-24

Foerster, H. v. (1998): Sistémica Elemental desde un Punto de Vista Superior, Fondo Editorial Universidad EAFIT, Medellin

Foerster, H. V. / Pörksen, B. (1998): Wahrheit ist die Erfindung eines Lügners. Gespräche für Skeptiker. Heidelberg: Carl Auer

Heuristics, Directory, (1969): The Whole University Catalog, Univ. of Illinois, Urbana Ill.

Kognitionspsychologische Grundlagen des Konstruktivismus

Ute Fischer

Lassen Sie mich mit einer Szene aus dem Film »The man who knew too little« beginnen.

Laurie, die ehemalige Geliebte des britischen Verteidigungsministers und Wallace Ritchie aus Des Moines, Iowa, kehren in das Haus von Laurie zurück, um für den Minister kompromittierende Briefe sicherzustellen. Man schleicht sich ins Haus aus Angst vor Agenten des Ministers, die bereits vorher schon einmal versucht hatten, an die Briefe heranzukommen. Im Haus finden Laurie und Wallace einen der Agenten vor – starr im Stuhl sitzend. Laurie ist entsetzt und schreit auf. Wallace schreit auch, für einen Moment, dann stutzt er, lacht und wendet sich an den Mann: »Da hast Du uns nun beide glatt an der Nase herumgeführt.« Dann geht er auf den Mann zu, beugt sich zu ihm hinunter, will ihn erschrecken – Bähhhh!! – und ist ganz entzückt über seinen Mißerfolg: »Da bin ich aber beeindruckt! Was für eine Konzentration.«

Eine Situation und zwei, wie man aus ihrem Verhalten schließen kann, völlig unterschiedliche Interpretationen der Protagonisten. Aber ist ja klar, wird derjenige einwenden, der den Film kennt, daß Wallace die Situation anders interpretiert als Laurie. Wallace, der naive Kleinstädter, nimmt schließlich an, daß er im Theatre of Life mitspielt: einem Theater, dem letzten Schrei auf der Londoner Kulturszene, in dem der vermeintliche Zuschauer in einer Telefonzelle angerufen und damit in die Handlung hineingezogen wird. Unglücklicherweise beantwortet Wallace einen Anruf, der nicht ihm, sondern dem Killer Spencer gegolten hat. Da er kein Spielverderber sein will, übernimmt er die ihm aufgegebene Rolle und gerät somit an Laurie und in eine politische Intrigengeschichte.

Ein set-up für eine gute Komödie also. Und auch, wie ich meine, ein set-up, das eine immer wiederkehrende Erkenntnis kognitionspsychologischer Untersuchungen auf den Punkt bringt: Menschen nehmen Begebenheiten in ihrer sozialen und physikalischen Welt nicht einfach passiv auf und speichern sie für späteren Gebrauch ab, sondern wir bauen unser Verständnis auf unserem Vorwissen auf. Wie Menschen ihre Welt verstehen, was sie wissen und wie sie Wissen erwerben, beruht somit auf mentaler Bearbeitung, auf einen bestimmten mind-set. Wichtig in diesem Zusammenhang sind die Begriffe »mentale Bearbeitung« und »mind-set«. Ich möchte zunächst drei verschiedene Formen der mentalen Bearbeitung vorstellen, die ich in kognitionspsychologischer Forschung erfaßt sehe, und zwar Verstehen als Interpretation, Verstehen als Herleitung, und schließlich Verstehen als Progression. Im Anschluß daran werde ich auf mind sets zu sprechen kommen, d.h. auf Mechanismen und Bedingungen, die die Ausdehnung unserer mentalen Bearbeitung bestimmen bzw. begrenzen.

Verstehen als Interpretation

Wie in der Eingangsszene illustriert, ist Verstehen häufig interpretativ. Für Wallace kann der leblose Mann nur ein Schauspieler sein, der einen Toten mimt, da er überzeugt ist, an einem Theaterspiel teilzunehmen. Für Laurie hingegen ist die Leiche real und ein Hinweis darauf, daß sie sich in Gefahr befindet. Interpretatives Verstehen ist narrativ, insofern als Vorgänge in einen Sinnzusammenhang gestellt werden, der abhängig ist von der Perspektive des Verstehenden (Bruner, 1993).

Die erste kognitionspsychologische Untersuchung von interpretativem Verstehen wurde von Sir Frederic Bartlett (1932/1967) durchgeführt. Bartlett gab Versuchspersonen das folgende Volksmärchen nordamerikanischer Indianer zu lesen.

The War of the Ghosts
One night two young men from Egulac went down to the river to hunt seals, and while they were there it became foggy and calm. Then they heard war-cries, and they thought: »Maybe this is a war-party.« They escaped to the shore, and hid behind a log. Now canoes came up, and they heard the noise of paddles, and saw one canoe coming up to them. There were five men in the canoe, and they said: »What do you think? We wish to take you along. We are going up the river to make war on the people.« One of the young men said: »I have no arrows.« »Arrows are in the canoe,« they said. »I will not go along. I might be killed. My relatives do not know where I have gone. But you,« he said turning to the other, »may go with them.« So one of the young men went, but the other returned home. And the warriors went on up the river to a town on the other side of Kalama. The people came down to the water, and they began to fight, and many were killed. But presently the young man heard one of the warriors say: »Quick, let us go home: that Indian has been hit.« Now he thought: »Oh, they are ghosts.« He did not feel sick, but they said he had been shot. So the canoes went back to Egulac,

and the young man went ashore to his house, and made a fire. And he told everybody and said: »Behold I accompanied the ghosts, and we went to fight. Many of those who attacked us were killed. They said I was hit, and I did not feel sick.« He told it all, and then he became quiet. When the sun rose he fell down. Something black came out of his mouth. His face became contorted. The people jumped up and cried. He was dead. (Bartlett, 1967, 65)

Diese Geschichte mit ihrem für westliche Leser ungewöhnlichen Inhalt und ihrer bizzarren Struktur erschien Bartlett als geeignetes Material, um aufzuzeigen, daß Verstehen ein aktiver Prozeß ist, in dem Information auf ganz systematische Weise verändert wird. 15 Minuten nachdem sie »The War of the Ghosts« gelesen hatten, bat Bartlett seine Versuchspersonen, die Geschichte schriftlich wiederzuerzählen. Exemplarisch für die Antworten, die Bartlett erhielt, sind diese Wiedergaben von zwei Versuchspersonen:

War Ghost Story
Two young men from Egulac went out to hunt seals. They thought they heard war-cries, and a little later they heard the noise of the paddling of canoes. One of these canoes, in which there were five natives, came forward towards them. One of the natives shouted out: »Come with us: we are going to make war on some natives up the river.« The two young men answered: »We have no arrows.« »There are arrows in our canoes,« came the reply. One of the young men then said: »My folk will not know where I have gone;« but, turning to the other, he said: »But you could go.« So the one returned while the other joined the natives. The party went up the river as far as a town opposite Kalama, where they got on land. The natives of that part came down to the river to meet them. There was some severe fighting, and many on both sides were slain. Then one of the natives that had made the expedition up the river shouted: »Let us return: the Indian has fallen.« Then they endeavoured to persuade the young man to return, telling him that he was sick, but he did not feel as if he were. Then he thought he saw ghosts all round him. When they returned, the young man told all his friends of what had happened. He described how many had been slain on both sides. It was nearly dawn when the young man became very ill; and at sunrise a black substance rushed out of his mouth, and the natives said to one another: »He is dead.« (Bartlett, 1967, 70)

The War of the Ghosts
Two youths were standing by a river about to start seal-catching, when a boat appeared with five men in it. They were all armed for war. The youths were at first frightened, but they were asked by the men to come and help them fight some enemies on the other bank. One youth said he could not

come as his relatives would be anxious about him; the other said he would go, and entered the boat. In the evening he returned to his hut, and told his friends that he had been in a battle. A great many had been slain, and he had been wounded by an arrow; he had not felt any pain, he said. They told him that he must have been fighting in a battle of ghosts. Then he remembered that it had been queer and he was very excited. In the morning, however, he became ill, and his friends gathered round; he fell down and his face became very pale. Then he writhed and shrieked and his friends were filled with terror. At last he became calm. Something hard and black came out of his mouth, and he lay contorted and dead. (Bartlett, 1967, 72)

Viele Veränderungen lassen sich feststellen. Neben der Veränderung des Titels, der Weglassung von Eigennamen und der Modernisierung der Sprache sind auch tiefgreifende strukturelle und inhaltliche Bearbeitungen erkennbar. So werden kausale Zusammenhänge zwischen Textelementen syntaktisch explizit etabliert, die im Original lediglich als *eine* mögliche Implikation enthalten sind. Vergleiche zum Beispiel »One youth said that he could not come as his relations would be anxious about him« mit der Originalfassung »I will not go along. I might be killed. My relatives do not know where I have gone«[1] Zudem werden bestimmte Elemente weggelassen, umgedeutet oder durch Elaborationen dramatisiert. Zum Beispiel werden in der ersten Wiedergabe die Geister zur Fiktion der Hauptfigur. In der zweiten Version fehlt die Kampfszene völlig, die Geister tauchen als Mutmaßung der Zuhörer auf, und das Sterben der Hauptfigur wird zu einem Todeskampf stilisiert.

Bartlett bezeichnet diese strukturellen und inhaltlichen Veränderungen als Rationalisierungen, die er auf schematische Wissensstrukturen seiner Versuchspersonen zurückführt. Schemata sind für Bartlett mentale Strukturen, in denen Wissen thematisch, das heißt, von einem bestimmten »common interest« (Bartlett, 1967, 201), einem zugrundeliegenden Gesichtspunkt aus, organisiert ist. Diese organisierten Wissensstrukturen übernehmen dann im Verstehensprozeß eine organisierende Funktion: Sie steuern den Verstehensprozeß, und durch sie wird Verständnis erst möglich.

Bartletts Werk wurde in den USA erst etwa 30 Jahre später aufgegriffen im Zuge der sogenannten »kognitiven Revolution«, die das antimentalistische behavioristische Wissenschaftparadigma innerhalb der Psychologie ablöste. Neuere Forschung bestätigte Bartletts Vermutung, daß Verstehensprozessse

---

[1] »Einer der jungen Männer sagte, daß er nicht mitkommen könne, weil seine Verwandten nicht wüßten, wo er hingegangen sei« und »Ich werde nicht mitkommen. Ich könnte ums Leben kommen. Meine Verwandten wissen nicht, wohin ich gegangen bin.«

auf schematischem Wissen basieren, und suchte Funktion, Inhalt und Struktur von Schemata näher zu bestimmen (Bransford und Johnson, 1972, 1973; Chiesi, Spilich, und Voss, 1979; Graesser und Zwaan, 1995; Kintsch, 1988; Kintsch und van Dijk, 1978; vgl. auch Übersichtsartikel bei Singer, 1994 und van den Broek, 1994).

Neben psychologischer Forschung förderten vor allem Computermodelle von menschlichen Verstehensprozessen die Annahme, daß Schemata abstrakte Repräsentationen sind, die Verallgemeinerungen über unsere Erfahrungen als auch gesellschaftlich codifizierte Theorien widerspiegeln (Norman, Rumelhart und LNR Research Group, 1975; Schank und Abelson, 1977). Abstraktionen beziehen sich auf Objekte, Personen, Handlungen und Ereignisverläufe und fassen zum Beispiel unsere Vorstellungen über Aussehen und Funktion eines Stuhles zusammen ebenso wie unsere Vorstellungen über Rolle und angemessenes Verhalten eines Präsidenten, oder die Spezifikationen von den Bedingungen, die erfüllt sein müssen, damit eine Handlung als »kaufen« gilt und eine Ereignissequenz als »Rendezvous«. Darüberhinaus wird heute allgemein angenommen, daß Schemata die Relationen, die zwischen den Elementen z.B. einer Situation bestehen, explizit markieren und damit Inferenzen ermöglichen, die über gegebene Information hinausgehen. So enthält unser Schema für »kaufen« unter anderem, daß eine Person A ein Objekt oder ein Tier besitzt, das eine zweite Person B haben möchte und A bereit ist, B dieses Objekt oder Tier für einen Preis zu überlassen. Wenn wir nun lesen, daß Peter ein Auto gekauft hat, verstehen wir aufgrund unseres »Kauf-Schemas« mit, daß er ein Auto besitzen wollte, daß er dieses Auto vorher nicht besessen hat, sondern ein anderer, usw., usw. Wir fügen also gegebene Information in ein Schema ein und gleichzeitig reichern wir damit die mentale Repräsentation, die wir von ihr aufbauen, mit Wissen aus unserem Schema an. Indem wir gegebene Information in ein Schema integrieren, erreichen wir zweierlei. Zum einen geben wir unserer Erfahrung Struktur und Kohärenz, und zweitens stellen wir eine Kontinuität her zwischen dem, was wir gerade erfahren, und dem, was wir früher erfahren haben.

Schemata werden von vielen kognitiven Psychologen als die Grundbausteine von menschlichem Denken verstanden (Rummelhart, 1980), die bei der Interpretation von sensorischer Information genauso eine grundlegende Rolle spielen wie dann, wenn wir Texte oder soziale Situationen verstehen, uns an Ereignisse erinnern, miteinander kommunizieren, Probleme lösen oder Entscheidungen finden (vgl. Cheng und Holyoak, 1985; Chi, Feltovich und Glaser, 1981; Clark, 1994; McClelland und Rumelhart, 1981). Auf die Funktion, die Schemata im wissenschaftlichen Problemlösen haben, werde ich nun zu sprechen kommen, wenn ich herleitendes Verstehen behandle.

Verstehen als Herleitung

Herleitendes Verstehen ist paradigmatisch (Oatley, 1996). Im Gegensatz zu interpretativem Verstehen stellt es Elemente in der Erfahrungswelt in einen logisch-kausalen Sinnzusammenhang, der unabhängig ist von der Perspektive des Verstehenden (Bruner, 1993). Im herleitenden Verstehen sucht man entweder zu erklären, warum ein Element *notwendigerweise* ein anderes bedingt, so daß man Vorhersagen über zukünftige Situationen treffen kann (Bruner, 1993). Oder man klassifiziert ein Element in der Erfahrungswelt (sei es ein Objekt oder eine Situation) als Verwirklichung eines übergeordneten *logischen* Prinzips. Aufgrund der getroffenen Klassifizierung lassen sich dann ebenfalls Vorhersagen machen – z. B. wenn ich etwas als Lebewesen klassifiziert habe, dann nehme ich auch an, daß es Sauerstoff braucht, oder – wie in Problemlösesituationen – ist mit der Klassifikation auch die Einsicht verbunden, was zu tun ist.[2] Dieser letzte Fall, herleitendes Verstehen während des Lösens von physikalischen Problemen, wurde von Chi, Feltovich und Glaser (1981) in einer Reihe von Experimenten genauer untersucht.

Chi und ihre Kollegen gaben Physikern und Studienanfängern mehrere Standardprobleme der Physik mit der Bitte, für jedes Problem einen Lösungsansatz zu entwickeln. Um Einsicht in ihre Denkprozesse zu gewinnen, bat man die Versuchspersonen, ihre Gedanken laut zu formulieren. Im Anschluß an diese »Think-aloud« Phase mußten die

---

[2] Der aufmerksame Leser mag jetzt vielleicht einwenden wollen, daß interpretatives Verstehen auch Kausalzusammenhänge herstellt und der Vorhersage sowie der Klassifikation dienen kann. Das stimmt. Aber der Unterschied ist hier, daß die Kausalität der Verbindung lediglich plausibel, aber eben nicht notwendig ist: Von Wallaces Annahme, er sei im Theater, folgt (plausiblerweise), daß er den leblosen Mann als Toten mimenden Schauspieler auffaßt. Diese Verbindung ist aber nicht zwingend. Er hätte genauso gut meinen können, der Mann sei eine Puppe. Im Gegensatz dazu: Wenn ich einen Stein in der Hand 1,5 m über dem Boden halte und die Hand öffne, dann folgt notwendigerweise, daß der Stein zu Boden fällt. Ein ähnliches Argument läßt sich über Klassifikationen im interpretativen Verstehen machen. Sie sind psychologisch oder kulturell verankert, aber nicht in einem logisch-kausalen Sinnzusammenhang. Was und was nicht als Mord gilt, ist Sache der Konvention und nur der Konvention. Was ein Lebewesen ist, mag man zwar durch Konventionen bestimmen können, aber die Bestimmung kann eben auch in Bezug auf eine wissenschaftliche Theorie erfolgen.

Versuchspersonen zudem angeben, welche Aspekte der Problembeschreibung für die Wahl ihres Lösungsansatzes ausschlaggebend waren. Die Think-aloud Protokolle der Physiker waren üblicherweise von der folgenden Form:

Problembeschreibung	Protokoll
A block of mass M is dropped from a height	»My guess is this is Conservation of Energy and we're going to convert potential energy into kinetic energy.«
onto a spring	»Now I'm really sure because we're going to squash the spring and that is going to be more potential energy.«
of force constant K. Neglecting friction.	»Good! No dissipation.«
What is the maximum distance the spring will be compressed?	»OK, this is just exactly what I said. It's Conservation of Energy. We're going to have a potential energy at the top. At the bottom it'll be, again, no kinetic energy. All potential energy is now potential energy of the spring and you just equate those two and that'll do it.«

(Chi, et al. 1981, 146; copyright, Cognitive Science Society, Incorporated, used by permission)

Dieses Protokoll illustriert das für Experten charakteristische »forward-reasoning«, des Schließens von Problemmerkmalen auf eine bestimmte Hypothese (vgl. Bédard und Chi, 1992). Sehr bald beim Lesen des Problems erwähnt die Physikerin ein physikalisches Prinzip zusammen mit einer bestimmten Hypothese, die im weiteren Verlauf des Lesens bestätigt wird und auf die Lösung des Problems verweist (Schritt 4). Ihre Think-aloud Protokolle wie auch ihre Liste lösungsrelevanter Merkmale lassen erkennen, daß Experten mehr in einer Problembeschreibung sehen als gegeben ist. Experten greifen relevante Elemente auf, übersetzen diese in physikalische Größen und Relationen und fügen Schlußfolgerungen an. Zum Beispiel in Schritt 2 übersetzt und erweitert die Physikerin »ein Klotz der Masse M wird aus einer gewissen Höhe auf eine Feder fallen gelassen« mit »wir werden die Feder zusammendrücken, und das führt zu mehr potentieller Energie«.

Im Vergleich zu Experten ist das Problemlöseverhalten von Anfängern bedeutend unsystematischer. Elemente der Problembeschreibung werden in physikalische Gleichungen übersetzt, ohne daß ein organisierendes Prinzip erwähnt wird oder in ihren Denkschritten erkennbar wäre. Für Experten typische Elaborationen, die auf fundamentale Weise über die Elemente der Problembeschreibung hinausgehen, fehlen in den Protokollen der Anfänger sowie in ihrer Liste lösungsrelevanter Problemmerkmale.

Wie kann man das unterschiedliche Problemlöseverhalten von Experten und Anfängern erklären? In weiteren Untersuchungen konnten Chi et al. (1981; 1982) zeigen, daß Experten offensichtlich abstrakte Problemschemata haben, die physikalische Prinzipien und ihre Anwendungsbedingungen enthalten. Während des Problemlösens »erinnern« gewisse Elemente in der Problembeschreibung an ein bekanntes Problemschema. Dieses Schema fungiert dann gewissermaßen als Script, unter dessen Anleitung das neue Problem auf bestimmte Elemente abgetestet wird. Fällt der Test positiv aus, werden diese Elemente aufgegriffen und mit Wissen aus dem Schema angereichert, so daß eine lösbare Repräsentation des Problems entsteht. Anfänger rufen während des Problemlösens zwar auch Problemschemata ab, aber diese Schemata sind um Objekte und deren physikalisch relevante Merkmale organisiert; d.h., physikalische Prinzipien tauchen (wenn überhaupt) als Elemente von Objektbeschreibungen auf, und nicht umgekehrt Objektmerkmale als Elemente in den Anwendungsbedingungen von physikalischen Prinzipien.

Verstehen als Progression

Nun waren Experten auch einmal Anfänger. Es sei nur an das bekannte Sprichwort »aller Anfang ist schwer« erinnert, mit dem man Anfänger über ihre Schwierigkeiten hinwegtrösten will und in dem die Hoffnung mitschwingt, daß der Anfänger früher oder später vielleicht nicht unbedingt expertenhaftes, so doch kompetentes Verhalten entwickeln wird. Von einem konstruktivistischem Gesichtspunkt aus bedeutet Entwicklung des Verstehens, daß neue Denkprozesse auf alten aufbauen.[3] So weit, so gut. Aber was heißt das konkret? Worin besteht Entwicklung des Denkens?

---

[3] Nicht jeder Kognitive Psychologe teilt diese Ansicht (vgl. Carey, 1992; Carey und Spelke, 1994). Zum Beispiel Chi (1992) argumentiert, daß Konzepte der modernen

Die wohl bekannteste und einflußreichste Antwort auf diese Frage wurde von Jean Piaget gegeben. Nach Piaget (1936/1952; 1937/1955) erwirbt das Kind logisches, mathematisches und physikalisches Wissen durch seine Interaktionen mit Objekten in seiner Umwelt. Zunächst werden die Handlungen des Kindes von elementaren Schemata, z.B. Greifen, Saugen, Etwas-Ansehen, gesteuert. Indem das Kind diese elementaren Handlungen an unterschiedlichen Objekten ausführt, verändern sich seine Wissensstrukturen. Sie werden zunehmend differenzierter, komplexer und formaler: Das Greifen paßt sich den Charakeristiken des Objekts an. Handlungen in verschiedenen Modalitäten werden koordiniert. Dies wiederum führt zu der Vorstellung eines permanenten Objekts. Neue Handlungsschemata werden durch aktives Experimentieren entdeckt. Dieses Experimentieren wird später verinnerlicht, d.h., das Kind wird mehr und mehr fähig, Handlungssequenzen im Kopf durchzuführen. Mentale Repräsentationen von Objekten und Handlungen wiederum verleihen dem Denken des Kindes eine Eigenständigkeit gegenüber seinen Wahrnehmungen und ermöglichen die Entwicklung von logisch-mathematischen Operationen. So kann ein etwa 7jähriges Kind erkennen, daß die zahlenmäßige Äquivalenz von zwei Perlenreihen unverändert bleibt, auch wenn man eine Reihe verlängert, indem man den Abstand zwischen den Perlen vergrößert. Jüngere Kinder im Gegensatz dazu bestehen darauf, daß die längere Reihe jetzt auch mehr Perlen habe, und sie bleiben bei dieser Behauptung, selbst wenn sie die Anzahl der Perlen in jeder Reihe abzählen können. Das Verständnis des mathematischen Begriffs der ganzen Zahl entwickelt sich schließlich, indem das Kind eine Korrespondenz zwischen den Positionen von Elementen in Menge 1 und in Menge 2 herstellen kann; d.h., dem ersten Element aus Menge 1 wird das erste Element in Menge 2 zugeordnet usw. (Piaget und Inhelder, 1983).

Piagets Entwicklungstheorie ist heutzutage sehr umstritten, basierend zum Teil auf methodologischen und logischen Überlegungen (Siegal, 1991; Sugarman, 1987). Vor allem aber häufen sich Forschungsergebnisse, die auf eine genetische Basis von wichtigen Konzepten verweisen, die laut Piaget vom Kind konstruiert werden. So konnte gezeigt werden, daß Säuglinge bereits Objektpermanenz besitzen (Baillargéon, 1987), Erwartungen über die Bewegung von Objekten haben, die in Übereinstimmung mit physikalischen Gesetzmäßigkeiten sind (Baillargéon und Hanko-Summers, 1990; Spelke, 1991), sowie die zahlenmäßige Äquivalenz von Mengen bemerken, die sich in ihrer räumlichen Anordnung unterscheiden, sofern die

Physik nicht auf naive, im Alltag gewonnene Konzeptionen zurückgehen, sondern neu erlernt werden müssen.

Anzahl der Elemente nicht größer als 3 ist (Antell und Keating, 1983; Starkey, Spelke und Gelman, 1990). Befunde, die auf eine genetische Grundlage von menschlichem Denken deuten, erlauben zwei grundverschiedene Schlußfolgerungen. Auf der einen Seite werden sie interpretiert als Unterstützung für eine »nativist« Position (z.B. Spelke, 1991), laut der unser Alltagswissen über mathematische, logische und physikalische Gesetzmäßigkeiten genauso vorprogrammiert ist wie unser linguistisches Wissen (Chomsky, 1988; Pinker, 1994). Die intellektuelle Entwicklung vom Kind zum Erwachsenen ist damit Reifung oder Anreicherung, aber auf keinen Fall Konstruktion von Neuem. Auf der anderen Seite stehen Entwicklungspsychologen wie Karmiloff-Smith (1991), die genetische Prädispositionen honorieren als Basis für konstruktiven Wissenserwerb.

Entwicklung besteht für Karmiloff-Smith (1995) in der »representational redescription« von impliziten zu expliziten mentalen Repräsentationen, d.h., Wissen, das in Handlungen eingebettet ist, das unreflektiert und isoliert ist, wird zu Wissen umgeschrieben, das der Reflexion und damit der Theorienbildung zugänglich ist; »description« heißt aber nicht, daß frühere Repräsentationsformen überschrieben werden, d. h., daß sie kognitiv verlorengehen, sondern Wissen bleibt in verschiedenen Repräsentationsformen erhalten. Dieser Umschreibungsprozess, der aus 3 Phasen besteht, wiederholt sich in jedem Wissensbereich, aber zu unterschiedlichen Zeiten. Um zu illustrieren, worin »representational redescription« besteht, sei eine Studie von Karmiloff-Smith und Inhelder (1974/75) angeführt, in der das Verständnis von Schwerkraft und Drehmoment bei 4- bis 9-jährigen Kindern untersucht wurde.

Den Kindern wurden verschiedene Holzblöcke gegeben und ein schmales Metallscheit, auf dem sie die Blöcke balancieren sollten. Bei einigen Blöcken war das Gewicht gleichmäßig verteilt, so daß man sie in ihrer geometrischen Mitte balancieren konnte. Andere, äußerlich identische Blöcke waren aber mit Blei gefüllt und zwar so, daß ihr Schwerpunkt nicht in ihrer geometrischen Mitte war. Bei einer dritten Gruppe von Blöcken war ein Gewicht sichtbar unten am Blockende angebracht, und auch sie mußte man neben ihrer geometrischen Mitte balancieren. Insgesamt schnitten die 6- und 7-jährigen bedeutend schlechter ab als die anderen Altersgruppen; 4- und 5-jährige waren genauso gut im Balancieren wie die 8- und 9-jährigen. Verständlich wird dieses Ergebnis, wenn man sich das Balanceverhalten der Kinder genauer anschaut.

Die jüngsten Kinder probierten bei jedem Block aus, wie er zu balancieren sei. Offensichtlich behandelten sie das Balancieren eines neuen Blocks jedesmal als eine neue Aufgabe. Karmiloff-Smith argumentiert, daß dieses

Verhalten auf implizite Repräsentationen zurückgeht. Wissen in dieser Phase ist Handlungswissen, das sich äußeren Gegebenheiten zwar anpaßt, aber die Erfahrungen, die im Handeln gemacht werden, sind eben genau das: nämlich in dieser individuellen Handlung enthalten und können nicht aus ihr herausgelöst werden. Deshalb erlaubt implizites Wissen keine Verallgemeinerungen. Denn zu verallgemeinern setzt voraus, daß Aspekte von wiederholten Erfahrungen einander zugeordnet werden. Das heißt, Handlungswissen muß erst kognitiv in expliziter Form umgeschrieben sein, bevor Theoriebildung über diesen expliziten Repräsentationen stattfinden kann. Die »redescription« von implizitem zu explizitem Wissen erfolgt spontan »as part of an internal drive toward intra-domain and inter-domain relationships« (Karmiloff-Smith, 1995, 18). In diesem Zusammenhang betont Karmiloff-Smith die Bedeutung von genetisch-vorgegebenen Prädispositionen, die die Bildung von Theorien steuern.[4] Theorienbildung setzt laut Karmiloff-Smith aber nicht nur explizitere Repräsentationen voraus, sondern auch »behavioral mastery«. Kinder müssen erst eine Handlung immer wieder fehlerfrei durchführen können, bevor ihre Repräsentationen expliziter und damit Verallgemeinerungen zugänglich werden.

6- und 7-jährige Kinder brachten »behavioral mastery« im Balancieren mit in das Experiment und demonstrierten ein Verhalten, das von der Theorie geleitet war, Gegenstände wie Blöcke seien in ihrer geometrischen Mitte zu balancieren. Kinder in dieser Entwicklungsphase können ihre Theorie nicht explizit formulieren. Aber daß sie nicht nur implizite Wissensrepräsentationen haben können, zeigt ihr generalisierendes Verhalten, das sich auch nicht durch Mißerfolg beeindrucken läßt. Die Kinder suchten jeden Block in seiner geometrischen Mitte zu balancieren und schienen unfähig, asymmetrischen Blöcken gerecht zu werden. Asymmetrische Blöcke lagen außerhalb ihrer Theorie und wurden als Sonderlinge behandelt.

Wie überwinden Kinder zu enge Theorien? Wenn sich zu viele Vorfälle anhäufen, die mit der bisherigen Theorie unvereinbar sind, bilden Kinder zunächst eine weitere Theorie für die Blöcke mit dem angehängten Gewicht. Für einen gewissen Zeitraum haben sie also zwei Theorien: Eine, die die Länge des Blocks in Rechnung stellt, und eine zweite, die sich um das Gewicht am Block dreht. Die mit Blei gefüllten Blöcke sind immer noch

---

4 Natürlich können auch soziale Faktoren die Theorienbildung des Kindes unterstützen. Bestimmte Regelmäßigkeiten mögen Kindern auffallen, weil ihre Erlebniswelt von kulturellen Gepflogenheiten geregelt wird und weil Erwachsene in ihren Gesprächen mit Kindern auf diese Regelmäßigkeiten explizit verweisen (vgl. Nelson, 1996, für eine ausführliche Darstellung dieser Position).

Sonderlinge. Erst indem sie Länge und Gewicht in Beziehung setzen, entwickeln Kinder eine einheitliche, wenn auch naive Theorie über Schwerkraft und Drehmoment, über die sie reflektieren und Auskunft geben können.

Zwei Entwicklungsschritte liegen laut Karmiloff-Smith zwischen dem Verständnis der 6- und 7-jährigen und dem der 8- und 9-jährigen. Zum einen werden die expliziten, aber dem Bewußtsein nicht zugänglichen Vorstellungen der jüngeren Kinder umgeschrieben in eine Repräsentationsform, über die sie reflektieren, die sie aber nicht verbalisieren können.[5] Diese Repräsentationen erlauben Kindern, Unzulänglichkeiten in ihrem Verständnis zu entdecken, und führen zur Bildung der Theorie über das Balancieren von Blöcken, an denen ein Gewicht befestigt ist. In einem zweiten Schritt erkennen die Kinder Verbindungen zwischen ihren beiden Theorien. Beide Theorien werden dann in eine abstraktere Repräsentationsform zusammengefaßt, die dem sprachlichen Ausdruck zugänglich ist. Dieser Schritt, Verbindungen zwischen Wissen zu sehen und zu suchen, ist für Karmiloff-Smith dem Menschen von Natur aus gegeben. Andererseits könnte Theoriebildung auch durch soziale Interaktionen angeregt werden wie z.B. durch Instruktion. Voraussetzung dafür aber ist, daß das Kind mental »bereit« ist. Um Instruktionen in Handlungen umsetzen zu können, muß das Wissen des Kindes in einer Repräsentationsform sein, auf die die vermittelte Theorie anwendbar ist.

Natürlich haben die 8- und 9-jährigen noch kein vollständiges physikalisches Verständnis von Schwerkraft und Drehmoment. Dafür müssen sie z.B. ihr qualitatives Wissen quantifizieren lernen als das Produkt aus Länge und Gewicht. In anderen Worten, sie müssen ihr mathematisches Wissen auf ihr physikalisches Wissen beziehen. Dies gelingt Kindern nur dann, wenn ihr Wissen auf beiden Gebieten in der gleichen, expliziten Repräsentationsform ist. Denn nur so können sie Konzepte aus einem Bereich auf Konzepte aus einem anderen beziehen und eine Analogie zwischen beiden Wissensgebieten herstellen.

Zwei Aspekte von Karmiloff-Smiths Entwicklungsmodell erscheinen mir besonders attraktiv. Zum einen wird Denkentwicklung motiviert. Die Progression von impliziten zu expliziteren mentalen Repräsentationen, das heißt die Verallgemeinerung und Konsolidierung unseres Wissens, ist Teil unseres kognitiven Make-ups. Die Annahme, daß Denkentwicklung aus einem Übersetzungsprozeß besteht, verweist aber auch auf bestimmte

[5] Karmiloff-Smith nimmt an, daß diese Repräsentationen modalspezifisch sind (z.B. visuelle Repräsentationen), die damit nur als modalspezifische Formen dem Bewußtsein zugänglich sind.

Rahmenbedingungen, in denen Denken fortschreitet. »Redescription« von mentalen Repräsentationen heißt, daß Beziehungen zwischen Elementen, die in der bisherigen Repräsentation eingeschlossen waren, explizit gemacht und damit unserem Denken verfügbar werden. Erst über explizite Vorstellungen werden Ähnlichkeiten zwischen Erfahrungen erkennbar. Denkentwicklung basiert somit auf der Erkenntnis von strukturellen Entsprechungen, sei es zwischen Erfahrungen innerhalb eines Wissensbereichs (z.B. Physik) oder zwischen Erfahrungen aus verschiedenen Wissensbereichen (z.B. Mathematik und Physik).

Mind-sets - oder Grenzen des Verstehens

Das Erkennen von strukturellen Entsprechungen lenkt natürlich nicht nur die Denkentwicklung beim Kind, sondern übt allgemein eine wichtige Rolle in unseren Verstehensprozessen aus. In meinen Ausführungen über interpretatives und herleitendes Verstehen zeigte ich, daß wir neue Situationen und neue Probleme verstehen, indem wir sie auf bestehende schematische Wissensstrukturen beziehen. Das Neue erinnert uns an etwas, das wir bereits wissen. Nun können wir unendlich viele Assoziationen zu einer neuen Situation bilden, und das mag auch z.B. für die psychotherapeutische Praxis ganz nützlich sein. Aber in Situationen, in denen wir etwas verstehen wollen, ein Problem lösen wollen, reicht es nicht aus, irgendeine Verbindung zwischen Neuem und Altem zu sehen. Das Wissen, auf das wir zurückgreifen, muß uns unserem Ziel näherbringen. Welches Schema sollen wir also abrufen? Oder anders formuliert: Worauf gründet sich die Analogie, die wir zwischen neuer Situation und Schema machen?

Ein Teil der Antwort steckt in dem Wissen, das aktiviert wird. Schematisches Wissen besteht nicht aus einer ungeordneten Ansammlung von Elementen, sondern es ist strukturiertes Wissen, in dem die Elemente in ganz bestimmten Beziehungen stehen. Wenn wir also eine Situation als ein Exemplar von früher erfahrenen Situationen verstehen oder ein Problem auf eine uns bekannte Klasse von Problemen zurückführen, dann beruht die Analogie auf strukturellen Entsprechungen. Es sei hier auf Forschungsarbeiten über analoges Denken verwiesen, die aufzeigen, daß Ähnlichkeiten zwischen Elementen die Analogienbildung erleichtern, daß aber strukturelle Entsprechungen zwischen Situationen ausschlaggebend sind (Gentner, 1983; Gentner und Markman, 1997; Holyoak und Thagard, 1989, 1995; Kotovsky und Gentner, 1996).

Auf der anderen Seite sind Situationen gar nicht so selten, die mehrere Deutungen zulassen, oder – im Jargon kognitiver Psychologie – denen mehrere Schemata entsprechen. Erinnern wir uns an die Szene, mit der ich meinen Aufsatz begonnen habe. Die verschiedenen Auffassungen von Wallace and Laurie lassen sich nicht damit erklären, daß Wallace Elemente und Relationen in der Situation übersieht. Im Gegenteil, seine und Lauries Interpretation passen gleichermaßen. Daß dieselbe Situation für sie beide Unterschiedliches bedeutet, wird von ihren jeweiligen Erwartungen und Zielen, von ihrem »mind-set« bestimmt. Der Einfluß, den unsere Zielsetzungen auf unsere Verstehensprozesse nehmen können, ist in kognitionspsychologischer Forschung wohl dokumentiert (vgl. Sanford and Garrod, 1994; Spellman und Holyoak, 1996). Die Ziele, die wir verfolgen, beeinflussen, welche Aspekte und Relationen wir in Situationen aufgreifen und mit unseren Wissensstrukturen verbinden (Spellman und Holyoak, 1992). Baillet und Keenan (1986) zum Beispiel berichten, daß Versuchspersonen, die eine Hausbeschreibung in der Perspektive zukünftiger Einbrecher lasen, besonders einbrecherrelevante Aspekte beachteteten. Versuchspersonen hingegen, die dieselbe Beschreibung in der Perspektive eines Innenarchiteken lasen, berücksichtigten mehr design-relevante Aspekte.

Wie wir eine Situation verstehen, welche Bedeutung wir ihr unterlegen, ist somit abhängig von drei Faktoren: unseren Zielsetzungen sowie der strukturellen Organisation der Situation und der unseres Wissens. Das heißt, unsere Interpretation sucht allen drei Variablen gleichzeitig gerecht zu werden. Und weiter heißt es, daß zwar unendlich viele Interpretationen (vielleicht) denkbar wären, aber eben nur ein paar möglich sind. Marcia Johnson (1996) bringt das sehr schön auf einen Punkt in ihrer Analyse von Jastrows mehrdeutiger Figur. »It may be all right to [see] a duck or a rabbit, but there certainly [is] no elephant!« (S. 87).

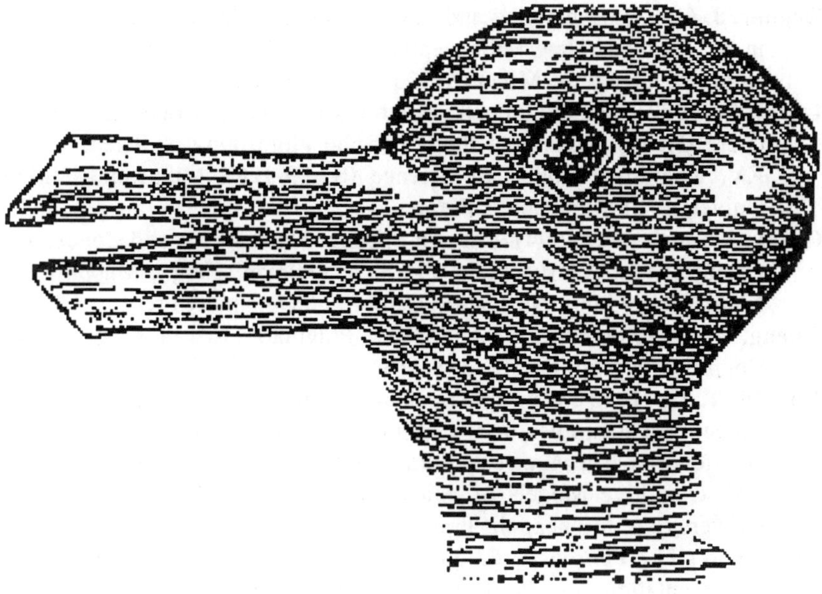

(Jatrows rabbit-duck Figur nach Attneave 1971)

Literatur

Antell, E./Keating, D. P. (1983): Perception of Numerical Invariance in Neonates. Child Development, 54, 695-701

Attneave, F. (1971): Multistability in Perception. in Scientific American, 225, 62-71.

Baillargéon, R. (1987): Object Permanence in 3.5- and 4.5-Month Old Infants. Developmental Psychology, 23, 655-664

Baillargéon, R./Hanko-Summers, S. (1990): Is the Top Object Adequately Supported by the Bottom Object? Young Infants' Understanding of Support Relations. Cognitive Development, 5, 29-53

Baillet, S. D./Keenan, J. M. (1986): The Role of Encoding and Retrieval Processes in the Recall of Text. Discourse Processes, 9, 247-268

Bartlett, F. C. (1932/1967): Remembering: A Study in Experimental and Social Psychology. London: Cambridge University Press

Bédard, J./Chi, M. T. H. (1992): Expertise. Current Directions in Psychological Science, 1, (4), 135-139

Bransford, J. D./Johnson, M. K. (1973): Considerations of Some Problems of Comprehension. in W. Chase (Hrsg.), Visual Information Processing (S. 383-438). New York: Academic Press

Bruner, J. (1993): Explaining and Interpreting: Two Ways of Using Mind. in G. Harman (Hrsg.), Conceptions of the Human Mind: Essays in Honor of George A. Miller (S. 123-137). Hillsdale, NJ. Erlbaum

Carey, S. (1992): The Origin and Evolution of Everyday Concepts. in R. N. Giere (Hrsg.), Minnesota Studies in the Philosophy of Science: Vol. XV. Cognitive Models of Science (S. 89-128). Minneapolis, MN: University of Minneapolis Press

Carey, S./Spelke, E. (1994): Domain-Specific Knowledege and Conceptual Change. in L. A. Hirschfeld und S. A. Gelman (Hrsg.), Mapping the Mind (S. 169-200). New York: Cambridge University Press

Cheng, P. W./Holyoak, K. J. (1985): Pragmatic Reasoning Schemas. Cognitive Psychology, 17, 391-416

Chi, M. T. H. (1992): Conceptual Change Within and Across Ontological Categories: Examples from Learning and Discovery in Science. in R. N. Giere (Hrsg.), Minnesota Studies in the Philosophy of Science: Vol. XV. Cognitive Models of Science (S. 129-186). Minneapolis, MN: University of Minneapolis Press

Chi, M. T. H., Feltovich, P. J./Glaser, R. (1981): Categorization and Representation of Physics Problems by Experts and Novices. Cognitive Science, 5, 121-152

Chi, M. T. H., Glaser, R./Rees, E. (1982): Expertise in Problem Solving. in R. J. Sternberg (Hrsg.), Advances in the Psychology of Human Intelligence (S. 7-75). Hillsdale, NJ: Erlbaum

Chiesi, H. L., Spilich, G. J./Voss, J. F. (1979): Acquisition of Domain-Related Information in Relation to High and Low Domain Knowledge. Journal of Verbal Learning and Verbal Behavior, 18, 257-273

Chomsky, N. (1988): Language and Problems of Knowledge. Cambridge, Mass: MIT Press

Clark, H. H. (1994): Discourse in Production. in M. A. Gernsbacher (Hrsg.), Handbook of Psycholinguistics (S. 985-1021). San Diego, CA: Academic Press

Gentner, D. (1983): Structure-Mapping: A Theoretical Framework. Cognitive Science, 7, 155-170

Gentner, D./Markman, A. B. (1997): Structure-Mapping in Analogy and Similarity. American Psychologist, 52, 45-56

Graesser, A. C./Zwaan, R. A. (1995): Inference Generation and the Construction of Situation Models. in C. A. Weaver, III, S. Mannes und C. R. Fletcher (Hrsg.), Discourse Comprehension: Essays in Honor of Walter Kintsch (S. 117-139). Hillsdale, NJ: Erlbaum

Holyoak, K. J./Thagard, P. (1989): Analogical Mapping by Constraint Satisfaction. Cognitive Science, 13, 295-355

Holyoak, K. J./Thagard, P. (1995): Mental Leaps: Analogy in Creative Thought. Cambridge, Mass: MIT Press

Johnson, M. K. (1996): Fact, Fantasy, and Public Policy. in D. J. Herrmann, C. McEvoy, C. Hertzog, P. Hertel und M. K. Johnson (Hrsg.), Basic and Applied Memory Research: Theory in Context. Vol 1 (S. 83-103). Mahwah, NJ: Erlbaum

Karmiloff-Smith, A. (1995): Beyond Modularity: A Developmental Perspective on Cognitive Science. Cambridge, Mass: MIT Press

Karmiloff-Smith, A. (1991): Beyond Modularity: Innate Constraints and Developmental Change. in S. Carey und R. Gelman (Hrsg.), Epigenesis of the Mind: Essays in Biology and Knowledge (S. 171-197). Hillsdale, NJ: Erlbaum

Karmiloff-Smith, A./Inhelder, B. (1974/75): If You Want to Get Ahead, Get a Theory. Cognition, 3, 195-212

Kintsch, W. (1988): The Use of Knowledge in Discourse Processing: A Construction-Integration Model. Psychological Review, 95, 163-182

Kintsch, W./van Dijk, T. A. (1978): Towards a Model of Text Comprehension and Production. Psychological Review, 85, 363-394

Kotovsky, L./Gentner, D. (1996): Comparison and Categorization in the Development of Relational Similarity. Child Development, 67, 2797-2822

Oatley, K. (1996): Inference in Narrative and Science. in D. R. Olson und N. Torrance (Hrsg.), Modes of Thought: Explorations in Culture and Cognition (S. 123-140). Cambridge: Cambridge University Press

McClelland, J. L./Rumelhart, D. E. (1981): An Interactive Activation Model of Context Effects in Letter Perception: Part 1. An Account of Basic Findings. Psychological Review, 88, 375-407

Nelson, K. (1996): Language in Cognitive Development: Emergence of the Mediated Mind. New York: Cambridge Univerity Press

Norman, D. A., Rumelhart, D. E./The LNR Research Group (1975): Explorations in Cognition. New York: Freeman

Piaget, J. (1952): The Origins of Intelligence in Children. New York: International University Press. (La naissance de l'intelligence chez l'enfant, 1936)

Piaget, J. (1955): The Construction of Reality in the Child. New York: International University Press. (La construction du réel chez l'enfant, 1937)

Piaget, J./Inhelder, B. (1983): Die Psychologie des Kindes. Frankfurt/Main: Fischer Taschenbuch, (La Psychologie de l'enfant, 1966)

Pinker, S. (1994): The Language Instinct: How the Mind Creates Language. New York: William Morrow and Company Inc

Rumelhart, D. E. (1980): Schemata: The Building Blocks of Cognition. in R. J. Spiro, B. C. Bruce und W. F. Brewer (Hrsg.), Theoretical Issues in Reading Comprehension: Perspectives from Cognitive Psychology, Linguistics, Artificial Intelligence and Education (S. 33-58). Hillsdale, NJ: Erlbaum

Sanford, A. J./Garrod, S. C. (1994): Selective Processes in Text Understanding. in M. A. Gernsbacher (Hrsg.), Handbook of Psycholinguistics (S. 699-719). San Diego, CA: Academic Press

Schank, R. C./Abelson, R. P. (1977): Scripts, Plans, Goals and Understanding. Hillsdale, NJ: Erlbaum

Siegal, M. (1991): Knowing Children: Experiments in Conversation and Cognition. Hillsdale, NJ: Erlbaum

Singer, M. (1994): Discourse Inference Processes. in M. A. Gernsbacher (Hrsg.), Handbook of Psycholinguistics (S. 479-515). San Diego, CA: Academic Press

Spellman, B. A./Holyoak, K. J. (1992): If Saddam is Hitler Then Who is George Bush? Analogical Mapping between Systems of Social Roles. Journal of Personality and Social Psychology, 62, 913-933

Spellman, B. A./Holyoak, K. J. (1996): Pragmatics in Analogical Mapping. Cognitive Psychology, 31, 307-346

Spelke, E. S. (1991): Physical Knowledge in Infancy: Reflections on Piaget's Theory. in S. Carey und R. Gelman (Hrsg.), Epigenesis of the Mind: Essays in Biology and Knowledge (S. 133-169). Hillsdale, NJ: Erlbaum

Sugarman, S. (1987): Piaget's Construction of the Child's Reality. New York: Cambridge University Press

Starkey, P., Spelke, E. S./Gelman, R. (1990): Numerical Abstraction by Human Infants. Cognition, 36, 97-127

van den Broek, P. (1994): Comprehension and Memory of Narrative Texts: Inferences and Coherence. in M. A. Gernsbacher (Hrsg.), Handbook of Psycholinguistics (S. 539-588). San Diego, CA: Academic Press

Implementation konstruktivistischer Lernumgebungen – Revolutionärer Wandel oder evolutionäre Veränderung?

Dr. Gabi Reinmann-Rothmeier und Prof. Dr. Heinz Mandl

1. Einführung

Was wir unter konstruktivistischen Lernumgebungen in der Praxis verstehen und im vorliegenden Beitrag behandeln wollen

Konstruktivistische Lernumgebungen sind keine einheitliche Gruppe von Lehr-Lernarrangements mit einem fest definierten Pool an Methoden und Techniken. Vielmehr handelt es sich bei diesem Begriff um eine - der traditionellen Auffassung gegenübergestellte - alternative »Philosophie« des Lehrens und Lernens. Für die Realisierung einer konstruktivistisch geprägten Lehr-Lernauffassung liegen inzwischen eine Reihe von Gestaltungsprinzipien sowie unterschiedliche Modelle vor, deren empirische Basis in den letzten Jahren stark angewachsen ist (z.B. Schwartz et al., in press a, b; Vye et al., in press; CTGV, 1997). Sowohl die vorliegenden empirischen Arbeiten als auch zunehmende Versuche, das neue Gedankengut im Lehr-Lernalltag konkret zu nutzen, machen eines nur allzu deutlich: Statt eines radikal konstruktivistischen Dogmas empfiehlt es sich für die Bildungspraxis, eine gemäßigt konstruktivistische Position einzunehmen und bei der Gestaltung von Lernumgebungen eine Balance zwischen traditionellen und konstruktivistischen Elementen zu suchen (vgl. Weinert, 1996; Salomon & Perkins, 1998).

Das Ergebnis einer solchen »Versöhnung« systematisch angeleiteten Unterrichts mit situiertem Lernen sind **problemorientierte Lernumgebungen**. Lernumgebungen dieser Art liegt gewissermaßen der »Geist des Konstruktivismus« im Sinne einer neuen Lehr-Lernkultur zugrunde (Arnold & Schüßler, 1998); dabei werden wesentliche Prinzipien für die Förderung eines aktiv-konstruktiven, kontextualisierten und sozialen Lernens verwirklicht, ohne auf die empirisch nachweisbaren Vorzüge traditioneller Unterrichtselemente zu verzichten: Authentizität, multiple Kontexte und Perspektiven sowie soziale Lernarrangements in flexibler Kombination mit instruktionaler Anleitung und Unterstützung prägen das Bild in Lernumgebungen, die nach dem konstruktivistisch geprägten

Leitkonzept der Problemorientierung gestaltet sind (Reinmann-Rothmeier & Mandl, 1997).

Uns geht es **im folgenden Beitrag** zum einen darum, die Implementation konstruktivistischer Lernumgebungen im obigen Sinne als einen Entwicklungsprozeß darzustellen, der eher einer evolutionären Veränderung als einem revolutionären Wandel gleicht. Dabei wollen wir zeigen, inwiefern die Implementierung konstruktivistisch geprägter Lehr-Lernformen selbst individuelle und organisationale Lernprozesse erfordert. Zum anderen soll diskutiert werden, inwieweit die Implementation konstruktivistischer Lernumgebungen stärker als bisher bereits in der Entwicklung und Erprobung konstruktivistischer Lehr-Lernformen und nicht erst als deren »krönender Abschluß« zum Tragen kommen kann.

2. Neue Lehr-Lernformen in alten Bildungsstrukturen: Warum die Implementation innovativer Ansätze so oft scheitert

2.1 Zwei Fallbeispiele aus der Praxis

Beispiel 1

Das erste Beispiel stammt aus einem mehrjährigen Kooperationsprojekt, das wir (Institut für Empirische Pädagogik und Pädagogische Psychologie an der LMU München) mit der Industrie- und Handelskammer (IHK) Augsburg durchgeführt haben. Das Ziel bestand darin, im Rahmen eines Lehrgangs zum Technischen Betriebswirt für einzelne Teilbereiche einen Trainerleitfaden für die Gestaltung problemorientierten Unterrichts zu entwickeln und in einer Pilotphase zu erproben. Die Leitfadenentwicklung erfolgte gemeinsam von Mitarbeitern unseres Lehrstuhls und erfahrenen Praktikern, die anschließend in ihrem Unterrichtsgebiet den Trainerleitfaden auch umsetzten. Diese Umsetzung gestaltete sich schwieriger, als die Beteiligten angenommen hatten. Woran lag das? (1) Die Stoffülle, die der Rahmenstoffplan vorgab, erschwerte die Förderung von Eigenaktivität und Anwendungsbezug. (2) Die strenge Fächerteilung des Rahmenstoffplans torpedierte erfahrungs- und fallbasierte Vorgehensweisen. (3) Die Tatsache, daß die meisten anderen, nicht am Projekt beteiligten Dozenten weiterhin traditionell unterrichteten, verringerte die Akzeptanz seitens der Lernenden. Die Evaluation sowie ein nachfolgendes Dozententraining zum problemorientierten Unterricht machten deutlich, daß eines der Hauptprobleme im vorgegebenen Rahmenstoffplan des Lehrgangs lag: Dieser war traditionell strukturiert und konnte innerhalb des Projekts nicht verändert werden.

Beispiel 2
Unser zweites Beispiel stammt aus der Zusammenarbeit unseres Lehrstuhls mit Lehrern an einer kaufmännischen Berufsschule. Das Ziel dieses Kooperationsprojekts bestand darin, den kaufmännischen Unterricht gemeinsam im Sinne neuer, konstruktivistisch gefärbter Lehr-Lernmodelle umzustrukturieren: Die beteiligten Lehrer erhöhten mit verschiedenen Maßnahmen die Schüleraktivität im Unterricht und versuchten, das kaufmännische Wissen, das der Lehrplan vorschrieb, anwendungsbezogen zu vermitteln. Bereits nach wenigen Monaten hagelte es Proteste: Die Betriebe, in denen die Schüler arbeiteten, lehnten die neue Form des Lehrens und Lernens rundweg ab. Warum? Die betroffenen Betriebe verbanden mit der Abkehr vom traditionellen Unterricht die Gefahr, daß ihre Auszubildenden die IHK-Abschlußprüfung nicht bestehen würden. Auch innerhalb der Schule wurde Mißfallen gegenüber der neuen Unterrichtsform bekundet, und schließlich waren selbst die zunächst begeisterten Schüler verunsichert: Zu dem Preis einer schlechteren Note wollte sich kaum einer weiter auf alternative Konzepte des Lehrens und Lernens einlassen. Aus der Sicht der Betriebe und Schüler stellten sich diese Reaktionen als nachvollziehbar heraus. Denn die Multiple-Choice-Aufgaben der IHK verlangten kein anwendungsbezogenes Wissen, sondern mechanisches Faktenwissen; und hierfür ist der traditionelle Unterricht durchaus geeignet, u.U. besser als der problemorientierte Unterricht.

2.2 Was man aus den Fallbeispielen lernen kann

Was »lehrt« uns Beispiel 1?
Das erste Fallbeispiel zeigt deutlich: Innerhalb eines relativ starren Curriculums, das mit einer Unmenge von Fachinhalten angefüllt und nach klassischen Fächerstrukturen gegliedert ist, können einzelne Dozenten nur in äußerst eingeschränktem Maße problemorientiert unterrichten (vgl. Reinmann-Rothmeier, Mandl & Aufschläger, 1997). M.a.W.: Beim Lehren und Lernen läßt sich die Frage des Wie nicht unabhägig von der Frage des Was behandeln. Ein Lehren und Lernen nach konstruktivistischen Prinzipien verlangt auch ein Umdenken bei den Lehr-Lerninhalten. Traditionell gestaltete Lehr- und Rahmenstoffpläne legen bereits durch ihren Aufbau eine systematische Präsentation und Anleitung nahe und stehen infolge ihrer disziplingebundenen Strukturierung und Sequenzierung problem-, fall- und projektbasierten Aktivitäten im Unterricht im Wege.

Was »lehrt« uns Beispiel 2?

Das zweite Fallbeispiel demonstriert: Problemorientierte Formen des Lehrens und Lernens haben keinen Sinn, wenn die Prüfungsstrukturen nicht diejenigen Qualitäten des Lernens honorieren, die mit den neuen konstruktivistisch geprägten Unterrichtskonzepten gefördert werden. Der Einfluß des Prüfens auf das Lehren und Lernen wird oft unterschätzt. Solange Beurteilungsformen in der Praxis vorherrschen, die die Fähigkeiten des Behaltens und Abrufens einzelner Fakten fokussieren, werden es problemorientierte Lehr-Lernformen schwer haben, sich durchzusetzen (vgl. Mandl, Gruber & Renkl, 1993). Erst mit Prüfungsmodi, die das Verstehen und Anwenden des Gelernten in den Mittelpunkt des Interesses rücken, werden problemorientiertes Lehren und Lernen auf die notwendige Akzeptanz stoßen und einen echten Anreiz für Lehrende und Lernende gleichermaßen haben.

Das nachfolgende Projektbeispiel der *Cognition and Technology Group at Vanderbilt* (CTGV) verdeutlicht, daß die parallele Berücksichtigung von Instruktion, Curriculum und Assessment die Chancen einer erfolgreichen Implementation konstruktivistischer Lernumgebungen erheblich vergrößert.

3. Implementation als Entwicklungsprozeß

3.1 Das Implementationsprojekt der CTGV

Ein vielzitiertes, weil theoretisch fundiertes und empirisch gut untersuchtes Beispiel für problemorientiertes Lehren und Lernen ist der *Anchored Instruction*-Ansatz der *Cognition and Technology Group at Vanderbilt* (CTGV): Mit Hilfe narrativer Anker entwickeln die Lernenden neue Inhalte und Fertigkeiten im Kontext authentischer Situationen, in denen sie Probleme selbständig identifizieren und anhand situativ eingebetteter Daten auch eigenständig lösen (CTGV, 1992, 1993). Aufbauend auf diesem Konzept der *Anchored Instruction* erfolgte die Entwicklung von Bildplattenserien (z.B. die Abenteuer des Jasper Woodbury), bei der von Anfang an auch Lehrende aus der Praxis beteiligt wurden. Auf diese Weise wollte man das problem- und projektbasierte Lehren und Lernen möglichst gut an die Erfordernisse des Unterrichtsalltags anpassen (CTGV, 1997).

Im Rahmen verschiedener Teilprojekte wurden neben instruktionalen Fragen auch inhaltliche und beurteilungsrelevante Aspekte berücksichtigt, was zur Entwicklung problemorientierter Curricula und problemorientierter Assessment-Verfahren führte (Vye et al., in press): Problemorientierte Curricula gehen in die Tiefe anstatt in die Breite und erlauben ein Lernen mit authentischen Problemen, die nicht von einzelnen

Fächerstrukturen, sondern von Problemfeldern ausgehen. Problemorientierte Assessment-Verfahren beurteilen nicht nur das Lernergebnis, sondern auch den Lernprozeß, wobei vor allem komplexe Leistungen bewertet werden, das Verstehen überprüft wird und Kooperation zulässig ist (CTGV, 1996). In einzelnen Untersuchungen konnte gezeigt werden, daß prozeßorientiertes Assessment und häufiges Feedback für die Unterstützung sowohl der Lernenden als auch der Lehrenden von großer Bedeutung für das problemorientierte Lernen ist (z.B. Schwartz et al., 1997).

1990 startete die CTGV das *Jasper Implementation*-Projekt, in dem die Jasper-Serien in 9 Bundesstaaten der USA an insgesamt 16 verschiedenen Schulen in den Unterricht eingeführt wurden. Das Lehren und Lernen mit den narrativen Ankern im Rahmen des normalen Unterrichtsalltags wurde über mehrere Jahre fortgesetzt und kontinuierlich begleitet und evaluiert (CTGV, 1993). Alle am Projekt beteiligten Lehrer nahmen an einem zweiwöchigen Training teil, in dem sie sowohl die zugrunde liegenden Konzepte des problem- und projektbasierten Lernens und Lehrens kennenlernten als auch technische Fertigkeiten einüben konnten. Als Resümée der dabei gesammelten Erfahrungen stellt die Forschergruppe allerdings fest: »One-shot training will not work« (CTGV, 1997, 127). Als notwendig stellte sich vielmehr ein andauernder Dialog der Forscher mit den Lehrenden sowie eine kontinuierliche Unterstützung der Lehrenden (einschließlich Feedback), sowohl in technischen als auch in instruktionalen Fragen heraus. Die Forschergruppe betont darüber hinaus die oft unterschätzte Bedeutung von Eltern, Verwaltungsangehörigen und anderen indirekt Betroffenen, die durch gezielte Aktivitäten zu Beteiligten gemacht werden müssen, um eine erfolgreiche Implementation sicherzustellen (CTGV, 1997).

Als gelungen bezeichnen die Forscher der CTGV eine Implementation nach ihren Projekterfahrungen dann, wenn sich infolge der Einführung neuer Lehr-Lernansätze einschließlich Neuer Medien eine *Community of Learners* (Brown & Campione, 1994; Bielaczyc & Collins, in press) entwickelt. Erkennen läßt sich eine solche Gemeinschaft bzw. eine gelungene Implementation etwa daran, daß die Einführung neuer Lehr-Lernansätze von den Beteiligten selbst als eine projektbasierte Aktivität betrachtet wird, daß neben Wissenschaftlern sowie Lehrenden und Lernenden auch Eltern und außerschulische Personen, wie Experten aus der Wirtschaft in die Zusammenarbeit einbezogen sowie Verbindungen zur Öffentlichkeit hergestellt werden (CTGV, 1997). Immer wieder zeigte sich, wie wichtig es ist, Lehrenden und Lernenden wiederholt Gelegenheit zu geben, sich während ihres persönlichen Lernprozesses selbst zu evaluieren und bei Fragen und Problemen jeglicher Art kontinuierliche Unterstützung und Hilfestellung zu erhalten.

3.2 Individuelle und organisationale Lernprozesse während der Implementation

Das Implementationsprojekt der CTGV zeigt deutlich, daß die Implementation neuer Konzepte in die Bildungspraxis Lernprozesse auf unterschiedlichen Ebenen erfordert: Alle Beteiligten, vom Schüler über den Lehrer bis zum Schulleiter, müssen erst lernen, mit neuen Lehr-Lernkonzepten umzugehen. Dies setzt zunächst eine Auseinandersetzung mit den Zielen und Inhalten neuer Unterrichtsmodelle voraus, erfordert sodann die Entwicklung neuer Fähigkeiten und Fertigkeiten zur Umsetzung alternativer unterrichtsmethodischer Prinzipien und Strategien und macht - jedenfalls im Falle konstruktivistischer Lehr-Lernansätze - letztlich auch eine Veränderung der Auffassung von Lernen und Lehren notwendig. Bedingungen dieser Art gelten nicht nur für den Einzelnen. Auch Gruppen - etwa das Lehrerkollegium, aber auch Klassen - stehen vor der Herausforderung, soziale Lernprozesse in Hinblick auf Wissen, Fertigkeiten und Einstellungen in Gang zu setzen. Zu solchermaßen sozialen Lernprozessen gehören auch der Austausch von Wissen und Erfahrungen, die gegenseitige Unterstützung, sowie die kooperative Lösung anstehender Probleme, die bei der Implementation auftreten.

So wichtig die individuellen und gruppenbezogenen Veränderungen auch sind, so falsch wäre es, die Implementation konstruktivistischer Lernumgebungen völlig zu personalisieren. Denn ohne einen Wandel in den Strukturen und Prozessen sowie in der Kultur der beteiligten Organisation können Interesse, Lernbereitschaft und Engagement von Individuen schnell in Frustration und Resignation umschlagen. Die Implementation neuer Konzepte bedarf daher immer auch einer unterstützenden Organisationsentwicklungsarbeit (Euler & Sloane, in Druck). Im Fall der Implementation konstruktivistischer Lernumgebungen ist es unerläßlich, neben didaktisch-methodischen Neuerungen auch Veränderungen in den Inhalten, sowie in den Prüfungsstrukturen durchzuführen. Die eingangs skizzierten Fallbeispiele demonstrierten deutlich, wie groß, meist sogar unüberwindlich, die Hindernisse für eine Implementation neuer Lehr-Lernansätze sind, wenn Lehrpläne und Prüfungsmodi in ihrer bisherigen Form beibehalten werden. Die Erfolge der CTGV hingegen liefern anschauliche Belege dafür, wie sehr sich eine parallele Berücksichtigung methodischer, inhaltlicher und beurteilungsbezogener Fragen bewährt.

Allein eine »verordnete« Anpassung von Lehrplänen und Prüfungen an konstruktivistische Prinzipien zur Unterrichtsgestaltung vermag keine erfolgreiche Implementation zu garantieren. Ohne eine aktive Beteiligung der Betroffenen ändern sich allenfalls Rahmenbedingungen, die als notwendige, aber nicht hinreichende Voraussetzung für die Implementation konstruktivistischer Lernumgebungen zu verstehen sind. Veränderungen zu bewirken, ist deshalb ein so langwieriger Prozeß, weil er auch eine gemeinsame Vision und ein gemeinsames Verständnis von den zu erreichenden Zielen (Cohen, 1998; Fishman, Pinkard & Bruce, 1998), sowie eine ausgeprägte Kommunikations- und Kooperationskultur in der Organisation notwendig macht.

Ähnliches gilt für den Aspekt der Qualifizierung der Beteiligten: Begrenzte Qualifizierungsmaßnahmen können die Beteiligten für neue Inhalte sensibilisieren, grundlegende Fertigkeiten vermitteln und Einblick in theoretische Grundlagen neuer Konzepte geben. Das letztgenannte Verständnis der theoretischen Grundlagen einer Innovation hat sich als ein bislang oft unterschätzter Faktor herausgestellt (Ellis & Lotan, 1997). Entscheidend aber ist die kontinuierliche Unterstützung: Lehrende benötigen professionelles Feedback, das wiederum voraussetzt, daß Lehrende bei der Umsetzung neuer Konzepte von Experten beobachtet werden. Es konnte empirisch nachgewiesen werden, daß die Qualität der Implementation in einem direkten Zusammenhang zur Anzahl durchgeführter Beobachtungen und Feedbacksitzungen steht (vgl. Cohen & Lotan, 1997).

Als Fazit läßt sich an dieser Stelle festhalten, daß sowohl individuelle als auch organisationale Lernprozesse für eine erfolgreiche Implementation unerläßlich sind. Man könnte auch sagen: Nur wenn sich eine Organisation als »lernende Organisation« (vgl. Scheurer & Zahn, 1998) erweist, besteht die Chance, konstruktivistische Lernumgebungen mit langfristigem und nachhaltigem Erfolg zu implementieren. Ein auf diesem Grundgedanken aufbauendes Implementationsmodell für die Praxis gibt es bislang allerdings nicht. Im folgenden soll daher versucht werden, wichtige Faktoren und Strategien der Implementation konstruktivistischer Lernumgebungen (ohne Anspruch auf Vollständigkeit) zusammenzutragen.

3.3 Versuch eines Implementationsmodells für die Praxis

Spätestens an dieser Stelle ist danach zu fragen, was man genau unter dem Begriff der Implementation versteht. In einem weiten Sinne bezeichnet Implementation die Umsetzung von wissenschaftlichen Erkenntnissen in die gesellschaftliche Praxis (Euler & Sloane, in Druck). Im Falle der

Implementation konstruktivistischer Lernumgebungen geht es um die spezielle Frage, wie Erkenntnisse aus der bisherigen theoretischen und empirischen Auseinandersetzung mit dem Konstruktivismus in der Pädagogischen Psychologie für praktisches Handeln genutzt werden können. Für diese Umsetzung der Theorie in die Praxis lassen sich auf der Grundlage negativer und positiver Beispiele zumindest einige (vorläufige) Empfehlungen geben.

Die **Faktoren**, die bei der Implementierung neuer Lehr-Lernansätze oder auch Neuer Medien berücksichtigt werden müssen, sind (1) die Lehrenden mit ihrer Qualifikation, ihren individuellen Erfahrungen, ihren Unterrichtsroutinen und Einstellungen, (2) die Lernenden mit ihrer persönlichen Lerngeschichte, ihren kognitiven und motivationalen Voraussetzungen und Gewohnheiten, (3) die Curricula mit ihren konkreten Inhalten und ihrem spezifischen Aufbau, (4) das Assessment mit seinen unterschiedlichen Beurteilungsmodi, (5) die »Leitung« (in Form von Schulleitung, Hochschulleitung oder Unternehmensleitung) mit ihren Ziele und Aktivitäten, (6) die Organisation mit ihren Strukturen und Prozessen, sowie mit ihrer »Kultur« und schließlich (7) das Umfeld der Organisation bestehend aus Eltern, Politikern, Unternehmern und anderen.

Bereits die Aufzählung der bei einer Implementation zu berücksichtigenden Faktoren legt die Folgerung nahe, daß die konkrete Umsetzung konstruktivistischer Lehr-Lernprinzipien nicht darauf reduziert werden darf, Neuerungen dem Status quo einfach nur hinzuzufügen (vgl. Reinmann-Rothmeier & Mandl, in Druck). D.h., zu vermeiden ist eine eindimensionale Implementation, die nur einen oder wenige Faktoren berücksichtigt und damit einen bloßen additiven Ansatz realisiert. Zu fördern ist statt dessen eine mehrdimensionale Implementation, die einen systemischen Wandel anstrebt. Von einem systemischen Wandel aber kann erst dann gesprochen werden, wenn Veränderungen nicht isoliert bei der Gestaltung instruktionaler Aspekte der Lernumgebung greifen, sondern alle oben genannten Faktoren mit einbeziehen.

Zu einem solchermaßen systemischen Wandel gehört auch, daß Betroffene zu Beteiligten gemacht werden. Die Partizipation vor allem der Lehrenden und der Lernenden, sowohl bei der Gestaltung als auch bei der Umsetzung konstruktivistischer Lernumgebungen stellt sich immer wieder als wichtiger Motor für langfristige Veränderungsprozesse heraus (vgl. Bielaczyc & Collins, in press). Im Idealfall gibt die Implementierung neuer Ideen Impulse dafür, daß Schulen, Hochschulen und andere Bildungsinstitutionen zu lernenden Organisationen werden (Boch, Echter & Haidvogel, 1997). Das wiederum macht einen permanenten Lernprozeß unumgänglich – sowohl bei den Lernenden als auch bei den Lehrenden, die hierfür entsprechende Ermutigung und Unterstützung brauchen (vgl. Abschnitt 3.2).

Vor diesem Hintergrund lassen sich ein paar hilfreiche **Implementationsstrategien** formulieren: (1) Alle Beteiligten müssen von einer innovativen Idee überzeugt und über diese ausreichend informiert sein. (2) Sie müssen die Notwendigkeit einer Veränderung erkennen, an dieser aktiv mitarbeiten und dabei auch Rückmeldung über Erfolge und Mißerfolge erhalten. (3) Maßnahmen müssen langfristig angelegt und typische Hindernisse von vornherein berücksichtigt werden. (4) Und nur wenn letztlich auch eine neue Lern-, Kommunikations- und Kooperationskultur angestrebt wird, können aus einzelnen Aktivitäten von heute innovative Entwicklungen für morgen werden.
Dem genannten Aspekt der **Lernkultur** kommt dabei eine oft unterschätzte Bedeutung zu: Unter dem Begriff der Lernkultur versteht man »die Gesamtheit der für eine bestimmte Zeit typischen Lernformen und Lehrstile, sowie die ihnen zugrunde liegenden anthropologischen, psychologischen, gesellschaftlichen und pädagogischen Orientierungen« (Weinert, 1997a, 12). Daß ein entsprechender »kultureller Wandel«, der nicht nur mit einer bloßen Veränderung, sondern immer auch mit einer Art Vervollkommnung assoziiert wird, stets ein langfristiger Prozeß ist, liegt auf der Hand. Selten ist den am Lehr-Lernprozeß Beteiligten allerdings bewußt, daß sie zu einem großen Teil die bestehende Lernkultur selbst erzeugen: Lehrende und Lernende beklagen gleichermaßen starre Strukturen und Prozesse, setzen mit ihren Erwartungen und Handlungsmustern die traditionelle Lernlogik meist aber fort (Arnold & Schüßler, 1998). Um so wichtiger ist das Verständnis für die zugrundeliegenden Ideen und Ziele der zu implementierenden konstruktivistischen Lernumgebungen, sowie ein Wandel in den Köpfen der Beteiligten, der sich durch eine Veränderung der Rahmenbedingungen nur anstoßen läßt.

Zusammenfassend läßt sich an dieser Stelle sagen, daß die Implementation konstruktivistischer Lernumgebungen einen Entwicklungsprozeß darstellt, der individuelles und organisationales Lernen sowohl voraussetzt als auch zur Folge hat. Vor diesem Hintergrund stellt sich letztlich die Frage, ob und inwieweit dieser Entwicklungsprozeß bei der praktischen Umsetzung konstruktivistischer Lernumgebungen nicht bereits in deren Gestaltungs- und Erprobungsprozeß einfließen sollte. Wie Forschung, Gestaltung und Implementation miteinander verknüpft werden können, zeigt das nachfolgende Projektbeispiel.

4. Implementation als Forschungsaufgabe

4.1 Das CoVis-Projekt

Die Forschergruppe um Gomez und Pea (vgl. Gomez, Fishman & Pea, in press) verfolgt das Ziel, das Lehren und Lernen in den Naturwissenschaften unter Nutzung vor allem der Visualisierungspotentiale der neuen Informations- und Kommunikationstechnologien authentischer zu machen. Ein hoher Stellenwert wird dabei der Kooperation beigemessen: Aus dem Klassenzimmer soll ein *»collaboratory«* werden, in dem Lehrende und Lernende neue Kenntnisse und Fähigkeiten aus »echten« wissenschaftlichen Aktivitäten heraus entwickeln, die teilweise sogar in Zusammenarbeit mit Mitgliedern der jeweiligen wissenschaftlichen Gemeinschaft erfolgen (Pea, 1993). Das Kürzel CoVis steht entsprechend für *Learning Through Collaborative Visualization* – ein Projekt, das die Gestaltung naturwissenschaftlichen Unterrichts möglichst gut an die wissenschaftliche Praxis – einschließlich ihrer verteilten Expertise und ihrem eher offenen Ende – anpassen und aus dem Klassenzimmer eine *»distributed multimedia environment«* machen will (Pea & Gomez, 1992).

Am CoVis-Projekt nehmen Wissenschaftler, Forscher, Lehrende und Lernende, sowie Experten aus der Industrie und anderen Institutionen gleichermaßen teil: Während die Lernenden als »Neulinge« in der wissenschaftlichen Welt betrachtet und behandelt werden, fungieren die Lehrenden als Mediatoren zwischen den Lernenden und den Wissenschaftlern. Die Forscher koordinieren das Projekt und beziehen externe Personen mit ein. Seit Projektbeginn im Jahre 1992 haben bei CoVis mehr als 100 Lehrende und über 3000 Lernende daran mitgewirkt, neue Formen wissenschaftlichen Unterrichts zu konstruieren, zu erproben und weiterzuentwickeln. Es ist erklärtes Ziel des Projekts, den pädagogischen Wandel zu erforschen und sich dabei von den Bedürfnissen und Zielen der beteiligten Schulen lenken zu lassen.

Gomez et al. (in press) verstehen ihre Forschung als eine besondere Art der Implementationsforschung, die sie als *»testbeds«* bezeichnen: Testbeds wie CoVis versuchen, ihre Konzepte und Methoden zu überprüfen, indem sie diese in eine Reihe von Settings implementieren, die sowohl zahlenmäßig umfangreich als auch inhaltlich vielfältig sind. Es geht letztlich darum, Wege zur Innovationsförderung auf breiter Front und dabei die Bedingungen und Grenzen für neue Gestaltungsmaßnahmen im Bereich des Lehrens und Lernens ausfindig zu machen. Das Besondere an der *Testbed*-Forschung ist aus der Sicht ihrer Initiatoren zum einen die Möglichkeit, sich mit den realen Gegebenheiten in der Bildungspraxis konkret auseinanderzusetzen und die Gestaltung von Lernumgebungen an diese anzupassen. Zum anderen zeichnet sich die *Testbed*-Forschung durch die Zielsetzung aus, im Rahmen der wissenschaftlichen und gleichzeitig praktischen Arbeit eine gemeinsame Vision zu schaffen, die das langfristige Engagement der Beteiligten sicherstellen kann (Gomez et al., in press).

4.2 Von der Implementationsforschung zur Modus 2-Forschung

Die skizzierte *Testbed*-Forschung ist ein Beispiel für einen aktuellen Trend in der Lehr-Lernforschung, der auf einen wachsenden Bedarf an innovativen methodischen Ideen als Ergänzung zum traditionellen Forschungsbetrieb hinweist. Es wächst das Interesse an fächerübergreifenden und praxisorientierten Forschungsstrategien, und es mehren sich die Stimmen, die für eine forcierte Annäherung zwischen Grundlagen- und angewandter Forschung sowie zwischen Wissenschaft und Praxis plädieren (z.B. De Corte, 1998; Greeno et al., 1998). Gibbons et al. (1994) fordern darüber hinaus, Wissen vermehrt im Kontext seiner Anwendung zu entwickeln, verschiedene Spezialisten zur Arbeit an einem Problem in einer komplexen anwendungsorientierten Umgebung zu versammeln und dadurch mehrere fachliche Perspektiven zu berücksichtigen. In diesem Zusammenhang ist die Rede vom »Modus 2 der wissenschaftlichen Wissensproduktion«, die eine neue Form der Entwicklung wissenschaftlich fundierten Wissens kennzeichnen soll (Gibbons et al., 1994).

Was ist unter dem Modus 2 in der Forschung zu verstehen? Der Begriff »Modus 2« wurde nicht als Ersatz, sondern als Ergänzung zum traditionellen Forschungsbetrieb - dem Modus 1 - konzipiert. Entsprechend werden die besonderen Merkmale des Modus 2 im allgemeinen in Form einer Gegenüberstellung zum Modus 1 erläutert: Im Rahmen der klassischen Forschung (Modus 1) werden - so die erste Gegenüberstelltung - Probleme im Kontext einer spezifischen (Forscher)-Gemeinschaft formuliert und gelöst, der vorrangig von akademischen Interessen geprägt ist. Dies steht im Gegensatz zum Modus 2, bei dem die Problemformulierung und -lösung im Kontext der Anwendung erfolgt. Im Modus 2 wird Wissen generiert, von dem beabsichtigt ist, daß es auch jemandem nutzen kann. Die Wissensproduktion im Modus 2 soll letztlich in der gesamten Gesellschaft Verbreitung finden; m.a.W. es soll *»socially distributed knowledge«* (Gibbons et al., 1994, pp. 4) produziert werden. Während man im Modus 1 an der Trennung von Grundlagen- und Anwendungsforschung festhält, werden im Modus 2 der wissenschaftlichen Wissensproduktion bewußt beständige Vorwärts- und Rückwärtsbewegungen zwischen Grundlagen und Anwendung forciert und damit die Grenzen zwischen Theorie und Praxis verwischt.

Während man die klassische Forschung (Modus 1) als disziplingebunden bezeichnen kann, zeichnet sich der Modus 2 dadurch aus, daß er transdisziplinär ist. Im Gegensatz zum Modus 1 ist Heterogenität ein typisches Merkmal des Modus 2: Gemeint ist zum einen die durch multidisziplinäre Besetzung von Forscherteams bedingte Vielfalt an Erfahrungen, Wissen und Fertigkeiten und zum anderen die heterarchische und transiente Struktur der Organisation von Forschung. Dazu paßt, daß Kreativität im Modus 2 eher als Gruppenphänomen verstanden wird: Anders als im Modus 1, in dem die individuelle Kreativität immer noch als entscheidend gilt, wird im Modus 2 kollaborativen Leistungen gegenüber individuellen Leistungen der Vorzug gegeben.
Es sind im Modus 2 der wissenschaftlichen Wissensproduktion nicht mehr nur die Universitäten, die als Orte der Entwicklung neuen Wissens in Frage kommen; auch die Industrie und andere außeruniversitäre Einrichtungen entwickeln sich zu wichtigen Orten der Wissensproduktion. Entsprechend wächst die Bedeutung von Netzwerken, um die verschiedenen Orte der Wissensproduktion miteinander zu verbinden. Die Qualitätskontrolle im Modus 2 ist dabei nicht weniger streng als in der traditionellen Forschung (Modus 1), erfolgt aber auf ganz andere Weise: Nicht die Zitierungsindizes entscheiden über den Wert neuer Erkenntnisse, Erfahrungen und Modelle der pragmatischen Forschung zur Produktion von Modus 2-Wissen, sondern die Kräfte der Wissenschafts- und Wissensmärkte sowie die Akzeptanz in der Gemeinschaft der Praktiker (Weinert, 1997b). Im Gegensatz zu Modus 1 erfolgt die Qualitätskontrolle im Modus 2 eher auf der Basis von sozialer Verantwortung, die den gesamten Prozeß der Wissensproduktion durchdringt.

Traditionell war die Kommunikation zwischen Wissenschaft und Gesellschaft einseitig: Die Wissenschaftler besaßen privilegiertes Expertenwissen, während das Laienpublikum »erhellt« und erzogen werden mußte. Verschiedene Formen der Popularisierung wissenschaftlichen Wissens hat dieses Verhältnis in der Vergangenheit bereits beeinflußt, aber nicht grundlegend verändert. Heute ist überall ein wachsender Druck auf die Wissenschaft spürbar, ihr Tun und damit auch die öffentlichen Ausgaben für die Forschung zu rechtfertigen. Zusätzlich führt der bessere Bildungsgrad der Bevölkerung und die Verfügbarkeit der neuen Informations- und Kommunikationstechnologien zu neuen Ansprüchen an Umfang und Qualität der Kommunikation zwischen Wissenschaft und Gesellschaft. Im Modus 2 nimmt der Kommunikationsprozeß zwischen Forschung und Gesellschaft immer mehr die Form eines »Diffusionsprozesses« (Gibbons et al., 1994, S. 38) an, der wissenschaftliches und technologisches Wissen in die Gesellschaft trägt. Gleichzeitig werden damit soziale Normen und Erwartungen verschiedener Institutionen und Gemeinschaften stärker als bisher in die Forschungsgemeinschaften getragen.

4.3 Vorschläge für eine Integration der Implementation in die Lehr-Lernforschung

Greift man die Merkmale der Modus 2-Forschung als Impuls auf und setzt diese in Bezug zu den Erfahrungen aus wissenschaftlich begleiteten Projekten, die im Rahmen dieses Beitrags skizziert wurden, so lassen sich eine Reihe von Vorschlägen für eine verstärkte Integration der Implementation in die Lehr-Lernforschung zusammenstellen:

Der praktische Nutzen sollte einen zentralen Stellenwert haben: Für die Implementation konstruktivistischer Lernumgebungen ist es von Vorteil, wenn die Formulierung und Lösung von Problemen im Kontext der Anwendung erfolgt. Wenn Forschungsprozesse letztlich auf einen Wandel in realen Situationen ausgerichtet sind, werden Forschungsprojekte zu »Gestaltungsprojekten«, wird Forschung zu »Innovationsforschung«. Der Nutzen für die Lösung praktisch relevanter Lehr-Lernprobleme sollte folglich zum entscheidenden Kriterium für die Qualitätskontrolle des entwickelten Wissens sein.

Die Übergänge zwischen grundlegenden Prinzipien und anwendungsbezogenen Empfehlungen sollten fließend sein: In der Implementationsforschung verwischen die Grenzen zwischen Theorie und Praxis. Forschung wird zu einem zyklischen Prozeß, in dem Theorien und praktische Empfehlungen kontinuierlich analysiert, in der Praxis erprobt und bei Bedarf revidiert werden. Es kommt der Implementation konstruktivistischer Lernumgebungen nur zugute, wenn Forschung und Gestaltung eine enge Verbindung eingehen.

Forschungsaktivitäten sollten inter- und multidisziplinär, sowie in Kooperation mit der Praxis erfolgen: Zur Erforschung des Lehrens und Lernens nach konstruktivistischen Prinzipien bieten sich eine multidisziplinäre Besetzung von Forscherteams, sowie interdisziplinäre Projekte mit fachübergreifenden Schwerpunkten an. Praktiker aus den tangierten Anwendungsfeldern sollten dabei sowohl an der Definition als auch an der Lösung von Problemen beteiligt werden. Im Idealfall zeichnet sich der Forschungsprozeß durch eine intensive Kommunikation und Interaktion zwischen Forschern und Feldbeteiligten aus.

Es sollten multiple Orte und Methoden der Wissensentwicklung gewählt werden: Auch außeruniversitäre Einrichtungen müssen als Orte der

Wissensentwicklung anerkannt und entsprechend als ernstzunehmende Partner in multidisziplinären Kooperationsprojekten behandelt werden. Dabei sollten stets mehrere, sich ergänzende Forschungsmethoden zum Einsatz kommen, um Einseitigkeiten und Verkürzungen bei Forschungsarbeiten zur Implementation konstruktivistischer Lernumgebungen zu vermeiden.

Der Stellenwert der Kommunikation mit der Öffentlichkeit sollte erhöht werden: Das Engagement in Forschungsaktivitäten zur Implementation konstruktivistischer Lernumgebungen ist für alle Beteiligten mit sozialer Verantwortung verbunden. Unter der Prämisse, daß der Nutzen wissenschaftlichen Wissens zur Lösung praktisch relevanter Probleme eine herausragende Rolle spielt, müssen soziale Normen und Erwartungen angemessen berücksichtigt werden. Unverzichtbar ist eine detaillierte Verfahrensdokumentation mit einer nachvollziehbaren Beschreibung des Forschungskontextes und des Forschungsprozesses, sowie konkreten Beispielen in einer - auch für die interessierte Öffentlichkeit - verständlichen Sprache.

Entscheidend ist letztlich eine offene und effektive Kommunikation, sowohl zwischen verschiedenen Forschergemeinschaften, als auch zwischen Wissenschaft und Praxis - eine Kommunikation, die eine zweckorientierte Balance zwischen kontrollierten, nach klassischen Gütekriterien durchgeführten wissenschaftlichen Untersuchungen einerseits und auf Gestaltung und Implementation hin ausgerichteten Feldstudien andererseits ermöglicht: »... the world of educational research can be seen not as one of competition among paradigms, but as maintaining a type of ecological balance among species of inquiry across the diversity of their ecological niches« (Gomez et al., in press, pp.10).

5. Zusammenfassung

Am Schluß unseres Beitrags wollen wir unsere - anhand von konkreten Fallbeispielen und Projekten hoffentlich anschaulich gemachten - Ausführungen nochmals zusammenfassen und in Form von **zehn Thesen** festhalten:

- **These 1**: Die Implementierung konstruktivistischer Lernumgebungen stellt einen langfristigen *Entwicklungsprozeß* dar. Dies erfordert sowohl von der Organisation als auch von allen beteiligten Individuen und Gruppen intensive Lernprozesse.

- **These 2**: Die *individuellen Lernprozesse* müssen an verschiedenen Ebenen ansetzen, nämlich an Kenntnissen (Erwerb von Wissen über konstruktivistische Ansätze), an Fertigkeiten (Entwicklung von Strategien im Umgang mit konstruktivistischen Prinzipien und Methoden), sowie an Einstellungen und Überzeugungen in Verbindung mit Zielsetzungen und übergeordneten Werten (im Sinne eines *conceptual change* von einer traditionellen zu einer konstruktivistischen Auffassung vom Lehren und Lernen).
- **These 3**: Die *organisationalen Lernprozesse* müssen ebenfalls verschiedene Ebenen berücksichtigen und auf diese Weise eine Organisationsentwicklung in Gang setzen. Das bedeutet, daß neben den methodisch-didaktischen Neuerungen (konstruktivistische Gestaltungsprinzipien) auch Veränderungen in Curricula (fächerübergreifende und anwendungsbezogene Inhalte) und Assessment-Verfahren (problemorientierte Prüfungen), sowie in den dazugehörigen Organisationsstrukturen realisiert werden müssen.
- **These 4**: Eine Implementation konstruktivistischer Lernumgebungen kann erst dann als gelungen bezeichnet werden, wenn dadurch ein *systemischer Wandel* angestoßen und fortgesetzt wird. Dieser systemische Wandel kann als zentrales Erfolgs- und Qualitätskriterium der Implementation konstruktivistischer Lernumgebungen verstanden werden.
- **These 5**: Bei der Implementation konstruktivistischer Lernumgebungen stoßen neue pädagogische Ideen auf fest verwurzelte individuelle und organisationale Strukturen und Prozesse, die der Realisierung der angestrebten Veränderungen erheblichen *Widerstand* entgegensetzen können; dieser Widerstand ist keine Störgröße, sondern Bestandteil des Entwicklungsprozesses und erfordert entsprechende Gestaltungsmaßnahmen vor, während und nach der Implementation.
- **These 6**: Die Implementation konstruktivistischer Lernumgebungen ist kein Thema, das allein einer speziellen Implementationsforschung vorbehalten ist; vielmehr sind Fragen der Implementation bereits während der Entwicklung und Erprobung konstruktivistischer Lernumgebungen wichtige *Aufgaben innerhalb des Forschungskontextes*.
- **These 7**: Die Entwicklung wirkungsvoller Strategien zur Implementation konstruktivistischer Lernumgebungen erfordert eine *»interaktive Forschung und Gestaltung«*, in der eine Annäherung zwischen Grundlagen- und angewandter Forschung stattfindet.
- **These 8**: Fragen und Probleme zum Thema Implementation konstruktivistischer Lernumgebungen stehen in einem engen Zusammenhang mit der wachsenden Bedeutung eines neuen Modus der

wissenschaftlichen Wissensproduktion, der als *Modus 2* bezeichnet werden kann.

- **These 9**: Das Beispiel »Implementation konstruktivistischer Lernumgebungen« macht deutlich, wie wichtig ein *Forschungszyklus* ist, der eine enge Wechselbeziehung zwischen dem kognitionspsychologisch orientierten Forschungsparadigma und neuen Impulsen aus konstruktivistisch geprägten Forschungsprojekten beinhaltet.
- **These 10**: Wir brauchen nicht nur eine neue, an konstruktivistischen Leitgedanken orientierte Lernkultur in Schulen und anderen Organisationen, sondern auch eine neue *Kommunikations- und Kooperationskultur* zwischen Wissenschaftlern unterschiedlicher Forschergemeinschaften einerseits, sowie Wissenschaft und Praxis andererseits.

Literatur

Arnold, R. & Schüßler, I. (1998): *Wandel der Lernkulturen. Ideen und Bausteine für ein lebendiges Lernen*. Darmstadt: Wissenschaftliche Buchgesellschaft

Bielaczyc, K. & Collins, A. (in press): Learning communities in classrooms: a reconceptualization of educational practice. To appear in C.M. Reigeluth (Ed.), *Instructional design and models*. Mahwah, NJ: Erlbaum

Boch, D., Echter, D. & Haidvogel, G.A. (1997): *Wissen - die strategische Ressource*. Wie sich die Lernende Organisation verwirklichen läßt. Weinheim: Deutscher Studienverlag

Brown, A.L. & Campione, J. (1994): Guided discovery in a community of learners. In K. McGilly (Ed.), *Classroom lessons: Integrating cognitive theory and classroom practice* (pp. 229-270). Cambridge, MA: MIT Press/Bradford Books

Cognition and Technology Group at Vanderbilt (1992): The Jasper experiment: An exploration of issues on learning and instructional design. *Educational Technology Research and Development*, 40, 65-80

Cognition and Technology Group at Vanderbilt (1993): The Jasper series: Theoretical foundations and data on problem solving and transfer. In L.A. Penner, G.M. Batsche, H.M. Knoff & D.L. Nelson (Hrsg.), *The challenge in mathematics and science education: Psychology´s response* (pp. 113-152). Washington, DC: American Psychological Association

Cognition and Technology Group at Vanderbilt (1996): Looking at technology in context: A framework for understanding technology and education research. In D.C. Berliner & R.C. Calfee (Eds.), *Handbook of educational psychology* (pp. 807-840). New York: Macmillan

Cognition and Technology Group at Vanderbilt (1997): *The Jasper project: Lessons in curriculum, instruction, assessment and professional development*. Mahwah, NJ: Erlbaum

Cohen, E.G. (1998): *Beyond the buzzwords equity and cooperative learning*. Paper presented at the Annual Meeting of the American Educational Research Association, San Diego, CA

Cohen, E.G. & Lotan, R.A. (Eds.) (1997): *Working for equity in heterogenous classrooms: Sociological theory in practice*. New York: Teachers College Press

De Corte, E. (1998): *Marrying theory building and the improvement of school practice: A permanent challenge for instructional psychology*. (Research Paper). Leuven: University of Leuven, Center for Instructional Psychology and Technology (CIP&T)

Ellis, N. & Lotan, R.A. (1997): Teachers as learners: Feedback, conceptual understanding, and implementation. In E.G. Cohen & R.A. Lotan (Eds.), *Working for equity in heterogenous classrooms: Sociological theory in practice* (pp. 209-222). New York: Teachers College Press

Euler, D. & Sloane, F.E. (in Druck): Implementation als Problem der Modellversuchsforschung. Erscheint in: *Unterrichtswissenschaft*

Fishman, B.J., Pinkard, N. & Bruce, C. (1998): *Preparing schools for curricular reform: Planning for technology vs. technology planning*. Paper submitted to the International Conference on the Learning Sciences 1998

Gibbons, M., Limoges, C., Nowotny, H., Schwartzman, S., Scott, P. & Trow, M. (1994): *The new production of knowledge. The dynamics of science and research in contemporary societies*. London: Sage

Gomez, L.M., Fishman, B.J. & Pea, R.D. (in press): The CoVis Project: Building a large scale science education testbed. T appear in: *Interactive learning environments*

Greeno, J.G. & the Middle School Mathematics Through Applications Project Group (1998): The situativity of knowing, learning, and research. *American Psychologist*, 53, 5-26

Mandl, H., Gruber, H. & Renkl, A. (1993): Das träge Wissen. *Psychologie Heute*, 9, 64-69

Pea, R.D. (1993): Practices of distributed intelligence and designs for education. In G. Salomon (Ed.), *Distributed cognitions:*

Psychological and educational considerations (pp. 47-87). New York, NY: Cambridge University Press

Pea, R.D. & Gomez, L.M. (1992): Distributed multimedia learning environments: Why and how? *Interactive Learning Environments*, 2 (2), 73-109

Reinmann-Rothmeier, G. & Mandl, H. (1997): Lehren im Erwachsenenalter. Auffassungen vom Lehren und Lernen, Prinzipien und Methoden. In F.E. Weinert & H. Mandl (Hrsg.), *Psychologie der Erwachsenenbildung, Enzyklopädie der der Psychologie, D/I/4* (S. 356-403). Göttingen: Hogrefe

Reinmann-Rothmeier, G. & Mandl, H. (in Druck): Wenn kreative Ansätze versanden: Implementation als verkannte Aufgabe. *Unterrichtswissenschaft*

Reinmann-Rothmeier, G., Mandl, H. & Aufschläger, M. (1997): *Problemorientierte Unterrichtsgestaltung im Rahmen des Lehrgangs Technischer Betriebswirt IHK* (Praxisbericht Nr. 5). München: Ludwig-Maximilians-Universität, Institut für Empirische Pädagogik und Pädagogische Psychologie

Salomon, G. & Perkins, D.N. (1998): Individual and social aspects of learning. *Review of Reserach in Education*, 23 (pp. 1-24)

Scheurer, S. & Zahn, M. (1998): Organisationales Lernen - von den theoretischen Grundlagen zur praktischen Umsetzung. *Zeitschrift für Organisation*, 3, 174-180

Schwartz, D.L., Lin, X., Brophy, S. & Bransford, J.D. (in press): Toward the development of flexibly adaptive instructional design. In C. Reigeluth (Ed.), *Instructional design theories and models*:. Mahwah, NJ: Erlbaum

Schwartz, D.L., Vye, N.J., Moore, A., Petrosino, A., Zech, L., Bransford, J.D. & CTGV (1998): *Doing with understanding. Lessons from research on problemn and projevt-based learning*. (Research Paper). Nashville, TN: University of Vanderbilt

Weinert, F.E. (1996): Für und Wider die »neuen Lerntheorien« als Grundlage pädagogisch-psychologischer Forschung. *Zeitschrift für Pädagogische Psychologie*, 10, 1-12

Weinert, F.E. (1997 a): Lernkultur im Wandel. In E. Beck, T. Guldimann & M. Zuvatern (Hrsg.), *Lernkultur im Wandel* (S. 11-29). Sankt Gallen: UVK

Weinert, F.E. (1997 b): *Psychologische Forschung auf dem Pädagogischen Prüfstand*. Festvortrag anläßlich einer Feier der Fakultät für Psychologie und Päda-gogik der Ludwig-Maximilians-Universität München zum 60. Geburtstag von Prof. Dr. Heinz Mandl, München

Sich einrichten in Fantasieräumen – Untersuchungen zum Gebrauch von Symbolen

Edith Ackermann
Übersetzung: Herta-Elisabeth Renk

Stellen wir uns vor: Ein Kind spielt mit anderen und benutzt einen Stock als Pferd: Es springt um seine Freunde herum, macht Besuche, füttert das Pferd, erklärt, daß sein Pferd faul sei. Mit diesem Spiel in der Vorgeblichkeit macht das Kind ein Pferd gegenwärtig, das in seinem Leben sonst nicht existiert. Mehr noch, es stellt auch einiges an mit diesem Pferd. Wir sagen, das Pferd ist zur Hand, um anzudeuten, daß das Pferd dafür da ist, an den Spielhandlungen des Kindes teilzunehmen. Diese Szene zeigt, was wir Symbolisierung nennen: die Erschaffung eines bewohnten Raums, in dem Abwesendes gegenwärtig und zur Hand ist (Nemirovsky and Monk, 1998).

»Die Erschaffung eines bewohnten Raums, in dem Abwesendes gegenwärtig ist«, charakterisiert besser, was Symbolisierung meint, als die weithin übliche Annahme »nicht gegenwärtige Objekte und Ereignisse werden evoziert«. Vor allem ist es von Vorteil, daß sie nicht zwingend nahelegt, die evozierten oder in unserer Vorstellung vergegenwärtigten Objekte müßten irgendwo existieren oder existiert haben. Die Definition von Nemirovsky und Monk versteht den Akt der Symbolisierung als einen Dialog zwischen dem, was ist (oder wovon man glaubt, daß es ist), und dem was sein könnte, also zwischen Fakt und Fantasie. Sie macht darauf aufmerksam, daß Repräsentation nicht nur das beschreibt, was existiert, sondern auch greifbar macht, was nicht existiert. Die Autoren erinnern uns im übrigen daran, daß die Spieler in der Vorgeblichkeit nicht nur wiederholen, was existiert, sondern auch Ergebnisse und das, was Dinge bedeuten, verändern. Genau wie im Improvisationstheater besetzen sie die Rollen eines Ereignisablaufs neu, eröffnen neue Möglichkeiten im Augenblick des Spiels. Bedeutung und Kohärenz emergieren, sie gehen als Konsequenz aus diesem kreativen Prozeß hervor.

Auch für Iser »bereitet der englische Terminus ›representation‹ Probleme, weil er eine Beziehung zu Vorgegebenem impliziert, das im Repräsentationsakt weitgehend gedoppelt wird und folglich den performativen Charakter von Darstellung abblendet, durch den etwas entsteht, was es vorher weder als Sachverhalt, geschweige denn als Gegenstand gab.« (Iser 1987, 217). Iser »möchte daher ›representation‹ durch ›Darstellung‹ ersetzen, da diese, seiner Meinung nach, nicht jene Vielfalt mimetischer Konnotationen erweckt, die der Begriff der ›representation‹ als Traditionslast mit sich führt.«

Die folgende Darstellung bemüht sich darum, den Gebrauch von Symbolen und Vorgeblichkeit zu artikulieren und die Ziele von »representation« neu zu überdenken. Ich stelle die vorherrschende Theorie von »representation« in Frage, häufig auch Korrespondenz-Theorie (Lakoff, 1993) genannt, welche nahelegt, daß es a priori ein Objekt gibt, das im Akt der Repräsentation auf die eine oder andere Weise dupliziert wird. Zusammen mit Iser möchte ich zeigen, daß *representations* im Sinne von »Darstellungen« besser als performative Akte oder als Techniken der Fiktionalisierung verstanden werden.

Der generative Aspekt von *representations* ist besonders zentral in der Arbeit von Designern, deren für den Bau vorgesehenes Artefakt so lange nicht existiert, bis dieser Proze? beendet ist. Hier wird offenkundig, daß man zum Entwerfen neuer Formen *representations* braucht, die man in keiner Weise als Reduktionen von etwas, »was es da draußen gibt«, verstehen kann – weil es von ihnen noch nicht viel da draußen gibt.
Designer können nur Formen denken und erfassen, die im Werden sind. Sie konstruieren Skizzen, Prototypen, Simulationen, die ihnen helfen, diese Formen zu erschaffen. Und was für das Design gilt, trifft auch auf andere Konstruktionsprozesse zu. Äußerst eindrucksvoll ist in diesem Zusammenhang das Talent von Kindern, Hilfen und Zwischenstufen zu erfinden, mit denen sie ihre Ziele erreichen, auch wenn die gestellten Aufgaben ihre Kräfte übersteigen. Das außerordentliche Lerntalent, das Kinder besitzen, stammt zu einem guten Teil aus ihrer Fähigkeit, sich eine Bühne zu schaffen, auf der sie sich gefahrlos ins Unbekannte vorwagen dürfen. Sich zu verhalten »als ob« und bei ihren Handlungen zu fragen »was wäre wenn?« ist die ganze Technik, derer sie sich bedienen, um diese Balance zu halten.

Nemirovskys und Monks Vorstellung von »zur Hand sein« legt nahe, daß die Requisiten bei diesem So-tun-als-ob vom Spieler nicht als willkürliche Zeichen oder neutrale Mittler benutzt werden oder solche sein müssen. Natürlich ist der Stock, den das Kind »reitet und füttert« ein Double, ein Ersatz, der für das imaginierte Pferd eintritt. Trotzdem bedeutet das nicht, daß das Double das Verhalten des Pferdes nachahmt oder seine Erscheinung abbildet. Symbole gewinnen oft ein Eigenleben – in der Vorstellung des

Spielers sind sie, was sie symbolisieren und auch wieder nicht – und dadurch können sie kreativ genutzt werden.

Wir wissen aus der Erforschung des frühkindlichen Spiels, daß die kindliche Fähigkeit, einen Stock zu behandeln »als ob« er ein Pferd wäre, eine gewisse Entkoppelung von Signifikant und Signifikat verlangt (Piaget 1962, Perner 1993). Mit anderen Worten, ein Kind, das einen Stock benutzt, als ob er ein Pferd wäre, weiß gleichzeitig, daß er nicht »wirklich« ein Pferd ist. Weniger offenkundig ist allerdings der Gedanke, daß diese Entkopplung einhergeht mit ihrem Gegenteil der Verschmelzung, um die symbolische Transformation zu vollenden. Mit Nemirovsky und Monk möchte ich annehmen, daß die Fähigkeit des Kindes, einen »Ersatz« zu behandeln, als wäre er das Ding an sich, d.h. Signifikant und Signifikat zu verschmelzen, eine notwendige Voraussetzung für den kreativen Gebrauch von Symbolen ist. Diese Verschmelzung gibt Symbolen letztlich ihre dramatische Energie. Ohne die empathische Projektion – das Double zu benutzen »als ob« – wäre keine erlebte Erfahrung möglich. Interessante Materialien zu erarbeiten, fiktiv oder real, verlangt einerseits die Schaffung einer Sicherheitszone und andererseits Gelegenheit zu »wahrhaftiger« Identifikation.

In diesem Sinn bedeutet der Gebrauch von Symbolen nicht nur, daß man Ideen Form gibt, sie »entwirft«, sie greifbar und kommunikabel macht; es heißt auch, daß man Ideen und Formen lebendig werden läßt, sie animiert, ihnen eine anima verleiht. Das Double zu behandeln als wäre es die lebende und lebensprühende Idee, die es verkörpert, rückt die Materialien, mit denen wir so tun »als-ob« näher an unseren Vorstellungsbereich.

Es muß nicht betont werden, daß das Pferd im Spiel des Kindes besser als Einhorn verstanden werden kann denn als Analogie zu einem wirklichen Pferd. Wie ein Geschöpf des Mythos erregt diese idealisierte Kreatur die Ängste des Kindes, seine Wünsche und Absichten; und sein Äußeres, der Stock, der einmal dazu diente, die Aktivitäten des Kindes zu unterstützen, gibt seinen ursprünglichen Vorstellungen von Einhörnern eine neue Gestalt. Und wieder verleiht der in den Augen des Kindes vieldeutige Charakter des Stocks – zugleich Double (Entkopplung), selbständiges Objekt (Separierung) und eigentliches Einhorn (Verschmelzung) – ihm evokative und dramatische Energien.
Wir fassen zusammen: das Abwesende zu vergegenwärtigen, Ideen Form zu verleihen und Form und Ideen zu verlebendigen, das sind die drei wichtigen Funktionen des Akts der Symbolisation.

Die Chancen der Vorgeblichkeit: so tun als ob – nicht nur ein Kinderspiel!

Das Spiel in der Vorgeblichkeit oder das symbolische Spiel ist nicht nur eine Sache der Kinder. Es ist auch kein Privileg, einzig Künstlern und Dichtern vorbehalten. Menschen jeden Alters, Lebensstils und jeder Entwicklungsstufe kreieren symbolische Nachschöpfungen, und diese geraten umso anspruchsvoller, je älter diese Menschen werden (Ackermann, im Druck).

Wie Sayeki in seinem vorzüglichen Aufsatz »Anthropomorphic Epistemology« gezeigt hat, benutzen Erwachsene, Laien wie Wissenschaftler, ihre Einbildungskraft, um sich in in eine Situation zu versetzen (Sayeki, 1989). Auch sie richten sich in ihren geistigen Konstrukten ein, um zu einem tieferen Verständnis zu gelangen, und dazu installieren sie buchstäblich kleine Teile ihrer Person, die er »kobitos« nennt, (was im Japanischen »kleine Leute« heißt), in den Objekten, auf die sich ihre Aufmerksamkeit richtet. Wenn sie auf diese Weise durch imaginierte Doubles einmal »da drinnen sind«, können sie ausagieren und empfinden, was ihre kobitos erleben, und bleiben doch physisch von ihnen getrennt (Sayeki, 1989).

Natürlich tauchen die Menschen immer wieder auf aus diesen tiefen Gewässern. Sie treten zurück und überblicken die Dinge aus einer größeren Distanz. Dies gelingt ihnen im allgemeinen, wenn sie imaginativ ihre Haltung zur Welt verändern, in die Schuhe anderer Menschen schlüpfen oder aus olympischer Perspektive auf das irdische Treiben blicken, aus einer völlig distanzierten und allumfassenden Sicht, die die Welt, die sie gerade bewohnt haben, zur Miniatur schrumpfen läßt (Ackermann 1999, Kegan 1982).

Wir fassen zusammen: »Menschen sind zugleich Weltenschöpfer« (Goodman) und »Kreaturen, die in dieser Welt leben« (Merleau-Ponti): Sie schaffen ihren Lebensraum und wohnen zugleich in ihrer Schöpfung – und diese ergreift von ihnen Besitz, wird ihnen »eingebildet«. In der Welt ihrer Einbildung gibt es nebeneinander Verschmelzung (eins-werden) und Trennung (sich distanzieren). Beide tragen zur persönlichen und kognitiven Reifung bei.

In vielen Formen symbolischen Handelns sind Anwendungen dieser projektiven Imagination im Spiel: vom Zeichnen bis zum naturwissenschaftlichen Modell, von eher fernliegenden Unterhaltungen in sozialen virtuellen environments (VE) bis zum Lesen und Schreiben. Dazu gehören auch unsere Ansätze im Rollenspiel und der Anthropo-

morphisierung. In den nächsten beiden Abschnitten betrachte ich zwei spezifische Aspekte des symbolischen Spiels und des Spiels in der Vorgeblichkeit: die Fähigkeit des Menschen sich in seinen Schöpfungen einzurichten und Signifikat und Signifikant zu verschmelzen, um so zu einer authentischen Erfahrung zu gelangen. Welche Rolle sie in diesem konstruktiven Prozeß spielen, werde ich an verschiedenen Lebensbereichen zeigen: den Entwürfen von Architekten, der kindlichen Erforschung mathematischer Konzepte, dem heißen Flirt unserer digitalen Jugend mit sozialen virtuellen environments.
Die ausgewählten Kontexte und Lerngeschichten gehören in zwei Kategorien: entweder geht es

1. um den Gebrauch von Werkzeugen und Maschinen, oder
2. um die Erkundung umgangssprachlichen Schreibens in digitalen Medien.

In beiden Fällen erschließt die Interaktivität der antwortfähigen Artefakte (Computer) das latente situative und motorische Wissen der Spieler.
Ich werde in den Beispielen zeigen, daß dieser offenbar regressive Gebrauch von Symbolen und empathischer Projektion ein Schlüssel zum natürlichen Lernverhalten ist und eingesetzt werden kann, um Kinder besser lernen zu lassen. Schließlich werde ich daraus einige Konsequenzen für Entwicklungspsychologie und Erziehung ableiten .

Wohnen in einer Zeichnung

Vor einigen Jahren entwarf Bonne Smith, eine frühere Studentin der School of Architecture am MIT, ein zwingend einfaches Experiment. Sie bat einige ihrer Mitstudenten, den Grundriß des Hauses zu zeichen, in dem sie gelebt hatten, als sie fünf Jahre alt waren. Sie riet ihnen, beim Zeichnen laut zu denken und hielt den ganzen Vorgang mit einer Videokamera fest (Smith, 1991).

Dieses Experiment enthüllte, daß der Vorgang des Zeichnens, in nuce eine Technik der Weltschöpfung darstellt. Mehr noch, das Engagement des Zeichners an seiner »Baustelle« war selber durchaus anthropomorph, sicher mehr, als man das von ausgebufften Architekturstudenten erwartet hätte.

Der Reihe nach verwandelten sich Bonnes Probanden in Bewohner und Erbauer, kleine Kinder und Erwachsene, Riesen und Zwerge, sie stiegen nahtlos in die vorgestellte Situation ein und wieder aus ihr aus. Sie versetzten sich im Geiste in die Spitze ihres Zeichenstifts, als wäre er eine Prothese ihres Körpers und als könnten sie auf der Route ihres Zeichenstifts in ihrer Fantasie reisen. Daß sie in ihrer Zeichnung wohnten, erlaubte

Bonnes Probanden, ihre verlorenen Erinnerungen heraufzurufen, sie wieder zu besuchen und aufzubauen.

Am meisten überraschte dabei, daß die Probanden zur Wiedergewinnung ihres »verlorenen Raums« projizierte Bewegung um so intensiver nutzten, je fortgeschrittener sie in der Architektur waren, während Kinder und Nicht-Architekten das viel seltener taten. Das war keine Überraschung für Bonne, selber Architektin, die mich daran erinnerte, daß Designer sich oft im Geiste in *künftigen Räumen* bewegen. Sie tun das im voraus, um einen Raum zu erfahren. In ihren Augen bestätigte das Experiment ihre intuitive Vermutung, daß der Mensch die Fähigkeit hat, in einer Zeichnung zu wohnen oder sie nutzen kann, um Bewegungsrouten festzuhalten (Nemirovsky und Monk, 1998); und daß dies zu den professionellen Fähigkeiten gehört, die Architekten in Studium und Berufspraxis entwickeln.

Hier folgen drei Beispiele der Architekturstudenten Roy, Emily und Andrew, in deren Protokollen viel imaginierte Bewegung steckte (Smith, 1991).

Roy: (denkt laut) »Ich beginne von draußen, und ich werde jetzt reingehen. Hier ist das Auto« (zeichnet ein Auto), »der Gehsteig läuft im rechten Winkel zur Einfahrt, an den drei Büschen vorbei und zur Terasse hinauf und dann zur Eingangstür. Dann betritt man die Eingangshalle – so.« (deutet mit einer Geste an, daß er hineingeht und vervollständigt die Zeichnung mit der Eingangstür und dem Eingangstrakt). In diesem Bericht fällt auf, daß Roy nicht der Einzige ist, der sich bewegt; auch der Gehsteig läuft im Winkel zur Einfahrt und an den Büschen vorbei!

Andrew rekonstruierte den Wohnraum von der Vorstellung der »Schachtelartigkeit« – eine rechteckige Schachtel – deren Form und Inhalt er korrigierte und detaillierte, als er sich durch das virtuelle Haus bewegte. »Dieses Haus war ein Brotkasten. Einfach eine guter alter kolonialamerikanischer« (zeichnet ein Rechteck) »Ziegelkasten. Betritt man es in der Mitte? Ok« (zeichnet einen Eingang). »So kommt man herein, und da ist das Stiegenhaus« (zeichnet Stiegen in der Mitte des Rechtecks). »Ja, das ist es wohl, was man sieht, wenn man hereinkommt«. (Andrew fährt fort, verschiedene Räume um die Stiege herum zu zeichnen und korrigiert die Größen, während er in und um sie Aktion imaginiert; während er in seiner Einbildung den Salon betritt.) »Moment mal. Kann man hinter die Couch treten? Hinter die Tür?« (Er streckt die Hand nach einem eingebildeten Türknauf aus, um die Türe zu öffnen.)

Emily nutzte imaginierte Projektion wieder auf andere Weise. Sie sprach über die Gesichtsfelder oder »Perspektiven«, die sich vor ihren Augen

öffneten, als sie durch den Raum in ihrer Einbildung spazierte – der Blick die Hauptstraße hinunter, der Blick auf die Fassade. Wenn sie sich an diese Perspektiven hielt, konnte sie vergessene Nachbarschaften und Richtungen rekonsturieren.
Emily: »...wenn du die Treppen hinaufgehst, hast du auf jeder Seite zwei normale Türen, die du öffnen kannst, die du aufstoßen kannst ... und das erste, was du siehst, ist der Empfangstisch. Da steht viel Zeug herum ... ich glaube, hier ist ein altes Sofa...«

Man beachte, daß alle Studenten in ihren Berichten im Präsens sprachen, was in ihrer Einbildung die Vorstellung verstärkte, sie befänden sich »wirklich da drin«, so wie sie es als Kinder gewesen waren.

Umrisse zeichnen mit Driving Turtles: eine Microwelt zum Bau geometrischer Figuren

In unserer Körpermotorik ist ein beträchtliches Wissen vom Raum gespeichert; doch es bleibt unausgesprochen, latent in den normalen Aktivitäten und Erfahrungen des Beobachters; es muß ins Bewußtsein gehoben werden. Als Papert seine Schildkröten-Geometrie mit Logoelementen entwarf, ein environment zum Konstruieren geometrischer Figuren, da war es seine größte Entdeckung, dieses kindliche Wissen über die eigene Bewegung im Raum anzuzapfen und es zu instrumentalisieren, um die Kinder räumliche Beziehungen und Verwandlungen erforschen zu lassen.

In der »Schildkröten-Geometrie« geben die Kinder Befehle an ein Computergeschöpf, einen Cursor auf dem Bildschirm oder eine artifizielle Schildkröte am Boden, ein mechanisches Spielzeug, das sie in vorgeschriebene Richtungen dirigieren, womit sie Linien beschreiben. Die Kinder verständigen sich mit der Schildkröte in einer Programmiersprache, die sie »verstehen kann«. Eine Schildkröte kann auch so gebaut werden, daß sie auf Tastenbefehle reagiert. Der Befehl VORWÄRTS 100 läßt die Schildkröte in einer geraden Linie eine Strecke von 100 Schildkrötenschritten, von jeweils ca. einem Millimeter zurücklegen. Der Befehl RECHTS 90 läßt die Schildkröte eine Drehung um 90 Grad auf der Stelle vollziehen. Der Befehl SCHREIBEN läßt die Schildkröte einen Schreibstift absenken, so daß eine Spur ihres Wegs markiert wird, während der Befehl NICHT SCHREIBEN ihr befiehlt, diesen Stift wieder anzuheben. Die Befehle und Abläufe, die für das Pilotieren der Schildkröte zur Verfügung stehen, sind ziemlich einsichtig und selbsterklärend für das Kind. Sie wurden sorgfältig ausgesucht, so daß das Kind möglichst viele mathematisch relevante und interessante Figuren in den Raum zeichnen kann.

Die Grundprinzipien der Schildkröten-Geometrie sind einfach und entsprechen sehr genau unseren Vorstellungen: Paperts Schildkröten sind Erweiterungen der kindlichen Person, die das Kind mit Worten kontrollieren kann. Wenn es Anweisungen über Fernsteuerung gibt, wird das Kind eingeladen, über seine eigene Kompetenz nachzudenken und sie so präzise auszudrücken, daß die Maschine sie ausführen kann. »Wenn sie dem Computer beibringen, wie er denken soll, beginnen Kinder zu fragen, wie sie selber denken« (Papert, 1980, 19).

Wichtiger noch, Paperts Schildkröten sind »egozentrisch«. Anweisungen müssen mit Bezug auf die Position der Kröte und auf die Richtung gegeben werden, die sie verfolgen soll – nicht im Bezug auf ein externes Referenznetz (xy-Koordinaten). Das verlangt von den Benutzern, daß sie sich ganz buchstäblich in die Schildkröte hineinversetzen, um so über ihre nächsten Schritte zu entscheiden. Die Logo-Syntax bietet im übrigen eine Fülle von Werkzeugen, mit denen elementare Operationen (wie Drehungen und Gerade) in interessanten und überraschenden Abläufen durchführbar sind. Die Interaktion läßt sich leichter aufrechterhalten, wenn man die Befehle des Computers anwenden kann und wenn die Antwort des Objekts einen unverzüglichen feedback anbietet.

In »Mindstorms« hat Papert (1980) die Rolle des mentalen Teletransports unterstrichen: »Eine Schildkröte hat eine Position und ein Ziel. Darin verhält sie sich wie eine Person oder ein Tier oder ein Boot (S. 55). ... Kinder können sich mit der Schildkröte identifizieren und das befähigt sie, ihr eigenes Körperwissen und ihre Motorik für ihre Arbeit mit formaler Geometrie zu nutzen. ... Einen Kreis in der Schildkröten-Geometrie zu zeichnen ist körpersynton insofern, als der Kreis fest verankert ist im Körpergefühl und Körperwissen der Kinder. Es ist ego-synton insofern, als es mit dem Gefühl der Kinder für sich selbst verbunden ist – man könnte auch sagen mit der Perspektive der Kinder oder mit ihrem Stand in ihrer Welt« (S.63).

Sich in die Kurve legen: eine Mikrowelt für körpersyntone Mathematik.

Andere Lernumgebungen sind entworfen worden, um den Unterschied zwischen der Erschaffung einer Welt und dem Leben in ihr deutlich werden zu lassen. Ein gutes Beispiel ist der Gebrauch eines *Bewegungsdetektors*, der von den TERC (Technical Education Research Centers) Forschern in Cambridge, Massachusetts, entwickelt wurde, um das kindliche Verständnis von graphischen Kurven zu fördern. Die Installation wurde von Nemirovsky und seinem Team entworfen, um die graphische Darstellung mathematischer Zeitfunktionen besser kontrollieren und verstehen zu können (Nemirovsky 1998; Tierney, Nemirovsky, Wright, Ackermann 1993). Ich nenne diese Mikrowelt »swinging a graph« – »sich in die Kurve legen«, weil sie – genau wie Paperts Schildköten – die Körpermotorik als Vehikel benutzt, um Linien zu erzeugen und zu kontrollieren. In diesem Fall wird die Aktivität von einem Bewegungsdetektor vermittelt, und die Linie, die gezogen werden soll, ist eine Zeitkurve auf dem Computerschirm. Der Bewegungsdetektor, der in diesen Studien benutzt wird, ist ein kleiner Knopf, dessen Position von einem Computer und einem Sensor oder einem elektronischen Auge festgehalten wird, das auch »der Turm« heißt. Wenn sie mit der Lernumgebung interagieren, halten die Kinder den Knopf oder stecken ihn an ihr Hemd und bewegen ihre Körper. Sie können den Knopf auch auf ein bewegliches Objekt stecken wie eine elektrische Eisenbahn. Das elektronische Auge, der Turm, mißt in jedem Augenblick seine Distanz zum Knopf und beschreibt am Bildschirm eine Kurve, die die Positionen auf einer Zeitachse festhält. So können die Kinder die Form der Kurve in realer Zeit beeinflussen, wenn sie den empfindlichen Knopf vor dem Auge hin- und herbewegen: Die Kurven verändern sich als eine Funktion von Richtung und Geschwindigkeit der Knopfbewegung, d.h. ihrer eigenen Bewegung.

Die Kinder begegnen dem Bewegungs-Detektor zunächst fast nur über ihre Erfahrung. Wenn sie sich mit ihrem Knopf vor oder zurück bewegen, merken sie, daß sich die Form der Kurve in verläßlicher und irgendwie geregelter Form verändert. Sehr bald schon lernen sie aber die Veränderungen zu erkennen und zu beschreiben, die sie auslösen. Sie sagen uns beispielsweise, daß die Kurve nach oben geht, wenn sie sich auf den Turm zubewegen und daß sie fällt, wenn sie sich wegbewegen; daß sie steiler wird, wenn sie sich schneller bewegen, und flacher, wenn sie langsamer werden. Früher oder später fangen sie damit an, sehr spezielle Kurvenformen zu drehen; was natürlich voraussetzt, daß sie zumindest handelnd wissen, *was* eine bestimmte Reaktion der Kurve auslöst. Dabei lernen sie allmählich, daß sie beispielsweise keinen Kreis und kein Quadrat zeichnen können, weil die Kurve auf dem Bildschirm nie zurückläuft.

Wie in der Schildkröten-Geometrie wurden Übermittlungsformen eingeführt, die den Kindern helfen, von der Kontrolle-in-der-Aktion zur Reflexion zu gelangen. Eine vorgeschlagene Variante sah vor, den distanzsensitiven Knopf vom Körper des Kindes zu entfernen und auf die Front einer elektrischen Lokomotive zu setzen. Der Zug lief auf einem geraden Gleis vor dem Bewegungsdetektor. Das Kind tritt nun zur Seite und lenkt den Zug, indem es an einem Knopf oder einer Drehscheibe dreht. Ein weiterer Schritt im Übermittlungsprozeß, der damals nicht erforscht wurde, wäre es gewesen, die Kinder den Zug digital steuern zu lassen. Das wäre die konsequente Komplettierung des Zyklus: den eigenen Körper bewegen, den Zug von Hand mit einem analogen Lenkrad steuern und den Zug programmieren oder ihm einen Befehlssatz geben.

Der Zweck dieser Mikrowelt ist es schließlich, wie in der Schildkröten-Geometrie das Voranschreiten von direkter zu vermittelter Aktion oder von Aktion zu Reflexion zu erleichtern. Wenn man wechselt zwischen *Selber-Tun* (unter Einsatz des Körpers) und *Befehle an »etwas« erteilen* (wobei man eine folgsame Maschine instruiert), bringt das ein tieferes Verständnis von geometrischen oder arithmetischen Operationen. In beiden Fällen werden die dynamischen Qualitäten von interaktiven Werkzeugen genutzt, um das Handlungswissen des Lernenden anzuzapfen, während Vermittlungswege angeboten werden, die den Übergang von der Reflexion-in-der-Aktion zur Reflexion-über-die-Aktion unterstützen. Immer geht es darum, »den Kindern die Vorstellung zu vermitteln, daß sie ›Wissenschaft treiben‹, wenn sie etwas Angenehmes mit ihrem Körper tun« (Papert, 1980, 62).
Kinder lernen, weil sie Gelegenheit erhalten, ihre eigene Erfahrung zu instrumentalisieren, um mathematische Ideen zu erforschen.

Die Vorzüge des Virtuellen

In den nächsten Abschnitten möchte ich zwei neue Formen von Schriftlichkeit untersuchen, die aus dem spontanen Interesse der Kinder für digitale Technologien (und aus ihrer einschlägigen Kompetenz) erwachsen. Diese *Schriftlichkeit jenseits der Printmedien* bereitet den Weg für völlig neue Genres kollektiven Geschichtenerzählens, sie läßt uns neu bedenken, wie wir Kindern das Lesen und Schreiben beibringen können (Ackermann, 1993). In diesem Zusammenhang ist Ongs Konzept einer *sekundären*

Mündlichkeit von besonderem Interesse, »in der eine neue Form ›geschriebener‹ Mündlichkeit vom Computermedium aufrechterhalten wird, das für seine Funktion aber auf das Schreiben und Drucken angewiesen ist« (Ong, 1982). Ich beschränke mich hier auf die Diskussion von MUDs und anderen textgestützten sozialen virtuellen environments.

Soziale VEs (Virtual Enviroment wie Internet Relay Chat, Alphaworld, MUDS) kann man als digitale Vorstufen für Improvisationstheater oder Psychodrama ansehen. Sie sind, im Sinne Isers, Instrumente der Fiktionalisierung. In MUDS[1] zum Beispiel treffen Spieler andere Spieler ebenso wie Objekte, die für das virtuelle environment gebaut worden sind. MUD Spieler können miteinander in Realzeit kommunizieren, wenn sie Nachrichten tippen, die dann von den anderen Spielern gelesen werden können. Einige dieser Nachrichten werden von allen Spielern im gleichen »Raum« gesehen, aber Nachrichten können auch dafür gedacht sein, ausschließlich auf dem Bildschirm eines bestimmten Spielers zu erscheinen (Turkle, 1995, 181). Die Bewohner von virtual environments oder Avatars, sind Extensionen menschlicher Spieler. Ihr Erscheinungsbild und ihre Interaktionsformen werden zum größten Teil von den Spielern selber und im Dialog mit anderen geschaffen.

Verglichen mit anderen Bühnen des Spiels in der Vorgeblichkeit zeichnen sich die sozialen VEs durch eine höchst komplexe Verbindung der Spieler mit ihren Avatars aus, durch eine sehr direkte und nicht vorhersehbare Reaktion der anderen Spieler auf das eigene virtuelle Auftreten und durch den hybriden Charakter dieser Welt an sich, die weder Abbildung noch Realität ist. Turkle weist darauf hin, daß VE-vermittelte Kontakte die Natur unserer Beziehungen zu anderen ebenso tiefgehend verändern wie unser Selbstgefühl. MUDS liefern eine Bühne für anonyme Interaktion, in der die Spieler eine Rolle wählen, die sehr nah oder sehr fern von ihrer Persönlichkeit »jenseits des MUD-Charakters« liegen kann.

---

[1]»Verliese und Drachen« war ein beliebtes Spiel, bei dem ein Meister eine Welt erschuf, in der die Mitspieler fiktive Identitäten annahmen und komplexe Abenteuer durchspielten. Der Ausdruck »Verlies« hat sich in der high-tech-Kultur erhalten mit den Konnotationen eines virtuellen Ortes. Wenn daher virtuelle Orte geschaffen wurden, die viele Benutzer gemeinsam nutzten, wurden sie als Multi-User-Verliese oder MUDS betrachtet. Das war eine neue Art sozialer virtueller Realität und der Terminus MUD und die Verbform »mudding« werden inzwischen für alle Multi-User-Environments gebraucht. Einige MUDS benutzen Bildschirmgraphiken oder icons, um den Raum, die Charaktere und die Handlung mitzuteilen. Andere verlassen sich einfach auf den Text.

Im sozialem VE, wie in gutem Improvisationsstheater, sprechen die Spieler keine Texte, die von jemand anderem aufgeschrieben worden sind. Sie sind vielmehr ihre eigenen Autoren, Choreographen und Darsteller. Wie im Spiel in der Vorgeblichkeit leben sie in den Ereignissen, die sie auf die Bühne bringen und agieren sie aus. Die Spieler entfalten das Szenarium und bringen das Drama zum Leben. Wenn sie sich im VE aufhalten, können sie ihre Erfahrung darstellen – ihr Leben auf dem Bildschirm leben – während sie geistig voll engagiert bleiben. Es ist der Charakter der Vorgeblichkeit dieses virtuellen Raums, den sie geschaffen haben, in Verbindung mit der Wahrhaftigkeit der Gedanken und Gefühle, die sie im Dialog mit anderen erleben, die diesen VE-Aufführungen Kraft verleiht.

Verbunden mit ihren Avatars wie Puppenspieler mit ihren Puppen, spielen und fühlen die Spieler durch sie. Virtuelle Marionetten werden vom Puppenspieler gebaut und zum Leben erweckt. Sie sind Masken einer idealisierten Identität, die es den Spielern erlauben, in einem wünschenswerten Licht aufzutreten und jene Aspekte ihrer Persönlichkeit zu verbergen, die weniger gut angesehen sind. Wie Sayekis kobitos sind digitale Avataras Extensionen der eignen Person, die man in eine VE schicken und für sich auftreten lassen kann. Es ist ihre starke Verbindung und Identifikation mit den Avatars, die ihren Erfindern erlaubt, durch sie zu fühlen, was »sie durchmachen«. Leichter als im traditionellen Puppenspiel können Spieler hinter mehreren Personen stehen, und sie können sie zur gleichen Zeit in verschiedenen Lebensräumen auftreten lassen.

Es ist an sich nichts Neues, daß Menschen in viele Charaktere schlüpfen können und Vergleichbares findet im Psychodrama für Erwachsene und in personalen Rollenspielen statt. Was im VE neu und anders ist, ist die Gleichzeitigkeit verschiedener Auftritte eines Spielers. Es ist so, als wäre man auf zwei Maskenbällen zur gleichen Zeit, oder als führte man zwei Unterhaltungen nebeneinander. Zusammen mit Turkle bin ich der Ansicht, daß digitale Instrumente der Fiktionalisierung, sozusagen angereicherte MUDS, Kindern wie Erwachsenen zu faszinierenden mentalen Erfahrungen verhelfen können und dazu beitragen, daß sie eine projektive Einbildungskraft entwickeln und ihre innere und äußere Welt aufbauen.

Wir fassen zusammen: Im VE können die Spieler etwas aus der Distanz erleben und dazu gleichzeitig eine Beziehung aufbauen. Sie können in einer relativ geschützten Zone Risiken eingehen. Der Gebrauch von Avatars erlaubt es ihnen, ihre Anonymität zu wahren, ihr Auftreten zu retuschieren und das Ausmaß ihres Engagements zu kontrollieren. Schließlich können sie verschiedene Versionen durchspielen oder faszinierende Szenarien über einen längeren Zeitraum entwickeln, weil sie die Möglichkeit haben, immer wieder zurückzukommen, ihr Gesicht zu wandeln, ihren Lebensraum, d.h. ihre Requisiten zu ändern. Wie im Spiel der Vorgeblichkeit variieren die MUD-Spieler den Ausgang und die Elemente einer Geschichte. Wie im Psychodrama interagieren sie vorbehaltlos mit anderen. Einzigartig am VE ist die Fähigkeit der Spieler, in vielen Dramen zugleich zu spielen oder viele Rollen in einem Drama zu übernehmen.

Konsequenzen für die Erziehung – Digitale Jugend und die Entwicklung von Schriftlichkeit

Der Übergang von der Mündlichkeit zur Schriftlichkeit ist für viele Kinder schwierig – nicht nur für solche, die mit überwiegend mündlichen Traditionen aufwachsen oder einfach in Haushalten ohne Bücher. Digitale Kinder, die zappen, am Telephon ein Schwätzchen halten oder on-line surfen, während Mama und Papa im Wohnzimmer lesen, finden es auch immer öfter »langweilig«, allein über das gedruckte Wort in die Schriftkultur gezwungen zu werden.

Aus der Sicht eines Kindes, das in die Welt des gedruckten Worts gelockt werden soll, ist dies eine ganz legitime Frage: Warum soll ich etwas schreiben, wenn ich es sagen kann? Warum etwas lesen, was man mir sagen kann? Für Erwachsene sehen die Dinge natürlich anders aus. Sie wissen, daß nur der Zugang zur Schriftkultur die persönliche und soziale Entwicklung fördert und daß die Fähigkeit des Menschen, Worte zu Papier zu bringen den Weg zu ganz neuen Formen der Argumentation eröffnet, die uns sonst verschlossen wären (Olson, 1994). Tatsächlich reagieren Erwachsene verärgert, wenn die Kinder ihre Leidenschaft für Bücher in Frage stellen oder auch die befreiende Wirkung von Literatur, an die so oft im Zusammenhang mit Alphabetisierung gedacht wird (Ackermann, im Druck).

Ongs Konzept einer *sekundären Mündlichkeit* zeigt die Auseinandersetzung zwischen Printophilen und Net-Bürgern in einem ganz neuen Licht: was es bedeutet, lesen zu können und wie man den Kindern dabei helfen kann. Sollten Kinder gedruckte Wörter lesen und produzieren? Kann elektronisches Schreiben, oft Infographik genannt, die Beziehung der Jungen zum geschriebenen Wort vertiefen?
Für Ong bringt der Übergang von der Mündlichkeit zur Schriftlichkeit zwar unschätzbaren Gewinn, aber auch große Verluste, die von Pädagogen, Forschern und Eltern, die selber mit dem gedruckten Wort aufgewachsen sind, meist übersehen werden (Ong, 1982). Schreiben ist ein kraftvolles

Instrument der Distanzierung, aber es trennt den Autor von seinem Leser, den Leser vom Ort der Handlung und das Wort von der Stimme. Der Druck ist kalt und stumm. Es meißelt Sprache in Stein. Sprache ist aber ein integraler Bestandteil menschlichen Ausdrucks, und sie akzentuiert die Handlung des Sprechers die sich »in situ« entfaltet. Sprache schlägt eine Brücke mit dem, was gesagt wird und wie es gesagt wird, vom Sprecher zum Angesprochenen. Sprache erlaubt es den Rednern, ihre Melodien zu spinnen, ihren Zuhörern zu antworten als Darsteller in ihrem eigenen Konversationsstück.

Die infographische Produktion von Kindern ist nicht selten hybrid und spiegelt ihre natürliche Neigung, die Welt in »hundert Sprachen« (Malaguzzi, 1987) darzustellen; das heißt, unbekümmert um Bastard-mischungen, zögern Kinder nicht, das Medium zu wählen, das ihre Ideen am besten vermittelt.

Die Forschungen von Bruckman (MOOSE Crossing) und Umaschi Beers (SAGE) haben gezeigt, daß man environments auf der Basis von Text oder Text/Sprache entwerfen kann, die Ongs »sekundäre Mündlichkeit« unterstützen. Sie können den Autor wieder mit seinem Publikum verknüpfen und jedermann zum Ort des Geschehens bringen. Lehr-materialien zum interaktiven Lesen von Geschichten und große Bücher, wie sie aus wachsender Sorge um die Alphabetisierung vorgeschlagen werden, sind Vorstufen eines environment für digitales Geschichtenerzählen. Die Frage bleibt: Sind solche Mischformen Brücken oder Barrieren für die neuerwachende Lust der Kinder an der Schriftlichkeit? Und wie hoch ist der Preis für sie?

MOOSE Crossing: Sag es, schreib es im Internet!

In den MUDS auf Textbasis unterhalten sich die Teilnehmer, tauschen Gesten und Gefühle in Realzeit aus – aber sie tun es schreibend. Sie beschreiben Orte – mit Worten. Sie benutzen typographische Konventionen, sogenannte Emotronen, um Körpergesten und Gesichtsausdruck zu ersetzen[2] . Onomatopoetische Ausrufe und Satzfetzen, die zu einer entspannten Haltung gehören, suggerieren genauso wie Rechtschreibfehler, daß diese neue »Schreibe« irgendwo zwischen schriftlicher und mündlicher Kommunikation liegt. Während die meisten Erwachsenen die wachsende Gleichgültigkeit der Jugendlichen gegenüber Rechtschreibregeln beklagen,

[2] Zum Beispiel ☺ bedeutet ein lächelndes Gesicht, ☹ ein trauriges Gesicht.

lernen sie tatsächlich – und das sollte man beachten – auf ganz anderen Wegen richtig zu schreiben. Wie viele von uns stellen sie ihren Word-Processor auf »Rechtschreibprüfung« und korrigieren unterstrichene Worte, während sie weiterschreiben. Manchmal finden sie die richtige Schreibung selber. Manchmal schauen sie nach. In jedem Fall lernen sie ohne Mühe mit diesem Befehl eine ganze Menge.

»Die neunjährige Lynn liebt es zu schreiben«, sagt Amy Bruckman, die MOOSE Crossing entworfen hat, ein V.E. auf Textbasis für das Internet. »Im letzten Jahr hat sie eine Schlange gebaut, die sich schlängeln kann, ein Luftblasenrohr, das viele verschiedenartige Blasen produziert, eine Puppe, die sich beklagt, wenn man sie fallen läßt, ein Pflanzengeschäft ... all diese Objekte werden mit Wörtern und Programmen gebaut. Lynn ist sehr stolz auf ihre Kreationen und sie spricht über sie gerne und mit Kindern aus aller Welt.« (Bruckman, 1998)

Die Erfahrungen von Lynn und 200 weiteren Kindern, die am MOOSE Crossing Projekt teilnahmen, stellen unsere traditionellen Vorstellungen über Schriftlichkeit in Frage. In diesem environment werden Worte und Programme eng verknüpft. Wörter werden benutzt, um Dinge zu beschreiben, und für Befehle, die interessante Ereignisse auslösen. Geschriebene Worte sind nicht länger Kritzeleien auf Papier, eine leblose Spur, die Sprache »verdoppelt« – und uns manchmal überflüssig erscheint, weil wir ja ohnehin wissen, wie wir sie sprechen. Nun aber lösen Wörter Aktionen und Ereignisse aus. Während das Schreiben- und Lesenlernen sonst meist eine einsame Angelegenheit ist, sind die Erfahrungen der Kinder bei MOOSE Crossing in ein Netz von sozialen Beziehungen eingebettet. Hier hat das Schreiben viele Autoren, ist ephemer und ergibt eine Kette von verbalen Befehlen, mit denen man die Welt verändert; und alles passiert vor Ort.

SAGE: ein interaktives environment zum Erzählen und Schreiben von Geschichten.

In mündlichen Traditionen interagieren die Produktionsbedingungen (wie der Geschichtenerzähler erzählt) und die Aufnahmebedingungen (wie das Publikum zuhört) miteinander, so daß sich eine Geschichte entfalten kann. Im Reich der gesprochenen Sprache können Kinder mit großer Leichtigkeit die Kunst der Konversation erlernen; aber erst wenn sie einige Jahre lesen und schreiben gelernt haben, wird ihnen die Notwendigkeit bewußt, ihre Texte auf die Leser hin zu schreiben. Umaschi Beers hofft, daß hybride

Erzählmedien, die Text und Sprache kombinieren, Kindern dabei helfen, einige der pragmatischen Dimensionen für den Aufbau von Geschichten wiederzufinden, die durch die Schriftkultur verlorengegangen sind.
Umaschi Beers entwarf SAGE (Storytelling Agent Generation Environment), einen textgestützten Baukasten für Kinder, mit dem sie auf ihre eigene Weise Geschichtenerzähler schaffen und mit denen sie erzählend und zuhörend interagieren können.

In SAGE, einer Art digitalem Puppentheater, benutzen und entwerfen Kinder ihre eigenen Geschichtenerzähler. Sie interagieren in einer Text/Sprache Konversation mit existenten Charakteren und mit ihrem Repertoire von Geschichten. Sie können auch ihre eigenen Charaktere erschaffen. Um einen glaubhaften Geschichtenerzähler zu erfinden, müssen sie für ihn einen Kontext finden. Sie müssen planen, was er sagen wird, welche Ausdrücke er verwendet, sie müssen ihm etwas Hintergrundinformation über seine Person geben, eine Konversationsstruktur zugrundelegen und Bedingungen schaffen, in denen der Austausch von Geschichten erfolgen kann. So sagte Umaschi beispielsweise, wenn der Charakter ein jüdischer Rabbi sei, der über ein Repertoire von chassidischen Geschichten verfüge, müsse die Konversation einige religiöse oder existentielle Fragen enthalten, und wer die Geschichte erzähle, müsse das in einer respektvollen Haltung tun. Wenn der Geschichtenerzähler aber ein berühmter Basketballspieler ist (wie ihn ein 10jähriger Junge eingeführt hat), ändert sich der Charakter dieser Begegnung drastisch.

SAGE ist ein Beispiel für ein computergestütztes environment zum Geschichtenerzählen, das die Integration von Schriftlichkeit und Erzählpragmatik erleichtert. Wenn sie mit SAGE arbeiten, erfinden und interagieren Kinder mit unterschiedlichen Figuren von Geschichtenerzählern und setzen sie in den Kontext eines Gesprächs.
Dies ist eine nützliche Übung , die das Verständnis der Kinder für die verschiedenen Gesetzmäßigkeiten weckt, die unsere Kommunikation regieren.
Fassen wir zusammen: textgestütztes Geschichtenerzählen und environments für Rollenspiel, environments, die leicht vom Text zur Sprache wechseln (z.B. ein Wort tippen und Klänge auslösen) oder Text als Befehl verwenden (z.B. getippte Befehle zur Unterweisung oder Führung einer digitalen Schildkröte) – all das kann genutzt werden, um den Sinn der Kinder für Schriftlichkeit zu beleben.

Schlußfolgerungen

Verschmelzung und Trennung sind zwei Pole eines Kontinuums, die zu leicht als Gegensätze oder als Abfolge in einem Entwicklungsprozeß gesehen werden. Wir haben in diesem Aufsatz die Ansicht vertreten, daß unsere Fähigkeit, uns in die Schuhe oder das Denken eines anderen zu versetzen, d.h. die Perspektive und die Rolle zu wechseln, zugleich Verschmelzung und Entkoppelung verlangt, weil wir gleichzeitig »da« und »nicht da« sein müssen, als Beteiligte und als distanzierte Beobachter. Verschmelzung geht der Entkoppelung nicht voraus, sie begleitet sie.

»Was wäre wenn?« zu spielen oder die Fähigkeit, so zu tun »als ob«, d.h. einen Dialog zu führen zwischen dem, was ist, und dem, was sein könnte, ist das Instrument, mit dem Kinder und Erwachsene gleichermaßen die schwierige Balance halten zwischen Eintauchen und Auftauchen. Spiel ist ein wichtiger Aspekt des menschlichen Lernens von der Identitätsfindung bis zur Konstruktion von Welterfahrung.
Eric Erickson hat Spiel definiert als eine Spielzeugsituation, in deren Unverbindlichkeit wir uns zeigen und engagieren dürfen. Spiel operiert in einem Übergangsraum (Winnicott, 1989), zwischen dem Ich und der Welt, getrennt vom Ich und doch unter seiner Kontrolle und v.a. flexibler als die Welt sonst, wo das Kind Risiken eingehen darf, weil es sicher ist.
Der Grundgedanke dieses Aufsatzes war es, nützliche Ausdrucksformen in der Vorgeblichkeit aufzuzeigen, beim Tun »als ob« und neu zu bedenken, wie wir Symbole gebrauchen, was wir mit Darstellung – *representation* – bezwecken.
Ich untersuchte, wie das Handeln »als ob« und das Spielen, »was wäre wenn«, das menschliche Gespräch mit und durch Artefakte prägen. Wir haben erwogen, wie Kinder und Erwachsene von ihrer Fähigkeit profitieren, sich in ihren symbolischen Kreationen einzurichten und Symbole als eigenständige Objekte zu behandeln. Um meine Thesen zu stützen, präsentierte ich eine Reihe von Lernbeispielen oder Lernenvironments, die ebenso dazu dienen, die eigene Welt zu schaffen wie sich in ihr einzurichten.

Lassen Sie mich abschließend auf zwei Einsichten hinweisen, denen Entwicklungsforscher und Erzieher m.E. mehr Aufmerksamkeit schenken dürften.

Zunächst: Die Fähigkeit des Menschen Signifikanten und Signifikate zu verschmelzen und Signifikanten als Objekte von eigenem Wert zu betrachten, ist auch wirksam in der Heuristik des kreativen Umgangs mit Symbolen. Ihre Rolle beim Aufbau von Wissen und in wissenschaftlicher

Arbeit ist – als primitiv und Verwirrung stiftend – weithin und krass unterschätzt worden.
Eine zweite Anregung: Man möge sich mehr mit der Bedeutung eigenaktiver Darstellungen befassen, vom Spiel in der Vorgeblichkeit bis zum französischen »simulacre« und dem Simulationsspiel.

Es fällt auf, daß das französische Wort »simulacre« und Simulation sehr ähnlich klingen. In beiden Fällen wird ein Szenarium, eine Folge von Handlungen ausagiert, die aus ihrem gewohnten assoziativen Kontext gelöst sind. Mehr noch, Szenarien werden nicht nur beschrieben wie in Texten oder Zeichnungen, sie erfahren einen Durchlauf, sie werden wie am Rechner durchgeführt. Von Objekten-mit-denen-man-denkt (Papert, 1980) werden sie zur Verkörperung von Operationen, und man neigt dazu, mit ihnen Beziehungen aufzubauen wie mit Partnern mit denen man eine Aufgabe teilt (Ackermann, im Druck).

Der Unterschied zwischen beiden ist nur das Medium, in dem diese Aufführung läuft. In simulacres und Ritualen ist das Medium der menschliche Schauspieler oder die Extension eines Schauspielers. In Simulationen ist das Medium ein von Menschen produziertes Artefakt, eine Maschine oder ein Programm, die eine Sequenz von Operationen an ihrer Stelle durchführen. Simulationen müssen nichts abbilden, was existiert. Es ist ihre Spezialität, Operationen durchzuführen, die nur in Sprache oder Zeichen dargestellt worden sind.
Unsere Vorstellungen davon, was Modelle sind und was sie leisten können, ändern sich grundlegend angesichts von Computerobjekten, die nach Programmen funktionieren, von Modellen dynamischer Interaktionen und von simuliertem Verhalten. Mehr als in der Vergangenheit räumt man der performance und der Simulation einen neuen Platz neben der Sprache ein. Es wird Zeit für Erzieher und jeden, der die kognitive Entwicklung erforscht, sich dem zu stellen und unsere Vorstellungen zu überprüfen.

Literatur

Ackermann, E. (In Press): »Enactive representations in learning: pretense, models, machines«. In *Learning Sites: Social and Technological Contexts for Learning* (J. Bliss, P. Light, & R. Saljo, Eds) Elsevier Series: Advances in Learning and Instruction

Ackermann, E. (1993): »Systèmes de notations chez l'enfant: Leur place dans la genèse de l'écrit«. In *Entretiens Nathan 3: Parole, Ecrit, Image.* Paris: Editions Nathan, 51-69

Bruckman, A. (1997): MOOSE Crossing: Construction, community, and learning in a networked virtual world for kids. PhD. Dissertation. Cambridge, MA: MIT Media Laboratory

Iser, W. (1987): »Representation: A performative act«. In (Krieger, Ed.) *The aims of Representation: Subject/text/History.* New York: Columbia University Press. Reissued (1993). Stanford, CA. Stanford University Press

Kegan, R. (1982): *The Evolving Self.* Cambridge, MA: Harvard University Press

Lakoff, G. (1993): »The contemporary theory of metaphor« In *Metaphors and Thought* (Ed. A. Ortony). Cambridge University Press. pp. 202-252

Malaguzzi, L. & Al. (1987): »*I cento linguaggi dei bambini: Narrativa del possibile. Proposte di bambini delle scuole comunali dell'infanzia di Reggio Emilia*«. Catalog for an exhibit. Reggio Emilia, Italia

Nemirovsky R., and Monk, S., (1998): »If you look at it the other way: An exploration into the nature of symbolizing«. In:Cobb, Yackel, and Mc Clain (Eds.) *Symbolizing and Communicating in Mathematics Classrooms: Perspectives on Discourse, Tools, and Instructional Design*. Mahwah, NJ: Lawrence Erlbaum

Olson, D. (1994): *The World on Paper.* London: Cambridge University Press

Ong, W. (1987): Oralität und Literatur. Die Technologisierung des Wortes. Opladen

Papert, S (1980): *Mindstorms: Children, Computers, and Powerful Ideas.* New York: Basic Books

Perner, J. (1993): *Understanding the Representational Mind.* Cambridge, MA: MIT Press. A Bradford Book

Piaget, J. (1969): Nachahmung, Spiel und Traum. Die Entwicklung der Symbolfunktion beim Kinde. Bd. 5, Stuttgart: Klett

Sayeki, Y. (1989): *Anthropomorhic Epistemology.* Unpublished Paper. Laboratory of Comparative Human Cognition. University of California. San Diego

Smith B. (1991): *Dwelling in the Drawing: An inquiry into actual movement, imagined movement, and spatial representation.* Unpublished Paper. Cambridge, MA.: MIT School of Architecture

Tierney, C., Nemirovsky, R., Wright, T., and Ackermann, E. (1993): »Body motion and children's understanding of graphs«. In (J.R. Becker & B.J. Pence Eds.) Proceedings of the XV Annual Meeting of the North American Chapter . *International Group for the Psychology of Mathematics education.* 1.pp. 192-198

Turkle, S. (1998): Leben im Netz. Identität in Zeiten des Internets. Reinbek

Umaschi Beers, M. (1996): »SAGE Storytellers: Learning about Identity, Language and Technology«. Published in *Proceedings of ICLS '96* , AACE, 526-531

Umaschi Beers, M., Ackermann, E., and al. (1998): – Interactive Storytelling Environments: Coping with Cardiac Illness at Boston's Children's Hospital. In *Proceedings CHI98 Human Factors in Computer Systems*. 603-610

Winnicott, D.W. (1985[3]): Vom Spiel zur Kreativität. Stuttgart

Lernimprovisationen und Erfahrungswelten:
Zwei Fallstudien eines offenen Literaturunterrichts

Herta-Elisabeth Renk

Die Prinzipien eines offenen Unterrichts sind keineswegs neu. Schon Sokrates hat sie praktiziert. »Kein Grund, die Schule neu zu erfinden, alles schon mal dagewesen!« Wirklich? Warum findet man sie dann so selten im Schulalltag? Warum spiegeln sie sich nicht in unseren Lehrplänen und Prüfungen, in den Unterrichtsmodellen, mit denen Referendare und Praktikanten traktiert werden? Vielleicht liegt es einfach daran, daß gute Intentionen noch lange nicht die Mittel bereitstellen, mit denen man sie erreichen kann. Was fehlt, ist die Anbindung einer neuen Praxis an die Theorie; so münden manche idealistische Vorgaben eben im alten Unterrichtstrott.

Das Folgende skizziert den Versuch, jungen Lesern mit anderen Kommunikationsformen ihren eigenen Zugang zur Literatur zu öffnen; genauer zu Brechts »Das Leben des Galilei« an drei Vormittagen.

1. Konstruktivismus als Unterrichtsprinzip – was heißt das eigentlich?

Nun, zunächst ist es nur ein -ismus mehr, der nicht verrät, was er Neues bringen kann; aber offenbar ist es kein Unterricht, der vorhandene Kategorien präsentiert und abfragt, weil er an ihre universelle Übertragbarkeit glaubt; was die meisten Lehrpläne, Studien- und Prüfungsordnungen tun, die sich auf die Qualität des exemplarischen Lernens berufen. Die Schule ist eine öffentliche Einrichtung, die Qualifikationen und Berechtigungen verteilt, und so muß sie ihre Bildungsinhalte rechtfertigen; private Erfahrungen gelten da nicht viel. So wird Brecht als wichtiger Autor der Moderne geführt, sein Stück als formales Modell für modernes oder episches Theater (auch wenn letzteres nicht zutrifft). Die Themen des Stücks erscheinen nach wie vor aktuell, wie der Konflikt zwischen individueller Freiheit und moralischer Verpflichtung, von Glauben (oder Ideologie) und

Freiheit des Denkens, von Fortschritt und Tradition. Wie unterschiedlich ihre Perspektive auf das Stück und seinen Verfasser auch sein mag, alle Unterrichtshilfen gehen stets von der kategorialen Übertragbarkeit des hier Gelernten auf andere Autoren und Dramen aus. Die kategoriale Übertragbarkeit der gelernten literarkritischen Techniken soll ohne Rücksicht auf das interpretierende Subjekt nachvollziehbar und benotbar sein. Dies ist die selbstverständliche Konsequenz eines exemplarischen Literaturunterrichts – in der Schule ebenso wie in universitären Grundkursen und Proseminaren. Rusch (Rusch, 1997) hat sich die Mühe gemacht, im Detail zu zeigen, daß dieses Lernziel nicht erreichbar ist, daß die Schüler immer nur ihre Lehrer imitieren. Aber ist das nicht ohnehin den meisten Lehrern – stillschweigend – bewußt? Lernziele spiegeln, und das gewiß nicht nur in Deutschland, einen Wissenskanon, der zum kulturellen Konsens gehört, aber fast unausweichlich überholt ist, wenn er als offizielle Vorgabe die Schulen erreicht.

Tatsächlich gibt es in Literatur und Theater nur wenig »objektive Fakten«. Man kann unterscheiden zwischen einer Welt, wo Objekte unabhängig von der Wertung des Betrachters existieren, und einer, wo sie erst durch den Betrachter zu dem werden, was sie dann für ihn sind. Ein Berg ist ein Berg und kein Tal und bleibt es, auch wenn ihn Jahrtausende niemand ansieht. Der Olymp als Sitz der Götter aber existierte nur für den gläubigen Griechen. Fiktionale Texte und Theater gehören fast ganz in die zweite Kategorie, denn sie sind für Publikum gedacht und werden erst vervollständigt durch das, was Leser oder Betrachter aus ihnen machen. Sie sind überdies darauf angewiesen, daß sich der Betrachter auf die stillschweigende Vereinbarung der Vorgeblichkeit einläßt, in der er eine Erzählung, ein Gedicht, ein Bühnengeschehen als temporäre »Wirklichkeit« akzeptiert. Ohne Betrachter gibt es überhaupt kein Theater; und ohne einen Leser, der Literatur auf sich und seine Welt bezieht, gibt es auch keine lebendige Literatur.
Tatsächlich sucht und findet jeder in einem literarischen Text etwas anderes. Die Fülle der literarkritischen Methoden, die unbestrittene Polyvalenz von Texten demonstrieren nur, wie vielfältig und subjektiv diese literarischen Erfahrungen sind und wie sehr sie zugleich ein existentielles Bedürfnis befriedigen.

In der Schule wird Literatur auf abprüfbares Wissen reduziert, weil Lehrer Noten brauchen und der Unterricht seine kategoriale Qualität. Das hat

Gründe, die die Unterrichtenden mit gesundem Menschenverstand und gutem Willem nur teilweise kompensieren können, v.a. dort nicht, wo es um Noten geht, die man womöglich vor einem Verwaltungsrichter verteidigen soll. An die Stelle von literarischen Erfahrungen tritt gelerntes Wissen. Doch wenn Literatur nicht mehr existentielle Erfahrung auslösen darf, wird sie marginal und überflüssig. Das ist denn auch die Meinung vieler Schüler und mancher Lehrplanmacher: Wozu brauchen wir den schöngeistigen Kram? Wird diese Frage erst einmal gestellt, ist der Literaturunterricht in dem, was er leisten sollte – der Hinführung zu persönlicher literarischer Erfahrung – bereits gescheitert.
Dabei könnte Schule zusätzlich anbieten, was dem individuellen Leser in seiner Vereinzelung versagt ist: die persönliche Erfahrung im Austausch mit anderen zu spiegeln, zu benennen, zu vertiefen.

Noch einmal also: Wie sollte, wie kann sich das ändern, und welche Hilfestellung kann dabei das konstruktivistische Paradigma leisten?

Schule sollte sich befreien vom Wahn des kategorialen Lernens, einem unsinnigen Objektivitätskult. Bildung hat nicht nur mit dem Teil der Welt zu tun, der unabhängig vom Betrachter objektiv existiert, sondern vor allem damit, wie der Betrachter wertend seine Welt gestaltet. Unsere Kulturgeschichte, unsere Zivilisation, unser Umgang mit Kulturtechniken wie Literatur, Musik, Theater sind keine objektiven Gegebenheiten, sondern subjektive Leistungen. Auch ihre historische und ästhetische Interpretation basiert auf subjektiver Erfahrung.
Der Sinn von Literaturunterricht kann nicht darin liegen, das wenige Objektivierbare an Literatur einzutrichtern; er sollte vielmehr den Schülern den Zugang zu eigenen literarischen Erfahrungen öffnen und im übrigen ein Forum des Austauschs anbieten.

2. Lernen und die Welten der Vorgeblichkeit in Literatur und Theater

Daß Kognitionstheorien, wie sie Maturana und Varela vorgelegt haben, nicht vom Himmel der Theorie gefallen sind, sieht man schon daran, daß sie auch in Bereichen anwendbar sind, an die diese Autoren kaum gedacht haben. Was sie über die Aneignung der Alltagsrealität sagen, gilt fast ohne Abstriche auch für die Aneignung der fiktiven Kunstrealität. Ich benutze dafür gerne den Terminus der Vorgeblichkeit; denn imaginiert, konstruiert ist letztlich jede unserer Welten – die Kunst jedoch nutzt bewußt die Vorgeblichkeit zu größerer Freiheit der Weltschöpfung. Man kann diese Vorgabe auch umschreiben mit »so tun als ob« – d.h. so tun, als ob es wahr wäre. Aber sehr glücklich ist diese Differenzierung nicht, weil sie die Vorstellung impliziert, es gäbe so etwas wie die wahre Realität und die erlogene Kunstwelt. Vaihinger, der diesen Ausdruck eingeführt hat, interessierte sich denn auch nur am Rande für Kunst, Literatur und Theater (Vaihinger, 1911). Wir wissen, daß die Wahrheit der Dichtung oft mehr erklärt als der erlebte Zufall des Alltags. Wer einen Behördengang »kafkaesk« nennt, nutzt die literarische Erfindung zum Ausdruck eigenen Erlebens.

Das heißt nichts anderes, als daß die Weltaneignung im Lernprozeß weitgehend nach den gleichen Regeln abläuft wie die Aneignung der vorgeblichen Welten von Literatur und Theater. Die literarische Rezeption spiegelt schon den Lernprozeß, den der Lehrer anleiten soll.
Hier sind einige besonders augenfällige Punkte dieser Übereinstimmung.

2. 1 Lernen ist situativ

Der Organismus wird stimuliert durch eine konkrete Situation, macht eine neue Erfahrung und integriert sie in das, was Maturana the »praxis of living« nennt. Da diese bei jedem Menschen eine andere ist, ist auch die Qualität der neuen Erfahrung persönlich und nicht prognostizierbar. »Wissen ist folglich ein ständig ablaufender Verstehens- bzw. Interpretationsprozeß, der nicht in irgendeiner angemessenen Weise als Menge von Regeln und Annahmen eingefangen werden kann, da er von Handeln und Geschichte abhängig ist und da man in ihn nur durch Nachahmung und aktive Mitgliedschaft hineinwachsen kann.« (Varela, 1990, 96)
Dieser Satz ließe sich ohne Einschränkung auf das Lesen von Romanen übertragen, denn **das Lesen von Literatur ist auch situativ**; wir reagieren auf Reize aus imaginierten Situationen: auf Menschen, ihre Handlungen und Beziehungen, auf Räume, Stimmungen und Valeurs, auf einen lyrischen Moment, den ein Sprecher aufklingen läßt, auf einen Erzähler und die Art, wie er mit uns umgeht. Wir werden in die Welt eines anderen hineingebeten – und je intensiver wir sie ergreifen, um so aufregender wird unsere Lektüre.

Der Gestaltpsychologe F. Perls hat Patienten und Schülern beigebracht, in ihre Träume hineinzugehen, sie intensiv zu ergreifen und so wichtige Einsichten aus ihnen zu ziehen (Hefferline, Goodman, 1981). Damit ist durchaus vergleichbar, wie wir in einen Roman, ein Gedicht, ein Drama oder eine Oper hineingehen, uns in ihrer Welt bewegen wie an einem anderen Ort – oder wie in einem Traum. Doch es wäre naiv zu glauben, daß jeder diese Kulturtechnik beherrscht, auch wenn wir dieses Unvermögen wohl erworben haben. Kinder spielen ohne Regisseur und Dramaturg und leben ganz problemlos in der Spielsituation, die sie sich ausgesucht haben.

2. 2 Die Reaktion auf Situationen – auch literarische – ist ganzheitlich und aktiv

Wir reagieren auf eine Situation, ob fiktiv oder alltäglich, mit unserer ganzen Person. So wie der Zen-Maler zuerst »der Zweig wird, den er malen will«, so wie der Musiker mit seinem Körper den Klang, den Rhythmus, das Tempo, den Ausdruck empfindet und herstellt, so wird der Leser mit seinem Kopf genauso wie mit seinem Körper literarische Welten imaginieren. Varela beschreibt das so: »We propose as a name the term enactive to emphasize the growing conviction that cognition is not the representation of a pregiven world by a pregiven mind but is rather the enactment of a world and a mind on the basis of a history of the variety of actions that a being in the world performs. The enactive approach takes seriously, then, the philosophical critique of the idea that the mind is a mirror of nature but goes further by addressing this issue from within the heartland of science.« (Varela, Thompson, Rosch, 1992, 9)

Körperliche Empfindungen und Vorstellungen bestimmen unsere Erfahrung von Literatur. Wie sollte es auch anders sein? Physische Elemente sind ein wesentliches Element dessen, was da gedruckt vor uns liegt, und wir können es nur zum Leben erwecken, wenn wir es mit unserem Körper lesen. Rhythmik, Motorik und Phrasierung von Prosa oder Poesie, das Spiel der Klänge, der Härten und Melodien einer Sprache, der sinnliche Reiz der Bilder, die unseren Geschmack, unseren Geruch, unser Raumgefühl, die Sensibilität unserer Haut für Stoffe und Materialien ebenso ansprechen wie unsere erotischen Verführbarkeiten – das wirkt in literarischen Welten gebündelter, intensiver, als es der Alltag in der Regel zuläßt. Wir vergessen über der literarischen Analyse des gedruckten Worts zu oft die Sprache, über der Sprache ihre Verschmelzung mit Gesang, Musik und Bewegung, die sich sogar eigene Gattungen geschaffen hat: »il dramma lirico«, das Musiktheater, das Lied, das Epos, das Tanzdrama.

Das bedeutet aber, daß wir nicht wirklich lesen können, ohne körperlich aktiv zu werden. Literatur-Rezeption ist bei weitem nicht so passiv und untätig, wie es scheint. Wie Edith Ackermann zeigt, hilft es sogar dem Jung-Mathematiker, »sich in eine Kurve zu legen«, um Kurven besser zu verstehen. Mangelnde Sensibilität für Literatur ist oft nichts anderes als unsichere Sinnlichkeit, unentwickeltes Körpergefühl und zuwenig Mut, sich auf solche Facetten der eigenen Person einzulassen. Deshalb hat aktive künstlerische Beschäftigung und Analyse in allen Hochkulturen seit jeher zum Erziehungsprogramm und Reifungsprozeß einer Persönlichkeit gehört. Erkennen ist Handeln: »Willst du erkennen, lerne zu handeln!« lautet Heinz von Foersters »ästhetischer Imperativ«. Für den Lehrer noch wichtiger ist vielleicht sein »ethischer Imperativ«: »Handle stets so, daß weitere Möglichkeiten entstehen« (Watzlawick, 1991). Auf der ersten Ebene verlangt das vom Lehrer, die impliziten Handlungsanteile von Sprache und Literatur wieder zur Geltung zu bringen; auf einer zweiten, das Potential eines Kunstwerks nicht zu verengen, sondern vielmehr so reich als möglich zu entfalten.

2. 3 Die Reaktion – auch auf eine literarische Situation – ist selektiv

Varela meinte, »daß die größte Leistung der kognitiven Prozesse von Lebewesen darin besteht, innerhalb weit gezogener Grenzen die entscheidenden Probleme zu erfassen, die in jedem Augenblick des Lebens bewältigt werden müssen. Diese Probleme sind nicht vorgegeben, sondern werden handelnd erzeugt (enacted), aus einem (Hinter-Unter)Grund hervorgebracht (brought forth). Was wichtig ist, wird vom gesunden Menschenverstand mit Bezug auf den Handlungszusammenhang bestimmt. Diese Begriffe des Hervorbringens, der Erzeugung durch Handeln (bzw. des Handlungsvollzugs) gehören zwar zum gegenwärtigen Sprachgebrauch, sind aber in diesem Diskussionszusammenhang nicht unmittelbar verständlich. In diesem Kapitel möchte ich die Bedeutung dieser Begriffe klarstellen, indem

ich sie sowohl theoretisch als auch anhand konkreter Beispiele erörtere.« (Varela, 1990, 90)
Wir befinden uns eben nicht alle in derselben Situation, wenn wir lesen; sondern in der, die unseren Bedürfnissen, unserer Vorerfahrung entspricht, und wir schieben anderes solange beiseite, bis uns die Logik des Textes zu einer Revision zwingt. Diese Unterscheidung von Vorder- und Hintergrund ist entscheidend für die individuelle Rezeption von Literatur.
Sie müßte im Unterricht erkennbar werden, wenn zunächst individuell unterschiedliche Erfahrungen und dann ein Austausch über sie gelingen soll. Nun ist es den meisten Menschen unmöglich, über etwas zu reden, was ihnen so selbstverständlich ist, daß es kaum in ihr Bewußtsein dringt. Lernimprovisationen aber bringen zum Vorschein, auf welches Denken, welche Affektivität eine literarische Situation bei den Spielern trifft. Oft wird so dem einzelnen überhaupt erst bewußt und artikulierbar, was er denkt und fühlt. Auch eine Veränderung von Vorstellungen und Gefühlen setzt in der Regel ihre Artikulation voraus. Als die Studenten in Lima zu ihrer eigenen Überraschung erkannten, daß sie sich keine Situationen eines vernunftgeleiteten Handelns denken konnten, war das ein Moment, in dem in ihr Bewußtsein trat, was sie (und ihre Reaktion auf Brechts Stück) entscheidend prägte, was sie aber vorher nicht hätten äußern können.

2. 4 Das situativ Gelernte verlangt einen Ausdruck: die Rolle der Metaphorik

Das situativ Gelernte verlangt nach einem konkreten Ausdruck der neuen Erfahrung – auch das gehört zu den neurologisch abgeleiteten Grundannahmen des Konstruktivismus.
Nun werden Situationen ganzheitlich und vieldeutig erlebt und lassen sich nicht ohne Abstriche auf einen Begriff bringen. Sie sind sozusagen Metaphern der Bedeutung, die wir einer Situation beimessen. Wenn die Ingolstädter Gymnasiasten für ihre venezianische Eliteschule einen Karnevalswagen entwarfen, suchten sie nach einem Bild, einer Metapher für die Lebenslust von Superhirnen.
Eine Geschichte oder eine Situation ist nie identisch mit der Botschaft, die ihr der Leser entnimmt. Warum sollte ein junges Mädchen sich für Shakespeares »Coriolan« oder »King Lear« interessieren? Diese Geschichten

liegen weitab von seinem eigenen Leben, und wenn sie dennoch faszinieren, dann nur, weil sie Aussagen transportieren, die weit über die Probleme eines römischen Generals oder eines herrischen Greises hinausgehen. *Was* sie dem Mädchen sagen, wissen wir nicht, und vielleicht ist es auch ihm selber nicht bewußt. Aber wer diese Werke auf eine bestimmte Botschaft festlegt, reduziert unweigerlich ihr Potential, den einzelnen zu berühren.

Und genau das ist es, was der Literaturunterricht mit literarischen Werken veranstaltet: Die ganzheitliche Vielfalt der literarischen Situation, die symbolische Qualität von Geschichten und Figuren wird auf einen abstrakt-analytischen Nenner gebracht. So verliert Literatur ihr Geheimnis, in dem sich jeder anders wiederfinden kann.

Im übrigen fällt es gerade jener Minderheit, die sich intensiv in ein Werk versenken kann, oft nicht leicht, das mit der geforderten Begrifflichkeit des Unterrichtsgesprächs zu verbinden; besonders dort, wo die Vorstellung des Lehrers von ihrer abweicht, müßte sie allein und ziemlich schnell Bilder, Eindrücke, Details auf einen präzisen Begriff bringen und gegen ein stehendes Unterrichtskonzept verteidigen. Wer erst gar kein Texterlebnis hat, kann dagegen unbeschwert die Vorstellungen des Lehrers erraten und reproduzieren; und er wird dafür belohnt, weil alles läuft, wie es der Lehrer geplant hatte.

So wie die Erfahrung aus der ganzheitlichen Reaktion auf eine Situation entstand, so wird auch dieser Ausdruck der Erfahrung verknüpft mit der eigenen Sinnlichkeit und Körperlichkeit. Im Prinzip ist die analytische Reflexion einer Erfahrung ein Gewinn, aber nicht, wenn Erfahrung durch Analyse ersetzt wird.

So wie der Lehrer ganzheitliche Erfahrungen auslöst, so sollte er sie zunächst auch metaphorisch-ganzheitlich darstellen und reflektieren lassen. Die wichtigsten Erfahrungen der Brecht-Lektüre kamen für beide Gruppen überraschend; sie hätten sie nie zu Beginn der Lektüre formulieren können.

Soweit – so theoretisch: Doch wie soll der Lehrer die Erfahrungen eines Textes erlebbar, darstellbar und schließlich auch diskutierbar machen?

Im Augenblick wird das Problem meist umgangen: Die Lektüre wird als Hausaufgabe aus der Schule ausgelagert, wo man dann weitgehend analytisch über etwas redet, was als Leseerfahrung bei den meisten gar nicht vorhanden ist. Wieviele Schüler haben ein Drama, eine Novelle schon gelesen, wenn die Besprechung beginnt? Das liegt ganz wesentlich auch daran, daß viele gar nicht wissen, wie man liest, wie man literarische Welten imaginiert. Jeder, der mit Schülern oder Studenten Theater gespielt hat, weiß aus eigener Erfahrung, wie wenig Vorstellungen die meisten zunächst mit Texten verbinden – und wie rasch sie dazulernen. Dies ist vielleicht die einzige Kulturtechnik, die Literaturunterricht wirklich lehren sollte: die Fähigkeit, sich in imaginierte Welten zu begeben und dort anderem Leben ebenso wie unserem eigenen zu begegnen.

3. Erfahrungen machen mit Literatur: Konstanten und Variable der Interpretation

Das Folgende liefert kein Unterrichtsmodell, sondern Fallstudien, wie das gleiche Brecht-Stück auf zwei Kontinenten in jeweils dreimal drei Stunden mit Schülern/Studenten zwischen 17 und 24 erarbeitet wurde: unter konkreten Bedingungen, die genausowenig wiederholbar sind wie die Brecht-Lektüre, die sich so entfaltete.
Wiederholbar sind allenfalls meine Vorüberlegungen und die Prinzipien dieser Arbeit, doch würde ich jedes Mal etwas andere Formen suchen, um das aufzunehmen, was ich spüre und allmählich auch zu Gesicht bekomme.

Aber Improvisation bedarf eines konstanten Rahmens, in dem sie sich entfalten kann. Zu diesen Konstanten gehört die Vorentscheidung, um wessen Textbegegnung es geht, die des Lehrers oder die der Schüler. Da es mein oberstes Ziel ist, daß die Schüler selber lernen zu lesen, sich auf Literatur einzulassen, muß ich mich für ihre Perspektive auf ein Werk entscheiden. Das ist in der Praxis gar nicht so selbstverständlich.
Schließlich hat der Lehrer eine ganze Menge gelernt und findet sicher nicht zu Unrecht, daß er einiges davon »rüberbringen« sollte. Er kennt Methoden der Textanalyse, die Interpretationsgeschichte wichtiger Werke, weiß um ihren historischen, formalen und thematischen Hintergrund, sieht den Einfluß von Gattungen, Epochen und Moden. Er weiß auch, daß seine ungeschulten Leser vieles »nicht richtig verstehen« werden: Wörter, Wendungen, Begriffe, Sachverhalte, Philosophien, ästhetische Spielregeln. Es ist schon verlockend, daraus Lernziele zu basteln, die sich sauber und logisch in ein Unterrichtsschema fügen. Was soll daran falsch sein? Und kann nicht ein kenntnisreicher, von seiner Sache begeisterter Lehrer auch die Schüler enthusiasmieren?

Nur sind solche Unterrichtsmodelle eben Solokonzerte des Lehrers, wo der Schülerchor begleitend antwortet, aber selten eine neue Melodie einführt. Literarische Erfahrung vermitteln sie allenfalls indirekt, wenn der Schüler erkennt, welch intensiven Bezug der Lehrer selbst zu einem Werk entwickelt. Man kennt solche Stunden aus der eigenen Schulzeit – und es waren nicht die schlechtesten. Aber sie zeigen dem jungen Leser nicht, wie er zu seinem eigenen literarischen Erlebnis kommt; so kann er oder sie nur den Lehrer imitieren. Und wenn wir uns einig sind, daß es vor allem an diesem persönlichen Zugang zur Literatur mangelt, dann muß man eben aus der Solonummer des Lehrers ein Konzert für Orchester machen und die Literaturbegegnung der Schüler zum Thema der gemeinsamen Jam-Session.

Dies allerdings erfordert neue Methoden des Unterrichts, die den Ansprüchen nach Ganzheitlichkeit, individueller Selektivität und Aktivität genügen, und dazu sind andere Kommunikationsformen erforderlich als das traditionelle Unterrichtsgespräch. Es ergeben sich neue Lernziele, der offene Erfahrungsprozeß selber erhält die oberste Priorität und nicht eine vorher definierte Interpretation. Zuletzt müßte man bei diesem Unterricht auch anders prüfen.

Manche halten dies sicher für den Einstieg in chaotische Willkür; tatsächlich aber muß man auch einen solchen Unterricht vorbereiten und strukturieren. Wie jeder Musiker weiß: Zum Improvisieren gehört mehr musikalischer Sachverstand als zum Abspielen von Noten; oder wie Heinz von Foerster sagen würde: Um Literatur vom höheren Standpunkt aus zu unterrichten, darf man kein schlechterer, eher ein besserer Kenner der Materie sein. Um das zu verdeutlichen, möchte ich einige Prinzipien meiner Vorbereitung skizzieren.

3. 1 Die Wahl des Textes

Wie soll man die Wahl einer Lektüre begründen und sich doch jede spezifische Lesart verkneifen, die diese Auswahl gerade rechtfertigen soll?
Ein Kriterium ist sicher die **Qualität des Textes**. Die großen Texte der Weltliteratur lassen die meisten Deutungen zu, sie faszinieren seit Jahrhunderten jede Generation aufs neue, und mit einem Hollywood-Produzenten würde ich sagen, wenn Shakespeare so lange »ankam«, wird er

vielleicht auch heute ein globales Publikum und darunter auch meine Schüler ansprechen.

Das ist offenkundig ein Widerspruch zu unseren Lehrplänen, wo große Literatur und besonders nicht-deutsche Klassiker, also Homer, Cervantes, Shakespeare, Molière, Racine, Dante, Tolstoi, Ibsen, Tschechow – von den modernen Weltautoren einschließlich der Nobelpreisträger ganz zu schweigen – entweder der Oberstufe der Gymnasien vorbehalten sind oder überhaupt nicht vorkommen; wo auch die großen Geschichtenerzähler kaum vorkommen. Keine Spur von Lederstrumpf oder Gaboriau, von der Südseeromantik eines Conrad oder Maugham, den Bürgergeschichten eines Balzac oder Wassermann, dem Melodrama eines Grafen von Monte Christo oder eines Glöckners von Notre Dame, der Vitalität der Lateinamerikaner wie Marquez oder Allende. Die Jugendlichen kennen die Figuren der Artusepik aus Videogames und Kultfilmen, aber in den Schulen liest man keinen »Parzival« mehr. All das gilt entweder als »zu unterhaltend« oder als »zu anspruchsvoll«. Aber schwierig ist nicht Wolfram von Eschenbach, sondern das, was die Lehrpläne aus ihm gemacht hatten: der Ritt durch die einschlägige Sekundärliteratur und die Einstiegsfolter des Mittelhochdeutsch-Kurses, den süddeutsche Dialektsprecher in der Regel gar nicht brauchen; der sich auch durch eine geschickte Mischung von Originalzitaten und Übersetzungen vermeiden ließe. So sehr bestehen wir darauf, daß junge Leser Texte lesen wie literarkritische Profis, daß wir das große Erbe der Weltliteratur in den Schulen fast nicht mehr anbieten. Diese fußnotengeschwängerten Texte nehmen nicht nur den Lehrern – begreiflicherweise – den Mut; der Zwang zur schlechthinnigen Interpretation erschlägt jedes individuelle Lesevergnügen.

Dabei sind Schüler auf diese Werke durchaus neugierig, haben nichts dagegen, Autoren und Werke kennenzulernen, über die man spricht, die man spielt und verfilmt.

Hier liegen einige Argumente für Brechts Galileo-Stück. Die Schüler der 10. Klasse des Katharinengymnasiums in Ingolstadt kannten es ebenso wie die Studenten der Katholischen Universität in Lima.

Nun gut, sie wollten mitreden können – aber hatte das Stück ihnen auch etwas zu sagen? Die mögliche **individuelle Berührung durch ein Werk** ist schließlich ein weiteres Kriterium für den Lehrer.

Brecht ist kein Autor, der begeistert wie Shakespeare oder Tschechow. Seine Geschichten sind etwas anämisch, ohne Leidenschaft oder spannende

Verwicklungen, seine Charaktere interessant, aber selten liebenswert oder erotisch anziehend. Welcher Teenager hat schon Lust auf diese Geschäftemacher und Gangster, diese anarchischen Säufer und Egoisten, diese klischeegebeugten Mütter und Jungfern? Brechts brillante Attacken auf weithin überholte Positionen bedürfen der historischen Exegese – nicht anders als Schillers Tiraden. Verräterisch die Unterschrift, die die Ingolstädter Schüler unter eine Galileo-Improvisation setzten: »Worüber regt er sich bloß auf?«

Brecht-Exegeten werden einwenden, daß die Identifikation der Zuschauer mit der Bühnenwelt ja ohnehin nicht erwünscht sei, daß man sich also auf diese Situationen, diese Menschen und Schicksale nur bedingt einlassen müsse. Aber hier irrte Brecht – oder vielleicht irrten auch nur seine Exegeten. Man kann nur ein Verhalten kritisieren, das in der Vorstellung existiert, und da einem Galileo oder sein Papst nicht wirklich begegnen, muß man sie imaginieren, eine Welt aus eigener Welterfahrung erschaffen. Das verlangt Empathie mit der vorgestellten Situation, den fiktiven Figuren und ihren Schicksalen.

Ohne dieses eigene Engagement funktioniert weder ein Erkenntnisprozeß noch Literatur oder Theater. Dazu muß der Funke überspringen vom Text zum Leser. Hier ist der **Lehrer als Dramaturg** gefordert. Wo verbirgt das Stück ein Potential, eine Verführung für meine Schüler als Leser?

Einen Text darauf zu befragen, was er für spezifische Leser bereit hält, ist selbst ein künstlerischer, intuitiver Akt – keine hochnotpeinliche Bestandsaufnahme in der Art einer kommentierten Ausgabe.

Meine Antwort auf diese Frage ist eher unwichtig, und ich werde sie hier nur skizzieren; entscheidend ist, daß jeder Lehrer sich diese Frage stellt und beantwortet. »Das Leben des Galilei« zeigt – für mich – Konflikt und Schuld eines aristotelischen Helden, der im Kampf mit seinen Gegnern und der eigenen Schwäche scheitert; der zunächst die bewundernde Sympathie seines Autors genoß, die er ihm aber, wohl auch aus selbstkritischer Identifikation, zunehmend entzog. Doch ist ein älterer Herr, ein Forscher, ein Individualgenie und vor allem, Gott behüte! ein Lehrer, wirklich eine Identifikationsfigur für 17jährige bayerische Gymnasiasten oder für wenig ältere Peruaner? Reichen seine Opferrolle, seine Neugier und Lebenslust, seine Sturheit und witzige Intelligenz wirklich aus, ihm ihr Interesse zu sichern? Wenn ich mir selber diese Frage stellte, so waren für mich Horváths

Opfer ergreifender, Bernhards intelligente Ekel vielschichtiger, Achternbusch chaotischer und sturer und Dario Fo ein Marxist mit erheblich mehr Vitalität und Lebensfreude. Aber von Brecht haben sie alle gelernt – und darum interessierte er mich; und in gewissen Grenzen wohl auch die Schüler/Studenten: Er war ein Name, ein Klassiker, den man sich mal anschauen wollte.

Inhaltlich hatte ich erwartet, daß Schüler und Studenten im katholischen Lima wie im katholischen (und anarchischen) Bayern ihr Recht auf die eigene Neugier gegen autoritäres, fremdbestimmtes Denken ebenso verteidigen würden wie ihre private Religiosität gegen Brechts agnostische Wissenschaft. Dies um so mehr, als im Stück einige junge Leute eine ähnliche Gegenposition vertreten: Andrea, Virginia, der kleine Mönch, der junge Herzog. In einigen Punkten hatte ich richtig vermutet; in anderen wurde ich ganz schön überrascht.

3. 2 Das Aufschließen des Textes in Oppositionen

Zementieren solche Überlegungen nicht schon wieder eine spezifische Interpretation für den Unterricht? Nicht notwendigerweise – wenn der Lehrer seinen Erwartungsrahmen nutzt, um flexibler auf die tatsächlichen Reaktionen seiner Klasse reagieren zu können.

Auf der Suche nach festen Bezugspunkten für Interpretationsvarianten können wir uns am strukturalistischen Sprachmodell orientieren. De Saussure sah die Einzelsprachen als ein relationales System einer durchaus begrenzten Zahl von Einzelelementen, die zueinander in Opposition stehen. Jedes Zeichen hatte nicht an sich eine spezifische Bedeutung – es war definiert durch seine Beziehung zu den anderen Zeichen des Systems. »Diese Element-Relationen lassen sich auf zwei Ebenen analysieren; einmal auf der syntagmatischen, d.h. der linearen Ebene des Miteinandervorkommens, zum anderen auf der paradigmatischen Ebene der Austauschbarkeit von Elementen in bestimmter Position« (Bußmann, 1990, 744).

Was man von einer Einzelsprache sagen kann, gilt entsprechend auch für ein literarisches Werk, das genauso sein Corpus, sein Zeichenrepertoire aufbaut wie eine Sprache. Auch hier gibt es sinnstiftende Oppositionen, die der Leser realisiert und für sein Verständnis nutzt, wie es uns Lévi-Strauss, Barthes,

Eco oder Kristeva in der Anthropologie, Kulturkritik, Semiotik und Literaturkritik gezeigt haben (de Saussure, 1967/ Levi-Strauss, 1976/ Barthes, 1976/ Eco, 1977/ Kristeva, 1978).

So entsteht ein Zeichenrepertoire, das auf Oppositionen aufbaut, die sich zu paradigmatischen Clustern und syntagmatischen Handlungssträngen ordnen lassen. Das Zeichen gewinnt Bedeutung erst im Spannungsfeld des ganzen Werks, d.h. seines Repertoires. Galileos Fernrohr ist nur ein Fernrohr. Erst im Kontext des Stückes wird es zum Fanal des Fortschritts; Galileos Lust am Essen bleibt zufällig, bis Brecht sie paradigmatisch verbindet mit der Lust auf Forschung und der Unlust zu asketischer Selbstverleugnung im Dienste des Fortschritts.
Jedes künstlerische Werk hat sein Zeichenrepertoire, und dieses Repertoire ist keineswegs identisch mit seiner Interpretation.
Man könnte auch andere Beispiele nennen. Das Schritt- und Gestenrepertoire eines Balletts ist nicht identisch mit der Interpretation seiner choreographischen Handschrift. Das thematische Material einer Symphonie ist noch nicht ihre spezifische musikalische Aussage.
Jedes Kunstwerk kreiert ein Zeichensystem aus Oppositionen, Paradigmata und syntagmatischen Verknüpfungen und wird von dieser Binnenspannung gehalten wie eine Brücke. Jede Interpretation spielt mit diesen Elementen, benennt sie anders, unterstreicht andere paradigmatische Schwerpunkte und Cluster, andere syntagmatische Verbindungen. So lassen sich aus dem gleichen Repertoire unendlich viele individuelle Text-Konkretisationen generieren – nicht anders als aus dem begrenzten Zeichensystem einer Sprache.

Der Literaturunterricht hat mit dem Strukturalismus nie viel anfangen können. Zu deutlich demonstrierte er, was der Konstruktivismus dann kognitiv und philosophisch weiterentwickelte: das unablässige Generieren neuer Einsichten und Erfahrungen über den gleichen kulturellen Phänomenen. Solche Offenheit vertrug sich natürlich nicht mit den »objektiven Wahrheiten«, den Universalien kategorialen Lernens, wie sie immer noch, ja erneut die Lehrpläne und die Lehrerbildung beherrschen. Das liegt einerseits an den Prüfungen und dem Zwang zu – vermutlich falscher – Objektivität (vgl. mein Gespräch mit H. von Foerster); andererseits an der methodischen Schwierigkeit, Erfahrungen im Unterricht auszulösen. Es wäre erst noch genauer zu untersuchen, wieweit neuere Methoden wie der handlungs- und produktionsorientierte Unterricht wirklich eigene Erfahrungen schaffen oder wiederum weithin als gegeben voraussetzen. In den hier vorgelegten Fallstudien wird sehr deutlich, daß die Schüler und Studenten von ihrer tatsächlichen Erfahrung eines Textes überrascht waren und sie, mit ganz wenigen Ausnahmen, ohne die vorausgehenden Lernimprovisationen auf keinen Fall hätten artikulieren oder gar begründen können.

Ein offener Literaturunterricht, der sich ja auch die individuelle Generierung von Text-Konkretisationen zum Ziel setzt, kann aber mit Gewinn bei den sinnstiftenden Oppositionen eines Werks ansetzen. Das ist nicht der einzige Weg; aber er ist bei längeren Werken oft ein sehr gangbarer.
Und ein so dialektisch denkender Künstler wie Brecht macht uns das besonders leicht. Da gibt es die Dummen und die Klugen, die Konservativen und die Progressiven, die Kirche und die Agnostiker, die Mächtigen und die Machtlosen, die Unbeweglichen und die Weltentdecker.
Diese Gegensätze sind noch nicht das Stück – waren es nicht einmal für den Autor. Er hat sie über zwei Jahrzehnte hinweg immer wieder anders akzentuiert und anders paradigmatisch, ja sogar syntagmatisch verknüpft. Die Bühne und der Leser tun das auch, und ihre Interpretation beginnt dort, wo die Gegensätze benannt und zu Paradigmen verbunden werden.
Vielleicht artikuliert man einen zentralen Gegensatz so:

Opposition I

Auf der einen Seite steht Galileos Bedürfnis, alles in Frage zu stellen, seine Neugier, seine sinnliche Lust auf das Abenteuer der Forschung, auf Veränderung, auf Evolution und vielleicht sogar Revolution.	Das stößt auf die Bereitschaft, ja das Bedürfnis anderer, sich gesellschaftlichen, wissenschaftlichen und religiösen Autoritäten kritiklos zu unterwerfen und den Status quo zu erhalten.

Hier steht ein Paradigma des anarchischen Infragestellens, kindlicher Neugier und Probierlust in Opposition zu einem Paradigma der Autoritäten, der Unbeweglichkeit und der Geborgenheit in patriarchalischer Entmündigung. Wissenschaft steht hier neben Egoismus und Anarchie, einem schrankenlos ausgelebten Forschertrieb. Die Kirche und die Aristokratie dagegen werden mit Rückschrittlichkeit ebenso in Verbindung gebracht wie mit sozialer Verantwortung.

Brecht selber hat das zunächst anders verknüpft: Sein früher Galileo hatte soziale Verantwortung, war ein Erfinder auch für die Lebensqualität der Unterdrückten.

Man könnte einen weiteren Gegensatz etwa so umschreiben:

Opposition II

Galileo vertritt den Primat der Logik, der empirischen Erprobung von Thesen zur Wirklichkeit, der persönlichen Verantwortung für eigenes Denken und für die Sinnfindung des eigenen Lebens.	Galileos kirchliche und wissenschaftliche Gegner vertreten kindliche Unterwerfung unter Autoritäten des Glaubens und der Wissenschaft, das »sacrificium intellectus« und die Angst vor existentieller und politischer Selbstbestimmung.

Das Paradigma das lustvollen Denkens und optimistischen Selbstvertrauens wird von Barberini, dem kleinen Mönch, dem sehr alten Kardinal und Ludovico mit der pessimistischen Überzeugung konfrontiert, daß sich Menschen aus irrationalen Ängsten in den Schoß der Kirche flüchten und, wie die armen Bauern, der Kirche und den Herrschern das Denken, die Sinnfindung und die Verantwortung für ihr Leben überlassen.

In seiner Familie setzt Galileo seine Rationalität über die Gefühle und schließlich auch über das Glück seiner Tochter. Er verspottet und verachtet ihre Dummheit.

Schließlich kann man auch diesen Gegensatz sehen:

Opposition III

Im persönlichen Bereich vertritt Galileo einen neuzeitlichen Egoismus: das Recht, seine Persönlichkeit, seine privaten Wünsche und Instinkte auszuleben.	Seine Gegner und auch viele Freunde betonen dagegen die Pflichten, die man der Familie, den Freunden, der Wissenschaft und der Gesellschaft schuldig ist.

Hier wird auch Brechts frühes Paradigma des sinnlichen Anarchisten mit seinem späteren sozialistischen Dogma kontrastiert, wonach man sein Leben der Wissenschaft, der Menschheit, der Gesellschaft widmen soll – wenn schon nicht der Kirche, der Familie und den Freunden.

Die Formulierung und die Auswahl dieser Oppositionen verraten – unausweichlich – meine Akzente. Darum müssen Schüler und Studenten ihre Gegensätze selber finden und benennen. Sie werden gewisse Elemente weglassen, anders artikulieren und in ihrem Sinne kombinieren – Forschungsfleiß und Sinnlichkeit, zum Beispiel, waren weder den Peruanern noch den Bayern vereint in einem Paradigma denkbar.
Brecht selber hat seine Sympathien und das heißt auch die Clusterung der Paradigmen und die Akzentuierung der Oppositionen im Laufe eines Vierteljahrhunderts sehr drastisch verändert. Er begann als Bewunderer des anarchischen Individuums und der fortschrittlichen Wissenschaft und endete bei seiner puritanisch-marxistischen Verurteilung. Bentley hat das bei der Edition der englischen Fassung des Stücks so umrissen: »In this respect Galileo I is a ›liberal‹ defense of freedom against tyranny, while Galileo II is a Marxist defense of a social conception of science against the ›liberal‹ view that truth is an end in itself« (Brecht, 1966, 18/19).

3. 3 Die Textbegegnung: Lernimprovisation, feed-in und Reflexion

In der Textarbeit versuche ich, die Prinzipien des Unterrichts, die ich eingangs genannt habe, praktisch umzusetzen. Das beginnt damit, daß das Repertoire des Textes von den Schülern oder Studenten selbst in seinen Oppositionen und Paradigmata artikuliert wird. Wie sie das tun, prägt (und beschreibt für mich) ihren Umgang mit dem Text; denn **wie** man etwas nennt, schafft Realitäten – »anarchisch« hat andere Konnotationen als »egoistisch« – wo man Paradigmen sieht, nicht weniger. Die Ingolstädter Schüler sahen schließlich Galileo und die Kirche in einem Boot, dem Paradigma der »Leute, die anderen immer Vorschriften machen«.

Der Umgang mit dem Text sollte überwiegend situativ, aktiv, metaphorisch, bildhaft und erst in zweiter Linie diskursiv sein – dies verlangt neue Methoden, und dafür müssen gerade jene Schüler gewonnen werden, die mit den alten besonders erfolgreich waren. Das Ziel neuer Methoden ist es, im Unterricht Situationen aufzubauen, in denen zentrale Erfahrungen der Textlektüre gemacht werden können. Dafür habe ich Methoden des britischen drama-in-education, des internationalen educational drama und der Gestalttherapie weiterentwickelt. Ich nenne sie Lernimprovisationen.

Welche zentralen Erfahrungen ein Text für solche Lernimprovsationen anbietet, verraten sein Repertoire, seine Oppositionen – und ihre Artikulation durch die Schüler.
Schließlich wird der Lehrer diesen Erfahrungsprozeß stets weitertreiben durch neue Stimuli. Das kann durch Lernimprovisationen geschehen, die einen Gruppen-Konsens in seinen Konsequenzen weiterführen. Wenn man den Galileo so auf »Lernen und Pauken« reduziert, wie das die Ingolstädter Schüler taten, muß man sie geradezu zwingen, sich einen Karneval der Hochbegabten vorzustellen, um ihr Blickfeld zu erweitern. Wie sie diese Herausforderung lösen, ist freilich ihre Sache – die mögliche Sinnlichkeit von Eliteschulen sahen sie auch dann nicht; nur den Gegensatz von Paukerei und dem »wirklichen Leben«. Charakteristischerweise ging »Lust« bei ihnen nie mit »Lernen und Denken« in ein Paradigma zusammen wie beim frühen Brecht. Die Peruaner hatten ähnliche Schwierigkeiten, Logik und Vernunft in ihrem Alltagsverhalten zu entdecken, geschweige denn sie auch noch als lustvoll zu empfinden. Praktische Vernunft im Alltag, die gerade Brechts Galileo als seinen Beitrag zur Emanzipation der arbeitenden Bevölkerung, ja als Beginn der Neuzeit betrachtet, kam in ihrem Verständnis des Stückes überhaupt nicht vor.

Häufig muß auch eine oberflächliche Erfahrung vertieft werden, was am zuverlässigsten durch physische Aktion gelingt. Eine Studentengruppe, die sich die Auswanderung nach Kanada recht einfach vorstellte – man eröffnete ein »deutsches Lokal« und im Spiel war schlicht alles so, wie man es gerne gehabt hätte – erhielt die Lizenz nur als »deutscher Club«, und das bedeutete, daß sie deutsche Volkstänze und Lieder anbieten und dem Publikum beibringen sollten. Also mußten sie wenigstens einen Volkstanz vorführen (oder erfinden). Das war das Ende der billigen Lösungen und der Anfang einer gemeinsamen physischen Arbeit.

Zentrale Erfahrungen eines Textes sind schon deshalb unverzichtbar, weil wir uns um ihretwillen auf Kunst einlassen. Niemand, außer einigen Starkritikern vielleicht, liebt Literatur oder Theater, weil sich darüber so brillant analytisch plaudern läßt; sondern weil sie etwas in uns auslösen, was uns zutiefst bewegt (und das gilt glücklicherweise sogar für die meisten Starkritiker). Wenn es der Schule nicht gelingt, diesen Prozeß anzustoßen, müßte sie auf die Lektüre literarischer Werke verzichten.

Schließlich bleibt die Frage, wie das alles mit den Anforderungen der Lehrpläne und Notengebung in Einklang zu bringen sei. Das ist solange kein Problem, als der Lehrer auch für Noten und Prüfungen zuständig ist; doch sobald die Erfahrungen der Schüler von Fremden »abgeprüft« werden, müssen sie meist kompatibel sein mit dem akzeptierten Jargon. So muß ganzheitliches Wissen mit den Gemeinplätzen des Literaturunterrichts verrechenbar werden. Die Schüler brauchen leider einige Sprechblasen, die ihren Erfahrungen ebenso gerecht werden wie den Erwartungen anderer Lehrer.

Dabei geht es tatsächlich um drei Aspekte, die den Lehrer, den Schüler und den kulturellen Konsens betreffen. Zuerst: Denkleistungen müssen als solche auch für jene erkennbar sein, die sich nicht unbedingt auf der »höheren Ebene« des Lehrstoffs bewegen, wie Heinz von Foerster sagen würde. Wir erinnern uns an seine Geschichte vom Jungen, der zwei übereinanderliegende Reihen von drei Punkten zeichnte und sagte: »Das ist zwei mal drei«, worauf ihn die Lehrerin wegen Frechheit nachsitzen ließ. Hätte er, wie Heinz von Foerster, das zugrundeliegende mathematische Prinzip und v.a. den Fachausdruck benennen können: Vorsicht, Kommutativität! – hätte die Lehrerin begriffen, was für einen klugen Jungen sie da hatte. Leider werden in Prüfungen, jedenfalls bislang, die Formulierungen höher bewertet als die genialen Einsichten; Lehrer und Prüfer sind eben auch nur Menschen und nicht immer genial. Nur eine hervorragende Ausbildung, die ihnen erlaubt, ihr Fach auch von einer Metaebene zu betrachten, wird die Lehrer davor bewahren, Sachverhalte nur dann zu erkennen, wenn sie in der immer gleichen Terminologie artikuliert werden.

Andererseits ist es auch für Schüler eine sinnvolle intellektuelle Disziplin, ganzheitliche Erfahrungen begrifflich und analytisch zu reflektieren. Nur dürfen auf keinen Fall Lesefrüchte aus der Sekundärliteratur an die Stelle der tatsächlichen Erfahrung und der eigenen Formulierung treten. Terminologie ist wichtig, aber die Einsicht in die Sachverhalte, die ihr zugrundeliegen, ist wichtiger.

Bleibt zum dritten die Frage, wieweit die Schüler das zitieren müssen, was als gängige Lehrmeinung kursiert. Ist es möglich, im Leistungskurs Goethes »Torquato Tasso« mit der gleichen Freiheit zu lesen, wie es Peter Stein tat? Wieweit muß der Lehrer ergänzend und korrigierend mitteilen, was »man zu diesem Stück und zu Goethe eigentlich wissen müßte«; und sei es nur, weil es in den Unterrichtshilfen steht? Ich meine, man soll die individuelle Erfahrung eines Werks herausfordern, in Frage stellen und so vertiefen, aber man muß sie dann auch akzeptieren. In aller Regel findet sich dann sogar in der akademischen Literatur eine Stimme, die ähnliches gesagt hat. Letztlich waren die Ingolstädter von John Fuegis Brecht-Bild gar nicht weit entfernt; während die Peruaner eine Nähe zum Volkstheater entdeckten, die zwar von den Brecht-Exegeten stets behauptet wird, die ich aber nur in italienischen und brasilianischen Inszenierungen – und eben bei diesen Studenten – verwirklicht fand. Es ist nicht einzusehen, warum einem Dramaturg und Regisseur erlaubt sein soll, was Schülern verboten oder schlecht benotet wird: sich ihr eigenes Bild von einem Text zu machen. Der Lehrer kann auch hier wie ein Dramaturg nachhaken, informieren, herausfordern – aber er sollte nicht immer das letzte Wort behalten, und das sollten ihm Prüfungsordnungen auch erlauben.

Eine Arbeitsweise, wie sie im folgenden skizziert wird, ermöglicht zwar individuelle Literaturerfahrungen, lebt aber vom **Konsens der Gruppe**, der nicht selten heftig erstritten wird: Die gemeinsame Erfahrung mündet, schon um darstellbar zu sein, in einen temporären Konsens, und mancher Schüler erkennt, wo er persönlich von der Mehrheitsmeinung abweicht.
Hier hat der Lehrer die Aufgabe, Minderheiten ihr Recht zu lassen, sie aber auch zu Spielregeln zu verpflichten, zu verführen, zu überreden, die einen Kompromiß zur Mehrheitsmeinung erst ermöglichen. Die allzu manipulative Fokussierung auf einen gemeinsamen Nenner halte ich für einen Fehler. In

dieser Richtung sehe ich eins der größten Defizite des britischen drama-in-education.

Wenn Gruppen keine gemeinsame Improvisation zustandebringen, weil sich einzelne ausklinken oder zu sehr dominieren, hat die Klasse ein soziales Problem. Es war erstaunlich, ja fast rührend, wie diszipliniert sich in Ingolstadt gerade die »Klassenbesten« auf die Vorstellungen einer sonst eher schweigenden Mehrheit einließen, während die eher zufällige und sehr große Seminargruppe in Lima ihren wechselnden Konsens nur dem Zusammenschluß von Freunden verdankte. Dabei fanden manche Einzelmeinungen kein Echo, und einige Gruppen zerbrachen an der fehlenden Bereitschaft, einen gemeinsamen Nenner zu suchen.

3. 4 Exkurs: Lernimprovisation und Feed-in

Lernimprovisationen der Schüler laufen stets darauf hinaus, in Spielsituationen reale Erfahrungen zu machen. Themen und Inhalte dieser Situationen verhalten sich zum konkreten Anlaß metaphorisch oder metonymisch, sind keine platte Wiederholung dessen, was der Text ohnehin anbietet. Die Erfahrungen, die in diesen Improvisationen gemacht und ausgedrückt werden, sollen zwar verbal reflektiert werden, was aber durchaus weiter in der Vorgeblichkeit einer Spielhandlung geschehen kann; absolut verpönt ist eine Analyse der Darstellungsqualität – das ist ein unfehlbares Mittel, jeden in Verlegenheit erstarren zu lassen. Außerdem geht es ja darum, selber Erfahrungen zu machen, nicht das improvisierende Spiel anderer zu kritisieren oder zu loben.

Dem Lehrer liefern diese Improvisationen Indizien, wohin die Interessen, die Vorstellungen und Erfahrungen seiner Schüler zielen, was er vertiefen sollte, wo er andere Perspektiven oder Informationen anbieten, wo er die Konsequenzen von Entscheidungen und Haltungen einfordern muß. Dabei ist die progressive Entdeckung des Textes durch die Leser das Ziel, an dem er sich mit seinen Angeboten immer orientieren wird.

Entwickelt wurden diese Lernimprovisationen von mir aus dem britischen drama-in-education, dem internationalen educational drama und der Gestalttherapie von Fritz Perls. Ein Unterschied, besonders zum britischen

drama-in-education[1] liegt sicher darin, daß ich Improvisationen konkret auf mein Unterrichtsfach beziehe und nicht, wie das die Briten meistens tun, scheinbar frei und ohne Vorgaben aus selbstgewählten Themen entwickle. Ich halte die Methode, situative Erfahrungen zu machen und damit den Lernprozeß voranzutreiben, für eine spezifische Lern-Kommunikation, und darum finde ich es auch sinnvoll, die Schüler über die Ziele angemessen zu informieren, soweit das überhaupt nötig ist. Wenn das Thema der gemeinsamen Arbeit ein literarischer Text ist, sollte jeder Schüler auch nachvollziehen können, an welchem Punkt dieser Recherche er mit seiner Gruppe gerade steht.
Von mir neu entwickelt wurde die Möglichkeit des **Feed-in**, d.h. des Nachschiebens informativer Reize im Lernprozeß; sie können entweder direkt in der nächsten Lernimprovisation und/oder in einer kurzen Reflexion verarbeitet werden. Ein Feed-in ist ein Anreiz, eine Herausforderungen für die Schüler – nicht »Lernstoff« oder gar Wegweiser, »wohin die Reise gehen soll« oder »was eigentlich richtig ist«. Meist geht es darum, Positionen der Schüler durch andere Ansichten herauszufordern oder etwas, was sie vage empfinden, als Zitat in ihre Diskussion einzubringen.
Im Gegensatz zum Umgang des britischen drama-in-education mit Sachinformationen bin ich der Meinung, daß man auch in Lernimprovisationen wie im Alltag verfahren kann: Man macht eigene Erfahrungen, aber man holt sich auch Informationen aus der Außenwelt. Im Alltag wird uns auch ein Gesprächspartner auf Sachverhalte stoßen, die wir beharrlich ignorieren; und es akzeptieren, wenn wir seinen Hinweis nicht so verarbeiten, wie er sich das vielleicht gedacht hat.

Wenn hier mit einer Ausnahme verbale Informationen als Reize für eine weitergehende Auseinandersetzung genutzt werden, dann hatte das ausschließlich praktische Gründe. Unter Zeitdruck, in sehr beengten räumlichen Verhältnissen und mit einer unbekannten Klasse ist es schwierig, Anreize aus Musik, Tanz, Architektur oder bildender Kunst vorzubereiten. Und das sind bei weitem nicht alle Bereiche, aus denen man Informationen ziehen kann; auch Haltungen, Bewegungen, Rituale, Spiele, Geräusche, Räume, Fachsprachen können einen Lernprozeß vorantreiben. Die

[1] Vgl. hierzu meinen Beitrag: »Drama-in-Education und Lernimprovisationen - eine Chance für den offenen Lernprozeß« und die dort angegebene Literatur.

Ingolstädter Schüler beispielsweise nutzten eine Figurine der Commedia dell' Arte für ihre Karnevalsszenen, aber nicht den zugehörigen Text.

Ich bemühe mich immer um kurze Informationen, die wirklich »Reize« und nicht eine neue Arbeit liefern. Wenn der Lehrer vorauszudenken versucht, was seinen Schülern neue Perspektiven aufschließen kann, ist es gut, wenn er sich in der Rezeptionsgeschichte eines Textes auskennt, seine Themen umfassend und aktualisierend weiterdenken kann und auch während der Arbeit Signale der Schüler aufmerksam registriert.
Ich hatte Texte zusammengestellt über Galileos neues Denken und Forschen, das ja auch heute in Schulen und Hochschulen noch nicht so selbstverständlich ist, wie man vielleicht meint; über Galileos historische Leistung und seine Einstellung zur Kirche, die übrigens ziemlich genau das Gegenteil dessen war, was Brecht zeigt; über Brechts Interpretation der Figur und über die heutige Antwort auf eine zentrale Frage des Stücks: Wer sind wir und woher kommen wir?
Aber es zeigte sich, daß, jedenfalls für die Ingolstädter Schüler, noch ein anderes Element sehr wichtig gewesen wäre: der Verlust des eigenen Lebens durch die Anpassung an die Leistungswünsche der Eltern und der Älteren. Sie hätten ihre Reaktion auf Brechts Galileo vielleicht in einem Auszug aus Alice Millers »Die Tragödie des begabten Kindes« wiedergefunden. Es hätte wohl auch ihre Meinung von Brecht noch verschlechtert, wenn ich sie an einem Textausschnitt hätte erkennen lassen, welch ein liebevoller Vater der historische Galileo für seine Tochter tatsächlich war. Die Feed-in-Texte (vgl. Anhang) berührten diese Bereiche:

I. Fragen – Forschung – eigene Neugier gegen autoritäre Tradition;

II. Brechts wechselnde Ansichten des Galileo;

III. Naturwissenschaft und Glaube;

IV. Der kulturelle Hintergrund: Jenseitsängste und Lebensfreude, soziale und kulturelle Umbrüche, Venezianischer Karneval.

4. Die Fallstudien

BRECHTS »DAS LEBEN DES GALILEI«
Lima, 22.-24. 1. 96, 9 bis 13 Uhr;
Ingolstadt, 21.,28.1., 3.2.98, 8 bis 11 Uhr;

A. Katharinengymnasium Ingolstadt, 10. Klasse

Lehrererwartung der zentralen Erfahrung: Individuelle Neugier, Lust zu fragen und Tabus zu brechen, kindliche Lust, alles selber auszuprobieren – im Konflikt mit dem Wunsch nach Geborgenheit, Unterwerfung unter unbefragte Wahrheiten, dem Wunsch, den status quo zu erhalten. Wieweit die historische Rolle der Wissenschaft oder Brechts Bezug zur Atomexplosion in Japan, die die Klasse bereits mit ihrer Lehrerin diskutiert hatte, eine Rolle spielen würden, war zunächst völlig offen.

Erfahrung(1) Warum fragen wir oder verbieten das Fragen?

Lernimprovisation(1) Zwei Gruppen A und B stellen sich Fragen nach Vorgaben auf ausgeteilten Zetteln. Vorgeschlagen werden Fragen aus Neugier, aus persönlicher Anteilnahme (»Du siehst schlecht aus, hast du Probleme?«), zur Sinnfindung (»Was möchtest du im Leben erreichen?«, »Wenn du mal tot bist – woran möchtest du, daß sich deine Freunde erinnern?«, »Was würdest du Gott fragen, wenn du könntest?«), taktlos-persönlich (»Hast du zugenommen?«, »Was verdient dein Vater?«) nach Sachverhalten (»Was haben wir vor vier Wochen in Mathematik durchgenommen?«). Es gab auch Frageverbote: »Du sollst dir deine Haare nur noch bei Neumond schneiden!« – »Warum?« – »Frag nicht, das ist ein kosmisches Gesetz!«

Reflexion(1) Innerhalb der beiden Gruppen: Was waren die interessantesten Antworten, welche Frage fand man blöd, unangenehm, interessant, etc.? Großes Gelächter – intern.
Während die Peruaner ungeniert die peinlichsten und die für sie besonders interessanten existentiellen Fragen preisgaben, erfuhr ich in Ingolstadt, worin die Schüler den Sinn ihres Lebens sahen und daß sie das Frageverbot besonders blöd und provokativ fanden. Bei der Diskussion der persönlichen

Fragen wurde viel gekichert, aber mir wurde höflich bedeutet, daß diese Dinge mich nichts angingen. Ich war von dieser Klassenloyalität beeindruckt und wußte, daß die Klasse viel investieren würde, um konsensfähige Antworten zu finden. Am Ende gab es in Lima verschiedene Antworten einzelner Gruppen, und manche zogen sich überhaupt zurück, weil sie zu wenig Parteigänger fanden; in Ingolstadt dagegen gab es eine gemeinsame Antwort, an der auch diejenigen mitarbeiteten, die anderer Meinung waren.

Feed-In(1) : Textlektüre[2] 1.Szene, Galileos Monolog, die Vision der neuen Welt;
8. Szene, Protest des sehr alten Kardinals;
4. Szene, Ausschnitt, die Professoren schauen nicht durch das Fernrohr, die Jungen prügeln sich.

Reflexion(2): Warum ist Galileo neugierig? Warum schauen die Professoren nicht durch das Fernrohr? Welche Erwartung verbindet Galileo mit seiner Demonstration? Woran scheitert er?
Gegensatzpaare der angelesenen Szenen:
Neugier – Mißtrauen;
Wahrheit – Schweigen;
Fortschritt – Ignoranz.

In seiner ersten Szene mit Andrea zeigt Galileo in einem schwungvollen Monolog sein optimistisches Bild einer Welt im Aufbruch zu neuen Ufern. Ganz im Gegensatz, verwahrt sich der sehr alte Kardinal dagegen, an den Rand des Sonnensystems verbannt zu werden. In der letzten Szene versucht Galileo, Professoren der Florentiner Akademie durch sein Fernrohr schauen zu lassen und die Konsequenzen mit ihnen zu diskutieren, während sich Andrea und der junge Herzog oben prügeln.
In Peru wählte ich statt dessen Galileos Gespräch mit dem kleinen Mönch über die Angst der Bauern vor dem neuen Weltbild und seinen Streit mit dem

[2] In Deutschland arbeiteten wir mit der Suhrkamp-Taschenbuch-Ausgabe des Stücks, in Peru mit der englischen Übersetzung von Eric Bentley, die noch die etwas andere Szenenfolge der Aufführung in New York und Beverly Hills zugrundelegt.

Verlobten der Tochter, der zum Scheitern dieser Heirat führt. Dazwischen schaltete ich ganz kurze Fragen wie:
»Warum schauen die nicht durchs Fernrohr?«, »Wovor haben die Bauern Angst?«, »Warum ist Galileo neugierig?« Die Antworten wurden nicht korrigiert, auch wenn sie einander scheinbar widersprachen.
Daraus ergab sich folgendes Tafelbild:

Galileo	Kirche
Veränderung, Abenteuer	Angst vor Veränderung
Grenzüberschreitung	Autoritäten, kein freies Denken

Erfahrung(2): Übertragung der »Frage-Erfahrungen« auf Brechts Stück

Lernimprovisation mit Reflexion(2): Kurze Diskussion der Gegensätze, die das Stück anbietet, Kirche gegen Wissenschaft, Neugier gegen Angst und Mißtrauen, Ignoranz gegen Fortschritt etc.
»Papierstraße« (Endlospapier am Boden, quer durch das Klassenzimmer) – wo sieht man ein »Entweder/Oder« im Brecht-Stück; die Schüler schreiben gleichzeitig Gegensätze auf, wandern dann herum, vergleichen Eigenes mit anderem, kreisen fremde Eintragungen ein, die sie auch vertreten. Das ergibt auf den ersten Blick ein Meinungsbild.
In der Zusammenfassung der genannten Gegensätze ergab sich daraus dieses Tafelbild.

ENTWEDER - ODER

Neugier	Mißtrauen, Vorsicht
– auf Geheimnisse – auf Verständnis, Orientierung, Sinn,	– man achtet Autorität – man fürchtet Kritik – Angst, Tabus zu verletzen
Wunsch nach Unabhängigkeit	Es gibt Frageverbote

Was die Schüler hier genannt hatten, nahmen sie mit in die nächsten Lernimprovisationen, die das »Forschen nach Neuem« bzw. »Festhalten am Hergebrachten« zum Gegenstand von Erfahrungsimprovisationen machten.

Erfahrung(3): Wie erleben die Schüler Andrea, den »Musterschüler«, Brechts positive Identifikationsfigur?

Lernimprovisation(3): »Galileo war von Andreas großer Begabung überzeugt. Zeigen Sie uns ein Foto aus dem Familienalbum der Familie Sarti, auf dem wir sehen, was aus Andrea geworden ist! Oder zeigen Sie, wie Galileo Andreas Intelligenz zuerst erkannte.«

1. Foto	2. Foto	3. Foto
Andrea prügelt sich mit dem Herzog für die Wissenschaft und gewinnt.	Galileo, umgeben von Schülern. Er stellt eine Frage, Andrea ist der einzige, der die richtige Formel an die Tafel schreiben kann.	Neugier: Andrea probiert an Galileos Experimentalanordnungen herum – was er nicht darf.

Erfahrung(4): Wie erleben die Schüler Brechts Verurteilung der Dummen, der Abergläubischen, der Anhänger der »alten Lehre«?

Lernimprovisation (4): »Welcher Vorfall hat Galileo davon überzeugt, daß seine Tochter Virginia dumm ist? Das Foto hat vielleicht eine Unterschrift.«

1. Bild	2. Bild	3. Bild
Galileo hat das Sonnesystem erklärt – Virginia soll es zeichnen und zeichnet eine sternförmige Blume.	Sehr früher Morgen, Virginia geht in die Kirche, Galileo schüttelt den Kopf. »Worüber regt er sich bloß auf?«	Galileo, umgeben von seinen Schülern, Virginia kniet in der Ecke, betet und schaut dann verächtlich über ihre Schulter auf die Gruppe: »So blöd bin ich doch nicht, daß ich die Ansichten meines Vaters teile. «

Zentrale Erfahrung(5): Wie erleben die Schüler Brechts (und Galileos) Forderung, vernunftgeleitet zu handeln?

Lernimprovisation(5): »Zeigen Sie eine Episode mit Personen, die gegen ihre Vernunft handeln! Das Bild hat vielleicht eine Unterschrift.«

1.Bild	2. Bild	3. Bild
Ein Auto mit Jugendlichen, der Fahrer ist angetrunken.	Außerirdische Lehrer – »Spocks« – wundern sich über das unvernünftige Verhalten der Erdlinge.	Ein Obdachloser wird von einer Gruppe angepöbelt und geschlagen. »Kannst Du nichts arbeiten?«

Reflexion(3): Warum handelt man unvernünftig?
Die Schüler nennen: falsche Selbsteinschätzung – Sorglosigkeit – Desinteresse an anderen – Aggressionen; (nach Nachfrage) Rücksicht auf die Meinung anderer, weil man möchte, daß alles beim alten bleibt.

Feed-In(2): Textausschnitt: Heinz von Foerster, Triviale und nicht-trivale Fragen.
Herausforderung durch einen Aspekt des Themas, den sie bislang kaum gesehen hatten, obwohl er in ihrer Perspektive auf das Stück lag.
Kurze Verständnisfragen zum Text, dann folgte die nächste Lernimprovisation.

Erfahrung(6): Was verstehen die Schüler selber unter Elite und nicht-autoritärem Lernen?

Lernimprovisation(6): »Sie gründen eine Schule, die nach den Prinzipien Galileos funktioniert, d.h. auf konkreter Erfahrung und nicht auf autoritärem Lernen aufbaut. Sie suchen geeignete Lehrer. Schreiben Sie eine Annonce, in der Sie die Schule vorstellen, ihre Fächer, ihre Arbeitsweise oder was Ihnen nötig scheint, und beschreiben Sie die Lehrer, die Sie einstellen wollen!«
Die Schüler verfaßten in Arbeitsgruppen Annoncen, vermieden es peinlich, Lehrer zu charakterisieren, nannten v.a. die Fächer – alles Fächer, die man für modernes Management brauchen kann. Selbst Kunst wurde als wichtig für »Sammler« genannt, wobei unklar blieb, ob man dabei an die

Renaissance-Sammler dachte oder einen modernen Millionär, der wissen möchte, in was er investiert. Die Geisteswissenschaften fehlten fast, es dominierten Naturwissenschaften, Sport, neue Fächer: Wirtschaft und Computer.
Die Anforderungen an die Lehrer – innovativ, lernbereit, hochqualifiziert, kreativ, spontan – waren hoch, ziemlich allgemein, und keine Gruppe erwähnte ein Gehalt oder andere Angebote für die Lehrer. Den Service-Charakter einer guten Lehre verbinden die Ingolstädter weder mit Preisvorstellungen noch mit einer klaren Vorstellung alternativen Unterrichts.

Erfahrung(7) und Reflexion(4): Wie erleben die Schüler ihr Konzept einer Eliteschule?

Lernimprovisation(7): »Messer Forlani, ein reicher venezianischer Bürger, möchte seinen Sohn auf unsere Schule schicken. Er möchte wissen, was sein Sohn hier lernen kann und wie sich die Schule von anderen unterscheidet. Schreiben Sie ihm!«
Mehrere Gruppen schrieben und verlasen solche Briefe, eine Tafelanschrift erinnerte sie an die wesentlichen Punkte:

Messer Forlani:
1. Was kann sein Sohn lernen?
2. Wie unterscheidet sich die Galileoschule von anderen?

Die Schüler brachten Argumente aus Wirtschaft, Kultur, Zukunfts- und Klimaforschung, entwickelten ihre Vorstellungen aus den Annoncen ein wenig. Diese Aufgabe diente v.a. der Erinnerung und Vertiefung der Ergebnisse, die vor einer Woche erreicht worden waren.

Erfahrung(8): Wie vereinbaren die Schüler Lebenslust und Selbstironie mit dem Anspruch einer Eliteschule?

Lernimprovisation(8): »Messer Forlani ist beeindruckt und schickt seinen Sohn auf die Galileoschule. Er bietet eine zusätzliche Spende an, wenn sich die Schule beim Umzug des venezianischen Karnevals präsentiert. Wie kann man Charakteristika der Schule auf einem Karnevalswagen als witziges Bild darstellen?«

Feed-in (3) : Die Arbeitsgruppen erhalten die Texte von P. Burke und P. Chaunu.

1. Bild	2. Bild	3. Bild
Alte – Neue Lehre	Bücherverbrennung	Leben – nicht Lernen!
Die Schüler allegorisieren die beiden Weltbilder.	Die Schüler verbrennen ihre Bücher auf einem Scheiterhaufen.	Zwei attraktive Jungen »kontaktieren« eine Schülergruppe; die Mädchen lassen ihre Bücher fallen und umarmen die neuen Freunde – die fleißigen Mitschüler bleiben traurig zurück.

Reflexion (5): »Wovor hat man ein bißchen Angst auf dieser Schule?«

Feed-in (4): Die Texte von Galileo und P. Dürr – ohne Diskussion.

Abschließendes Unterrichtsgespräch als Reflexion und Test mit kleinen metaphorischen Aufgaben

Frage: Welches Gefühl ist den Christen in Brechts Stück gemeinsam?
Schüler: Ihr Schicksal hängt von Gott ab; Gefühl von Angst bzw. Verlassenheit
Frage: Würden Sie in die MIR-Raumstation einsteigen?
Schüler: – Furcht, daß etwas passieren könnte,
– Verzicht auf Musik, Fernsehen, gutes Essen,
– Erde aus einer anderen Perspektive,
– Neues lernen,
– Schwerelosigkeit erleben,
– Risiko.
Frage: Was würde ein Mensch aus dem 17. Jh. einen Astronauten wohl gerne fragen?
Schüler: – über Gott,
– über Lebewesen,
– über die Hölle.
Frage: Was hätte Galilei gefragt?

Schüler: – über die Sterne.
Frage: Welche Szene haben Sie vor allem in Erinnerung behalten?
Schüler: – Cosimo und Andrea, die sich um die Weltbilder streiten,
– die Auflehnung gegen das Alte, Hergebrachte.
Frage: Welche Figur aus diesem Stück würden Sie auf Ihre Geburtstagsparty einladen?
Schüler: – Niemanden,
– Virginia, Frau Sarti.
Frage: Würden Sie mit jemand anderem wenigstens einen Kaffee trinken?
Eine Schülerin: Mit dem Inquisitor, um ihn zu fragen, warum er so geworden ist, warum er Menschen foltert.
Schülerfragen zu Brechts Hiroshima-Erlebnis und wo das eigentlich in dem Stück auftauche, sie könnten das nicht erkennen.
Lehrer antwortet mit Brechtzitat und den folgenden Texten.
»Das Stück sagt auch einiges über Brecht aus.«

Feed-in(5) : Brecht-Texte 3 und 4
Kurze Lehrerinformation über Brechts allmähliche Umwertung des Stückes und über das Konzept der Berliner Inszenierung von 1956. »Auch Brecht hat man Egoismus vorgeworfen, genauso wie Sie das Galileo vorwerfen.« Hinweis auf das Buch von John Fuegi und andere Brechtliteratur.

RÉSUMÉ
Die Schüler identifizierten sich stark mit Virgina, DAS STÜCK ZEIGE, DASS MAN TOLERANZ BRAUCHE, DASS BEIDE GRUPPEN SICH GEGENSEITIG TOLERIEREN SOLLTEN. IM ÜBRIGEN MACHTEN SIE WENIG UNTERSCHIED ZWISCHEN GALILEO UND SEINEN KIRCHLICHEN GEGNERN, DIE WOLLTEN ALLE NUR ANDEREN LEUTEN VORSCHRIFTEN MACHEN.
Die Schüler kamen zu einem logisch vertretbaren Textverständnis, das es in dieser rigorosen Form in der Sekundärliteratur m.W. nicht gibt, wobei sie in dem Stück v.a. wiedererkannten, was sie als Defizite ihres eigenen Leben empfanden: trockenes und fremdbestimmtes Pauken statt »Leben«, Partnerschaft, vielleicht auch Liebe.

B. Katholische Universität von Peru, Lima, Lehramtsstudenten 22. bis 24. 1.1996

Lehrererwartung der zentralen Erfahrung: Fragen, Neugier – und was sich daraus ergibt, besonders im Konflikt mit autoritären Institutionen, denen das eher lästig sein muß; Konsequenzen für Lernen und Lehren.

Erfahrung (1) : Fragen und Neugier

Lernimprovisation(1): Wie in Ingolstadt, etwas anders formulierte Fragen, gleiche Aufgaben, gleiche Intention. Die Gruppen erzählen gerne ihre witzigsten Antworten, ihre größten Verlegenheiten. Viel Gelächter.

Feed-In(1) : Text v. H. von Foerster: Triviale und Nicht-triviale Fragen

Erfahrung(2) : Wie sehen die Studenten selber ihre Lehrerrolle?

Lernimprovisation (2) : »Papierstraße« – »Bitte tragen Sie Ihre eigene Position des trivialen oder nicht-trivialen Lehrens auf dieser Skala, ein und benennen Sie dafür kurz den Grund. Mehrere Eintragungen sind möglich. «

100% Turing...................... .O.........................100% legitimate questions

Danach wurde wieder eingekreist, was eigener Meinung entsprach.

Erfahrung(3): Wie erfahren die Studenten diese Unterrichtsstile?

Lernimprovisation(3): »Zeigen Sie uns eine Klasse, die in einem dieser Unterrichtsstile arbeitet!«
4 Gruppen zeigen einen Unterrichtsstil »in action«.

Autoritäre Schule	Autoritäre Schule	Autoritäre Schule	Nicht-Autoritäre Schule
			Weiterarbeit mit Forumtheater

Bis auf eine Gruppe zeigten alle grotesk-autoritäre Schule – und amüsierten sich darüber mit ihren Zuschauern. Nur eine Gruppe ließ den typischen hilflos-liberalen Referendar auf eine renitente Bande selbstbewußter »starker« Frauen los. Ganz offenkundig war ihre Ablehnung nicht nur gespielt, sie hatten auch privat einiges gegen die Liberalität ihres Mit-Studenten und behandelten ihn als Schwächling.
Die Zuschauer hatten den Grotesken schlimmster Paukerei schenkelklopfend applaudiert. Nun verfolgten sie, wie die »Klasse« diesen Lehrer fertigmachte – ohne Mitleid oder Sympathie.

Also griff ich ein und benutzte dafür die Mittel des Forumtheaters.
»Schüler, Sie sind nicht zufrieden mit Ihrem Lehrer – warum?«
Ein Wortschwall: Sie lernten nichts, sie würden keine guten Prüfungen machen, er wüßte selber nicht, was er erklären sollte, usw..
»Nun, ich verstehe. Aber Ihr Lehrer ist offenbar besten Willens, will alles für Sie tun – könnten Sie ihm nicht erklären, was er anders machen soll, um Sie zufriedenzustellen?«
Erneuter Wortschwall, nun verlangten sie vom Lehrer traditionellen Paukunterricht.
»Lehrer, Sie hören, was die Schüler von Ihnen wollen – was sagen Sie dazu?« Er war gar nicht einverstanden. Er war Priesteramtskandidat und sollte Religionslehrer werden, und es paßten ihm weder die Lerninhalte, die die Kirche vorschrieb, noch das Desinteresse der Schüler an Religion. Er litt wie ein Hund – nicht nur in seiner Rolle, sondern ganz real; und das nahmen ihm die Damen übel – auch ganz real. Ich stoppte ihn, führte ihn zurück zur Spielsitution. »Nun, Sie wollen doch Ihre Schülerinnen für die Religion gewinnen, können Sie ihnen nicht entgegenkommen?« Er stimmte zu, und zusammen mit den Zuschauern fanden wir allmählich einen Kompromiß zwischen den beiden Positionen. Dabei wurden Vorschläge mal verbal gemacht, mal spielend demonstriert.
Die Verhandlungen beschränkten sich ausschließlich auf das Spielszenario – nie war von seinen Problemen mit der Kirche die Rede, nie von der gelinden Verachtung dieser vitalen Mädchen für jemanden, den sie für ein Männlein hielten. Nur auf dieser Basis war ein Kompromiß und gegenseitiger Respekt möglich. Jedenfalls beendete diese Arbeit einen aufregenden Vormittag, löste Spannungen, schuf ein Gruppengefühl und die Vorstellung, man könne doch tatsächlich spielend neue Einsichten gewinnen, etwas verändern.

Feed-In (2): Lektüre Szene I,1 und I,3 von Brechts Drama (in der Ausgabe von Eric Bentley 18/19). »Wovon lassen Sie sich leiten – von Instinkten, Irrationalem oder Logik?« Abstimmung. Fast alle votierten, fast beleidigt, für Logik. Eine weitere Herausforderung waren die folgenden Texte:
Feed-In (3): Brecht »On the part of Galilei«; »On Building a part – letter to Charles Laughton«; W.R.Shea, Galileo's Intellectual Revolution, Ausschnitt; »Worin unterscheidet sich Brechts Galileo vom historischen Galileo?«

Erfahrung(4): Wie handeln die Studenten wirklich – rational oder irrational?

Lernimprovisation(4): »Zeigen Sie eine Situation, wo Menschen rational oder irrational handeln!«
Zwei Gruppen brachten es zu keinem Konsens, eine Gruppe nahm sich rationales Handeln vor, scheiterte aber an der szenischen Umsetzung; die besten Darstellungen zeigten hinreißend groteske Irrationalität.

1. Bild	2. Bild	3. Bild
Fernsehwerbung	Die Wunderheilung	Der ›Exorzist‹
Junge Freuen bestellen sich im Fernsehshopping zu enge Gürtel und Röcke, Gesichtsmasken etc. und fühlen sich danach so »toll« wie die Werbedarsteller. Tatsächlich sehen sie fürchterlich aus, fühlen sich aber großartig – und sind sehr komisch.	Nach der Diagnose Lungenkrebs wird eine Raucherin von der Freundin zum Wunderheiler von Lima geschleppt und geheilt; während dem Heiler mit ekstatischem Preisgesang gehuldigt wird, schleicht sie aus der Kirche – zündet sich mit einem dankbaren Blick gen Himmel die nächste Zigarette an und inhaliert genußvoll.	Ein Mann überzeugt eine Frau, daß ihre Angst vor einem Gespenst nur Einbildung sei, weil es keine Gespenster gebe. Sie gibt ihm nach einiger Zeit recht. Konflikt der Spieler: der Mann hielt sie für »geheilt« – sie machte ihm nur was vor, glaubte aber immer noch an das Gespenst.

Reflexion(1) Die Darstellungen waren so fulminant gelungen, daß ich zunächst einmal die Theaterstile und dramaturgischen Prinzipien benannte, mit denen sie – durchaus in Unkenntnis solcher Kontexte – gearbeitet hatten. Dieses Lob war für mich ein dramaturgischer Exkurs zu epischen Theaterformen, die sie tatsächlich präsentiert hatten und versüßte ihnen die Einsicht, daß sie eigentlich ihr Ziel verfehlt hatten; sie rätselten, warum es ihnen nicht gelungen war, überzeugende rationale Szenen zu gestalten. Zwei Gruppen waren daran gescheitert. »Wir sind Intellektuelle, und wir glauben selber nicht an Logik. Ist das nicht schrecklich?«

In der dritten Sitzung konnten wir nur noch wenig am Text arbeiten, weil die Studenten sich von mir eine Aussprache über theoretische Grundlagen und den Stand der Brechtforschung gewünscht hatten.
Dennoch schlossen wir die Arbeit am Text mit einigen Bildern ab.

5. und 6. Lernimprovisation: Galileo spielt als Kind – sieht man bereits den künftigen Forscher?
Galileo besucht das heutige Peru; für eine Pressekonferenz werden mögliche Fragen vorbereitet, auch Galileo soll dem Pressebüro seine Fragen im voraus benennen. Der Pressesprecher stellt sie dann dem versammelten Publikum.
A: »Welche Fragen wollen heutige Peruaner, auch Bauern und Landarbeiter, an Galileo stellen?«
B. »Welche Fragen stellen Sie an heutige Peruaner, auch an Wissenschaftler und Lehrer?«
Dies stieß plötzlich auf vergleichsweise wenig Begeisterung der Studenten, die vorher außerordentlich engagiert waren. Es war sicher ziemlich dumm von mir, zu jenem Zeitpunkt solche Fragen anzuschneiden. In der politischen Situation des Landes konnte und wollte eigentlich kein Student einem Ausländer auf solche Fragen antworten – und mit gutem Grund. Außerdem hatte diese Gruppe weitgehend weiblicher Studentinnen ohnehin keine Lust, sich auf politsche und philosophische Fragen einzulassen, nachdem sie gerade mit viel Talent und Vergnügen die groteske Seite Brechts entdeckt hatten, die sie weit mehr interessierte.
DIE PERUANISCHEN STUDENTINNEN BETONTEN DAS KOMISCHE AM DILEMMA GALILEOS: DASS MENSCHEN NUN MAL LIEBER UNVERNÜNFTIG HANDELN, DASS SIE NICHT GERN SELBER DENKEN ODER MIT DENKENDEN SCHÜLERN ZU TUN HABEN. MAN KANN DAS TRAGISCH FINDEN – DIE JUNGEN PERUANERINNEN FANDEN ES GROTESK KOMISCH. DAS THEMA WISSENSCHAFT BERÜHRTE SIE WENIG. ALS LEHRER WÄREN SIE

GERNE FREUNDE IHRER SCHÜLER GEWESEN, SAHEN ES ABER ALS WAHRSCHEINLICH AN, DASS SIE AUTORITÄR UNTERRICHTEN WÜRDEN.

IV. Vergleichendes Résumé

Im Zentrum des Stückes steht für mich eine elementare, anarchische Neugier, und was sie auslöst, wenn man ihr folgt, ohne sich um die Leute, ihre Ängste und Institutionen zu kümmern. So wie ein Kind es nicht lassen kann, eine Puppe auseinanderzunehmen, so muß Galileo durch ein Fernrohr schauen oder Metallstücke auf dem Wasser schwimmen lassen. An Leidenschaft kommen ihm da nur wenige Gegner gleich in ihrer verbissenen Wut, die Welt so zu behalten, »wie sie ist«. Alles andere, so sagt es der alte Kardinal, ist »eine Unverschämtheit«, gegen die man sich wehren muß.
Brecht geht von dieser ERFAHRUNG VON NEUGIER und ihrer vehementen ABLEHNUNG aus, und dem muß jeder folgen, der das Stück nachvollziehen will. Daraus entwickelte ich Lernimprovisationen für die Schüler und benutzte dazu die Elemente, die sie selber – als Gruppe – zum Brecht-Text artikulierten. Dies sollte ihnen Gelegenheit geben, zentrale Erfahrungen des Stücks nachzuvollziehen. Überdies hatte ich für naheliegende Bereiche Informationen vorbereitet, um ihren Erfahrungsprozeß voranzutreiben.
Es war faszinierend zu sehen, wohin die Text-Konkretisation jeder Gruppe zielte, was sie berührte, worum sie sich stritt und wie sie zu einem Konsens fand. Das führte in Ingolstadt zu anderen Ergebnissen als in Lima. Aber sie waren immer originell, authentisch und nie unvereinbar mit dem Text.
Nie hatte ich das Gefühl, mein überlegenes Brecht- oder Sach-Wissen unter die Leute bringen zu müssen; dafür erfuhr ich viel über diese Leser, die mich an ihrem Erfahrungsprozeß teilnehmen ließen; ich begriff ihre Perspektive auf das Stück und ich sah manches, was weder ich noch andere Interpreten bis dahin so verstanden hatten. Am Ende hatte ich vielleicht genauso viel gelernt wie meine Schüler. Und es hatte großen Spaß gemacht, für den ich mich bei ihnen und ihren Lehrerinnen bedanke: bei Frau Elisabeth Fenk in Ingolstadt und bei Frau Lili Galván in Lima.

Literatur

Barthes, R. ([2]1976): Mythen des Alltags. Frankfurt a.M: Suhrkamp

Bußmann, H. (1990): Lexikon der Sprachwissenschaft. Stuttgart: Kröner

Brecht, B. (1966): Galileo, english version by Ch. Laughton, ed. with an introduction by E. Bentley, New York: Grove Press, Suhrkamp Ges. Werke

de Saussure, F. ([2]1967): Grundfragen der allgemeinen Sprachwissenschaft. Berlin: de Gruyter

Eco, U. (1977): Das offene Kunstwerk. Frankfurt a.M: Suhrkamp

Fuegi, J. (1994): The life and lies of Bertolt Brecht. London: Harper Collins

Kristeva, J. (1978): Die Revolution der poetischen Sprache. Frankfurt a.M.:Suhrkamp

Levi-Strauss, C. (1976): Mythologica I - IV. Frankfurt a.M: Suhrkamp

Perls, F.S./Hefferline, R.F./Goodman, P. ([2]1981): Gestalt-Therapie. Lebensfreude und Persönlichkeitsentfaltung. Stuttgart: Klett-Cotta

Rusch, G. (1990): »Autopoesis«. in: Schmidt, S. in: Der Diskurs des radikalen Konstruktivismus. Frankfurt a.M.: Suhrkamp

Vaihinger, H. (1932): Die Philosophie des Als-Ob. Berlin: Reuther&Reichard

Varela, F.J./Thompson, E./Rosch, E. (1992): The Embodied Mind. Cognitive Science and Human Experience. Cambridge Mass/ London: The MIT Press

Varela, F.J. (1990): Kognitionswissenschaft – Kognitionstechnik. Frankfurt a.M: Suhrkamp

Watzlawick, P. (1991) Hrsg.: Die erfundene Wirklichkeit. München-Zürich: Piper

ANHANG

Hier eine Übersicht der feed-in Texte:

1. Foerster, H. v. (1993): Wissen und Gewissen: Versuch einer Brücke. Hrsg. v. Siegfried J.Schmidt). Frankfurt a.M.: Suhrkamp, S. 343-344.
(Ein Zitat zu legitimen und illegitimen Fragen über das autoritäre Pauken oder das selbstverantwortete Lernen)

2. Shea, W.G (1977): Galileos intellektuelle Revolution. New York: Science History Publications, 33 f. (Was war, historisch gesehen, Galileos wissenschaftliche Leistung?)

3.u 4. Auszüge aus Materialien zu Brechts »Das Leben des Galilei«. In: v. G. Busch, Frankfurt: Suhrkamp, 1963, 27/33 u.55
(Brecht beschreibt Laughtons Rollenporträt der Aufführung in Beverly Hills, 1943; und er spricht über die Figur des Galileo in einem Brief an Hans Tombrock, 1941.)

5. Finocciaro, M.A.(1989): The Galileo Affair. A Documentary History. In: v. M.A., Univ. of California Press, 1989, 82/4 (Galileo erläutert um 1615 in einem Brief, wie er die Beziehung von Religion/Bibel und Naturwissenschaften sieht; und das ist ziemlich das Gegenteil dessen, was Brecht darstellt.)

Da diese Auseinandersetzung bei den Fundamentalisten bis heute nicht abgeschlossen ist, hatte ich zwei moderne Texte zu diesem Thema vorbereitet:

6. Ditfurth, H.v. (1972): Im Anfang war der Wasserstoff. Hamburg: Hoffmann und Campe, 139 f.

7. Dürr, H.P. (1997): Gott, der Mensch und die Wissenschaft. Augsburg: Pattloch, 7-9

Die soziale und kulturelle Revolution und die religiöse Ängste der frühen Neuzeit thematisierten zwei historische Studien, von denen die zweite auch Bilder zum Karneval und zur Commedia dell' Arte enthielt.

8. Chaunu, P.(1989): Europäische Kultur im Zeitalter des Barock. Frankfurt a.M.: Fischer, 632 f.

9. Burke, P. (1996): Städtische Kultur in Italien zwischen Hochrenaissance und Barock. Frankfurt a.M.: Fischer, 187-192

Auf dem Weg, den Frieden zu schaffen

Abweichende Realitätserfahrungen in jüdisch-arabischen Begegnungen im Educational Theater

Shifra Schonmann
Übersetzung: Herta- Elisabeth Renk

Vorwort

Jeder, der sich um den Frieden im Mittleren Osten bemüht, stößt auf schwer überwindbare Hindernisse.
Wie finden Sie diesen Satz? Er sagt das Offenkundige in ziemlich trivialer Form. Versuchen wir es anders. Wer sich um den Frieden im Mittleren Osten bemüht, bleibt in einem Minenfeld stecken.
Wie finden Sie *das*? Es sagt das Offenkundige, aber diesmal *nicht* in trivialer Form, sondern mit einer Metapher, die uns die gleiche Realität anders verstehen läßt: daß es gefährlich ist, im Mittleren Osten den Frieden zu verhandeln; daß man jeden Augenblick hochgehen kann, aber immerhin eine Chance hat. Die Wahl dieser Metapher ist nicht zufällig oder willkürlich – sie beruht auf meinen Erfahrungen als jüdische Bürgerin Israels. Ich möchte mit Lakoff und Johnson (1980) sagen, daß »Metaphern nicht nur unsere Sprache, sondern auch unser Denken, unsere Haltungen und Handlungen prägen« (39); daß Metaphern unsere Realität schaffen. Tatsächlich hat die Wahl der Metapher »Minenfeld« etwas mit dem Charakter des Friedensprozesses zu tun, und so wird sie zum Indiz dafür, wie der Sprecher die politische Situation versteht.

Lassen Sie es uns mit einer etwas radikaleren Metapher versuchen: Wer sich um den Frieden im Mittleren Osten bemüht, wird sich bald in einer ähnlichen Situation befinden wie der Baron von Münchhausen. Erinnern Sie sich an Münchhausens Abenteuer: er springt zu kurz über einen Sumpf, Roß und Reiter ertrinken fast – bis er schließlich sich und sein Pferd am eigenen Zopf herauszieht.

Wie finden Sie *das*? Es sagt das Offenkundige nicht trivial, sondern metaphorisch. Dieses Mal aber zeigen wir nicht nur eine andere Schicht der Realität, wir präsentieren die Vorstellung vom Frieden im Mittelosten als Absurdität. Augenzwinkernd deuten wir an, daß diese Absurdität unter gewissen Voraussetzungen sogar eintreten könnte. Die Münchhausen-

Situation entsteht nicht aus einem konventionellen, sondern einem imaginären Verständnis der Realität.

Eine fiktive Konstruktion, die die Kluft zwischen der virtuellen Absurdität einer »Friedensrealität« und ihrer faktischen Vorstellung überbrückt.

Fiktive Realitätskonstrukte wie diese leben von unlogischer Übertreibung. Heißt das auch schon, daß man lügt, wenn man so übertreibend die Grenzen der Realität überschreitet? Was unterscheidet Übertreibung von Lüge? Ich meine, der Unterschied liegt in den *Intentionen* des Sprechers. Wer lügt, will täuschen, den anderen beschwindeln oder ausmanövrieren, sich einen Vorteil verschaffen. Wer dagegen übertreibt, will die Aufmerksamkeit seiner Zuhörer gewinnen, ihnen gefallen, sie unterhalten. Der Charakter des Baron von Münchhausen ist keine bloße Fiktion, sondern beruht auf einer bekannten menschlichen Eigenschaft, die auch dort in Erscheinung tritt, wo Menschen über ihre reiche Lebenserfahrung schwadronieren; sie können ihre Geschichten weise ausspinnen, ohne ihre Unschuld zu verlieren.

Ich benutze das Beispiel des Baron von Münchhausen und seiner »steilen Geschichten«, um zu zeigen, daß der Friedensprozeß im Mittleren Osten als eine Konstruktion der Wahrheit mit vielen Facetten verstanden werden muß. Die Arbeit am Frieden muß sich darauf einrichten, sehr verschiedene Realitäten abzutragen. Soweit die politische Realität im Mittleren Osten absurd ist, muß man beiden Seiten viel guten Willen, Fantasie, Weisheit und kreativen Einfallsreichtum wünschen. Um die Minen auf dem Weg zum Frieden zu entschärfen, sollten beide Seiten ihre abweichenden Realitäten nicht gegeneinandersetzen, sondern gegen eine fiktionale Realität, wie ich zeigen werde.

Ich möchte einige spielerische Ideen beitragen zum Thema: Auf dem Weg zum Frieden – abweichende Realitätserfahrungen in jüdisch-arabischen Begegnungen mit dem Educational Theatre.

Zunächst entwerfe ich einen Theorierahmen, der fünf Unterschiede zwischen »wirklichen Welten« und «fiktiven Welten« im theatralen Medium festhält. Er wird das Gerüst für meine theatrale und pädagogische Arbeit mit den Studenten liefern.

Dann werde ich zwei Beispiele aus meiner theaterpädagogischen Arbeit mit jüdischen und arabischen Studenten aufgreifen und zeigen, daß wir in eine absurde Situation geraten, eine Münchhausen-Situation, wenn Theater und Leben eins werden. Hoffentlich kann ich aber auch zeigen, daß uns das Theater bei aller Absurdität glücklicherweise einen neuen Zugang zur Realität öffnet. Wir können dem Geist der Innovation und Entschlossenheit

applaudieren, wie ihn Bernard Shaw im zweiten Akt von »Mrs. Warren's Profession« formulierte, als er 1883 schrieb:
»Immer schieben die Leute die Schuld für das, was sie sind, auf die Verhältnisse. Ich glaube nicht an Verhältnisse. Leute, die vorwärtskommen in dieser Welt, das sind Leute, die aufbrechen, die suchen nach Verhältnissen, die sie brauchen, und wenn sie die nicht finden, dann schaffen sie sie.« (Shaw, 1975, 38)

Teil 1

Theorierahmen: Einzigartigkeit und Problematik der Beziehung zwischen Theater und Leben.

Der bekannte britische Regisseur Peter Brook veröffentlichte 1968 seine Vorlesungen zum Theater unter dem Titel »Der leere Raum«; inzwischen hat dieses Buch bei Künstlern und Kritikern den Rang eines Klassikers. In seinem Abschlußkapitel sagt Brook:

> Im täglichen Leben ist ›wenn‹ eine Fiktion, im Theater ist ›wenn‹ ein Experiment.
> Im täglichen Leben ist ›wenn‹ ein Ausweichen, im Theater ist es die Wahrheit.
> Wenn wir uns durchgerungen haben, an diese Wahrheit zu glauben, dann sind Theater und Leben eins.
> Das ist ein hohes Ziel.
> Das Spielen erfordert viel Arbeit. Aber wenn wir die Arbeit als Spiel empfinden, dann ist sie keine Arbeit mehr.
>
> Ein Spiel ist Spiel (Brook, 207)

Für Brook liegt die besondere Qualität des Theaters in seiner Fähigkeit, Leben in konzentrierter Form zu zeigen. Einige Kritiker haben seine Vorstellung vom »hohen Ziel« der Verschmelzung von Leben und Theater allzu wörtlich mißverstanden. Ohne jeden Zweifel wird Theater für Brook bedeutungslos, wenn es sich nicht mehr vom Leben unterscheidet. Die Bühne ist ihm der ideale Ort, wo das Unsichtbare sichtbar und damit im Alltagsleben besser verständlich wird.
Theater zeigt Leben in *konzentrierter Form* (Gronemeyer, 1996, 168).
Gruppen und Individuen im Theater experimentieren unablässig damit, die Grenzen zwischen Kunst und Leben abzubauen – aber auch klarzustellen. In all dieser ideologischen und ästhetischen Vielfalt ist für mich eine Konstante

wesentlich: daß das Theater einen Freiraum bietet, in dem man das Leben leben und kühne Alternativen riskieren kann. Dieses Gefühl der Sicherheit in einem Raum des virtuellen Abenteuers ist eine ideale Vorausetzung für die Arbeit von Theater- und Dramapädagogen.
Darin liegt die Chance des Theaters: in der beharrlichen Suche nach neuen Beziehungen zwischen Leben und Theater.
Ich möchte Ihnen fünf Prinzipien vorstellen, die meines Erachtens die spezifischen Beziehungen zwischen Alltagsleben und Theater definieren. Ich tue das nicht als akademische Pflichtübung – diese Prinzipien sind mir wichtig, weil die Beziehung von Theater und Leben im Zentrum meiner Arbeit steht, weil meine Projekte aus der Hitze des israelischen Alltagslebens stammen und auf dieses Leben zurückwirken sollen.

Erstes Prinzip: Das Entschlüsseln von Zeichensprachen

Das Theater spricht zu uns in einer Zeichensprache. Diese Sprache verfügt über künstlerische, ästhetische, kommunikative, persönliche und soziale Qualitäten, und sie bedarf der Entschlüsselung.
Haben Sie schon einmal beobachtet, wie sich die Tränen, die Sie über einen tragischen Vorfall vergießen von denen unterscheiden, die Ihnen bei einer rührenden Geschichte kommen? Diese Frage hat Denis Diderot um 1770 in seinem Werk »Paradoxe sur le Comédien« gestellt und folgendermaßen beantwortet: Wenn wir eine rührende Geschichte hören, ergreift uns Schwindel, wir haben einen Kloß im Hals und die Tränen beginnen zu fließen. Aber wenn wir zum Zeugen eines tragischen Ereignisses werden, wirken Handlung, Gefühl und Eindruck zusammen – das Herz spricht sofort, wir schreien auf, verlieren unsere Haltung und brechen in Tränen aus. Diese Tränen kommen plötzlich, während jene, die von der Geschichte ausgelöst wurden, geplant, ja programmiert sind. Diderots Frage ist in Wirklichkeit eine Antwort auf Plato, der das Drama aus moralischen Gründen verwarf, weil es so machtvoll auf die Menschen wirkt. Man hört hier auch Aristoteles, der Platos Thesen in seiner »Poetik« widerlegte – dem schönsten Plädoyer, das je für das Drama geschrieben wurde. In Diderots Antworten finden sich bereits Ansätze, die vorgreifen auf Stanislavski, Brecht, Artaud und so viele mehr, für die das Theater die Summe des Lebens zieht.

Betrachten wir noch ein anderes Zitat von Diderot. Als Clairon seine Lieblingsschauspielerin zum ersten Mal in der Intimität ihres Hauses und nicht auf der Bühne sieht, ruft er verwundert: »Ah, Madame, ich hatte Sie mir einen Kopf größer gedacht als Sie wirklich sind!« Er wunderte sich,

daß der Schauspieler im Leben und der Schauspieler auf der Bühne tatsächlich zwei ganz verschiedene Personen sind. Wenn wir es mit Künstlern zu tun haben, die über Talent und Métier verfügen, dann zeigen sie auf der Bühne einen Charakter in vielen Dimensionen. Wir müssen uns also fragen, wo die Grenzen zwischen Alltagswahrheit und Bühnenwahrheit verlaufen.
Dem Prinzip der »Bühnenwahrheit« gilt daher als nächstes unsere Aufmerksamkeit.

Zweites Prinzip: Die Gestaltung der Wahrheit auf der Bühne

Die Wahrheit der Bühne ist ästhetisch und künstlerisch – nicht psychologisch. Die Darsteller verkörpern etwas Abstraktes, etwas, was über ihre Physis hinausweist. Daß wir fähig sind, solche Substitute zu schaffen, ermöglicht erst die Sprache der Kunst, und die dramatische Kunst partizipiert genauso von der Fähigkeit, »in die Schuhe einer anderen Person« zu schlüpfen.

Wer Theater macht, muß akzeptieren, daß es in der Vorgeblichkeit, im »Als Ob« stattfindet. Die Bühnenwahrheit hat nichts mit der Interpretation und nichts mit der Imitation des Alltagslebens zu tun. Wenn wir ein Stück sehen, fragen wir, ob der Darsteller ein Substitut für ein Abstraktum schaffen kann – eine Idee, eine Erregung, ein Symbol – und ob er uns hilft, aus dem Konkreten auszubrechen. Die Wahrheit der Bühne liefert dem Zuschauer eine überzeugende Interpretation.

Drittes Prinzip: Die Gestaltung der dramatischen Erfahrung

Krisen und Wendepunkte sind von besonderem dramatischen Interesse – aber nicht jedes Ereignis dieser Art hat auch dramatische Qualität. Ein dramatisches Ereignis verlangt das *Besondere.* Ein erfahrener Künstler formt es und präsentiert es dem Zuschauer so, daß er die Einzigartigkeit dieser Erfahrung spürt und sich ihr gerne überläßt.

Um dieses Prinzip völlig zu verstehen, sollten wir uns fragen, warum uns ein Mord auf der Bühne anders berührt, als wenn wir das gleiche im Alltag mitansehen müßten – und nicht bei dem etwas abgedroschenen Prinzip der Vorgeblichkeit, des »Als ob« stehenbleiben, sondern die Erklärung in der metaphorischen Natur einer dramatischen Erfahrung und ihrem enormen Potential zur Manipulation suchen.

Wir müssen also das Konzept der Metapher genauer betrachten.

Eine Metapher entsteht durch die Verschmelzung zweier nicht zusammengehöriger Komponenten, die sich nur in unserer Einbildungskraft zu einer dritten Welt verbinden, der »Welt der Metapher«. Der gleiche Mechanismus, so ist meine These, wirkt auf uns im Theater. Unsere Fantasie wird angeregt, wir machen uns bewußt, was wir sehen, wir geben ihm eine Bedeutung. Das Wesentliche im Theater geschieht in unserer Einbildung.

Viertes Prinzip: Verständnis der dramatischen Konventionen

Theatererfahrungen beruhen auf Konventionen – und sie lassen sich leichter beschreiben als definieren. Eine solche Konvention ist beispielsweise die Sicherheitszone, die Darsteller und Publikum immer an die Künstlichkeit ihrer Erfahrung menschlichen Verhaltens erinnert. Wir dürfen nicht die Künstlichkeit des Bühnengeschehens vergessen, das nie zufällig oder grundlos ist; im Gegenteil, alles muß notwendig und wahrscheinlich sein.
Konventionen sind kulturell verankert und sie überbrücken die Kluft zwischen Alltagsrealität und Imagination. Vaughn (1978) sagt zurecht: »Jede Epoche der Dramengeschichte hat ihre spezifischen Konventionen – doch alle sind auf die Zuschauer angewiesen, um Theaterrealität entstehen zu lassen« (Vaughn, 1978, 60). Dramatische Konventionen benutzen spezifische Dramaturgien, Techniken, theatrale Mittel; sie dienen, wie Vaughn erläutert, als Ersatz für Realität, d.h. Leser und Zuschauer werden eingeladen, sie für die Realität zu nehmen.

Fünftes Prinzip: Die Grenzen zwischen »Ich« und »Charakter«

Die Theatergeschichte hat mit verschiedenen Theorien demonstriert, wie das Verhältnis von Ich und Bühnenfigur zu gestalten ist.
Wir wissen beispielsweise, daß Stanislavski, der einen realistischen Zugang zum Theater vertrat, seine Darsteller aufforderte, die Bühne zu vergessen, während Tairov als Verfechter eines antirealistischen Theaters forderte, daß sie sich der Bühne immer bewußt blieben. Wo also liegen die Grenzen – wenn es sie überhaupt gibt? Im Kindertheater werden beim Schlußvorhang »die Bösen« ausgebuht und ausgezischt, selbst wenn die Schauspieler sich verbeugen und die Maske abnehmen. Kinder weigern sich auch, »den Bösen« zu spielen, und selbst erwachsene Darsteller fürchten die Festlegung auf einen Typ.

Es ist schwer nachzuvollziehen, wie Schauspieler jeden Abend beim Auftritt die Grenzen zwischen Person und Charakter wahren, wie sie es vermeiden, in einer Art Selbstmord ihr »Ich« im »Charakter« aufgehen zu lassen. (Erzählen Sie das mal dem Baron von Münchhausen!)
Es ist unsere wichtigste Aufgabe als Theaterpädagogen diese theatrale Verkörperung zu begreifen. Hier liegt das wichtigste Potential des theatralen Mediums für Lernen und Verstehen.

Konstruktivismus und die Begegnungen des educational theatre

Mit diesen fünf Prinzipien – Zeichensprache, Bühnenwahrheit, dramatische Erfahrung, Theaterkonventionen, Grenzen zwischen Ich und Charakter – können wir begreifen, warum Theaterkunst dem Leben so dramatisch nahekommt.
Und so kommen wir zur Erziehung durch Theater, so nutzen wir diese Einsichten, um subjektive und aktive Formen des Wissenserwerbs zu schaffen, um das Schulwissen mit dem Alltagswissen zu verbinden.
In den Begegnungen des educational theatre gehe ich konstruktivistisch vor, wenn ich die Schüler ihre eigenen Lernumgebungen entwickeln lasse.
Ich will hier nicht das konstruktivistische Paradigma vorstellen, aber ich möchte doch bemerken, daß seine Lernphilosophie ins 18. Jahrhundert und zum neapolititanischen Philosophen Giambattista Vico zurückreicht, der glaubte, daß Menschen nur wirklich verstehen können, was sie selber geschaffen haben. Unter den Zeitgenossen waren m.W. Dewey und Piaget die ersten, die konstruktivistisches Denken auf den Schulunterricht und die kindliche Entwicklung bezogen. Crowther (1997) meinte, daß konstruktivistische Ideen nicht neu seien, auch wenn sie in den letzten Jahren populär geworden sind. Aspekte konstruktivistischen Denkens finden sich in den Schriften von Sokrates, Plato und Aristoteles, die alle die Herausbildung von Wissen erklären. Ich erkenne meine eigenen Vorstellungen in einem Statement von Glasersfeld (1990), daß »Wissen keine Ware sei, die man transportieren könne«. Aber ich möchte die Theorie verlassen und in einem Klassenzimmer beobachten, wie die Praktiker vor Ort mit Wissen und Wissenschaft umgehen. Wie verknüpfen sie die Alltagswelt mit imaginären Welten, die Alltagswelt mit Wissen und Wissenschaft? Könnte es sein, daß sie wie Molières M. Jourdain längst Prosa sprechen, d.h. »konstruktivistisch« arbeiten, ohne zu merken, daß sie es tun?

Teil 2

Wissenserwerb durch Theater: Verbindungslinien zum Alltagsleben und zum Konstruktivismus

An was denken wir, wenn wir von Theater/Drama[1] in der Schule sprechen? Natürlich an ein Stück, das wir mit den Kindern als Darstellern und ihren Freunden, Eltern und Lehrern als Zuschauern aufführen. Doch diese Vorstellung ist sehr begrenzt und nimmt nur einen kleinen Ausschnitt eines Phänomens wahr, das besser als eine *alternative Verstehensform* begriffen wird, die wir sehr wirkungsvoll in unseren Schulen einsetzen können.

Wenn Dramenpädagogen zusammenkommen, diskutieren sie vor allem über eigene Erfahrungen und erfolgreiche Strategien. Diese reichen von völlig spontanen Aktivitäten, wie Improvisationsübungen, bis zur sorgfältig geplanten Arbeit und der Aufführung von Texten. Erst allmählich merken sie, daß ihre Erziehungziele durchaus verschieden sind. Um zu verdeutlichen, was mit Theater/Drama-Erziehung gemeint ist, müssen wir unterscheiden zwischen Erziehung *für* das Theater und Erziehung *durch* das Theater. Erziehung für das Theater meint das Theater als Kunstform, die es zu verstehen gilt. Erziehung durch das Theater verweist auf Theater als Instrument, mit dem man pädagogische Ziele erreicht, wie verbesserte Lernfähigkeit, soziale Kompetenz und Ichstärkung. So wird Theater zum Vehikel, das dem einzelnen hilft, sich zu entwickeln – ganz unabhängig von künstlerisch-ästhetischen Vorhaben. Im Augenblick wird diese Frage besonders heiß diskutiert: Lernen durch die Künste, statt Erschließung der Künste um ihrer selbst willen, und natürlich gilt das ganz wesentlich auch für Theater/Drama in Education. Wie David Best (1996) sehe ich eigentlich nicht ein, warum wir zwischen beidem wählen sollten, da sich beide Optionen prinzipiell ergänzen. Man kann im Unterricht verschiedene Strategien benutzen, aber *alle machen vertraut mit dem Wesen dramatischer Handlung – und sind stets auch eine Form konstruktivistischen Lernens.*

---

[1] S. Schonmann verwendet „drama“ im Sinne des britischen drama-in-education und verweist damit auf eine Tradition der Lernperformance, die es so in Deutschland nicht gibt, obwohl sie z.T. aus Ideen der deutschen Kunsterzieherbewegung und der Reformpädagogik entstanden ist (vgl. Renk, 1998 und Wagner, 1998). Eine Art Improvisationstheater, das nicht für Zuschauer gedacht ist, nur für die Spieler, aufgebaut aus vom Lehrer geplanten Situationen und szenischen Herausforderungen, in denen die Schüler laufend auf symbolisch-metaphorischer Ebene interagieren und Entscheidungen treffen, mit denen sie in neuen Szenarien wieder konfrontiert werden, dient der gemeinsamen Erfahrung eines Themas, das den eigentlichen Lerninhalt des »drama-in-education« darstellt.

Dramatische Handlung ist immer auch physisch konkreter Ausdruck einer Rolle. In ihr finden Gedanken und Gefühle eine Form und damit Bedeutung und Symbolkraft. Das kann spontan, improvisiert oder gut geplant sein, es ist naturgemäß stets expressiv und kommunikativ. Wenn wir Bolton zustimmen (1992), können wir sagen, daß Schüler der Realität umso näher kommen, je tiefer sie in ihre fiktiven Rollen eintauchen.

In der dramatischen Handlung können Schüler eine Umgebung mit ihren Sinnen erfassen und ihre Interpretation von Fakten und Fiktion gerät zur totalen Erfahrung. Die Als-ob-Situation verlangt nicht nur, daß man sich in eine andere Person hineinversetzt; man muß auch Stereotype meiden und die dramatische Fiktion einfallsreich umsetzen. Im Verlauf eines »drama«, lernt man auf neuen Wegen denken und verstehen. Wenn die Lernenden in eine Rolle ein- und wieder aus ihr aussteigen, erfahren sie verschiedene Bedeutungsschichten der dramatischen Handlung und der Alltagsrealität. *Beim Spiel zwischen dem Virtuellen und dem Faktischen wird in der »Als-ob« Transformation der Dramenhandlung das meiste Wissen erworben.*

Theater/Drama-Erziehung verlangt längst nicht mehr eine Entscheidung fürs Theater oder für die Erziehung durch Theater. *Beide Wege führen zu Einsichten, die wir in einer Zeit des Pluralismus von Weltbildern und Kulturen genauer betrachten sollten.* In jedem Fall ist die künstlerisch-ästhetische Dimension stets die Grundlage für Theater/Drama-Erziehung. Prinzipiell dürfen wir nie vergessen, daß wir mit einer Kunstform arbeiten. In den folgenden beiden Beispielen aus meiner Arbeit – Playing Peace (1998) und Jewish-Arab Encounters in the Drama/Theatre Classroom Battlefield; The Case of the Village of Love (1996) – möchte ich die Frage der Friedenserziehung behandeln: Möglichkeiten und Grenzen des Unterrichtens innerhalb der Kunstform von Drama/Theater, wobei ich davon ausgehe, daß es eine Spannung zwischen Leben und Theater gibt.

1. Projekt: Den Frieden spielen

Als erstes Beispiel stelle ich ein Theater/Drama-Projekt vor, das ich mit meinen Forschungsstudenten an zwei israelischen Junior High Schools durchführte, die eine in einem arabischen Dorf und die andere in einer jüdischen Stadt. (Wenn es nicht um so ernste Probleme wie Krieg und Frieden und ganz real um Tod und Leben ginge, möchte man die folgenden Geschichten eigentlich in eine Münchhausen-Anthologie aufnehmen.

Sechs Lehrer suchten nach Möglichkeiten, den Frieden zu feiern. Ich nannte das Projekt: *Den Frieden spielen: Lernperformance*[2] *als ästhetischer Weg zum Verstehen* (Eisner, 1985; 1998).

Sechs Lehrer aus drei verschiedenen Religionen – Judentum, Christentum und Islam – trafen sich, um zu erkunden, wie man den *Frieden feiern* könne. Sie waren sich einig: »Wie wir mit dem Krieg fertigwerden, prägt unsere Erfahrung in der Schule. Die Gedenktage gehören sehr elementar zu unserem Leben. Wir wollen unseren Schülern, Juden wie Arabern, Augenblicke gemeinsamen Glücks vermitteln. Wir wollen den Frieden spielen.« Beflügelt vom starken Willen dieser Lehrer, begann ein Prozeß der Unterrichtsplanung. Sie fragten sich, ob ihre Schüler diese Vorstellung wohl teilten. Für den Anfang entwickelten sie die Idee der »Friedensquadrate«. Die beiden Klassen der 8. Jahrgangstufe, die eine aus dem arabischen, die andere aus dem jüdischen Gebiet, sahen sich ein 3-Minuten-Video an von der Unterzeichnung des Friedensvertrags zwischen Israel und Jordanien im Jahr 1994. Anschließend bekamen sie quadratisch geschnittenes farbiges Papier, auf das sie all das schreiben sollten, was sie für den Frieden zu geben bereit waren und was sie sich davon erhofften.

Im arabischen Dorf machten sich die Schüler mit Begeisterung an diese Aufgabe. Sie diskutieren den Friedensvertrag sehr sorgfältig und schrieben die Papierquadrate voll, die sie erhalten hatten. Eine Auswertung ihrer Zettel ergab, daß sie nur bereit waren, *mehr zu erhalten als zu geben.* Sicherheit, Gleichheit, Gerechtigkeit und Ehre waren die Vorteile, die am stärksten erwünscht waren. Gefragt, was sie dafür geben würden, konnten viele Studenten weder abstrakte noch konkrete Vorstellungen entwickeln, obwohl sie leidenschaftlich die Fortsetzung des Friedensprozesses unterstützten.

In der jüdischen Schule herrschte die gleiche festliche Stimmung, und hier ging es den Schülern v.a. um die Sicherheit im Alltag. Außerdem erwarteten sie auch Vorteile für die wirtschaftliche Entwicklung. Sie waren bereit, Spendengelder aufzubringen, sogar ihr eigenes Taschengeld, um den Friedensprozeß zu fördern.

---

[2] Wie ich in meiner eigenen Arbeit gezeigt habe (Renk, 1989) ist der Ausdruck der Performance bzw. der Lernperformance oft angemessen für die typische drama-in-education Improvisation, weil performance in der deutschen Tradition einerseits den Akzent auf die einmalige Erfahrung legt, die der Spieler selber macht und andererseits den ästhetischen Reiz würdigt, diesem Prozeß zuzuschauen.

Die arabischen und jüdischen Schüler verband ein hohes emotionales Engagement und der Wunsch, diese Gefühle mit anderen zu teilen. Die Lehrer beider Klassen fanden es passend, einen *Tag der Friedensfeier* vorzubereiten, und da sie ganz ähnliche Gefühle für den Friedensvertrag hegten wie ihre Schüler, schien das auch ein einfaches Unterfangen.
– »Ich will nichts über den Frieden lernen, ich will ihn leben.« sagte Sara.
– »Ich möchte meine Gefühle öffentlich ausdrücken können«, sagte Suher.
– »Als Israelis, Araber und Juden, haben wir nicht eine einzige echte Feier, die wir gemeinsam begehen können. Wir brauchen Hoffnung. Wir brauchen etwas zu feiern«, sagte Daniel.
An diesem Punkt mußten sich Lehrer und Schüler über die Elemente einer Feier einigen. Das war das Schwierigste. Schnell wurde ihnen klar, daß die Frage, wie man feiern sollte, schwerer zu lösen war, als sie gedacht hatten, weil es nichts gab, worauf sie sich hätten beziehen können. Es gab keine Tradition für Friedensfeiern.

Während dieser Suche nach einer geeigneten Form der theatralen Darbietung, argumentierte nur ein Student vehement gegen das ganze Unternehmen. Er erklärte: »Wir sollten diese Idee eines Friedenstages nicht weiter verfolgen. Er wird trauernde Familien an den Verlust ihrer Lieben erinnern und ihnen weh tun. Sie können nicht wirklich feiern, und selbst wenn es nur eine einzige Familie gäbe, die nicht feiern kann, sollten wir es nicht tun.«

Nach jeder Stunde trafen sich die arabischen und jüdischen Lehrer, um zu vergleichen, was in jeder Klasse gelaufen war, und um die nächsten Schritte zu planen. Je mehr die Lehrer in diesen Prozeß verwickelt wurden, um so mehr wollten sie eine wirkliche Feier.

Als ich im Zuschauerraum saß und die Aufführung verfolgte, sah ich ihre klare theatrale Logik. Ich beobachtete das Publikum und die Aufführung, ich konnte spüren, daß Spannung in der Luft lag, aber kein emotionales Engagement. Die Lehrer und Schüler im Publikum verfolgten die Aufführung sehr ruhig, sie zeigten Interesse aber keine besondere Begeisterung. Das stand in völligem Gegensatz zur großen Begeisterung der Schüler, die auf der Bühne spielten.

Die auffallendsten Reaktionen nach der Aufführung waren:
– »Es war anrührend. Ich wollte weinen, als der Chor anfing das ›Hallelujah‹ zu singen.«
– »Der Dialog zwischen den jüdischen und arabischen Großmüttern war ein emotionaler Höhepunkt«.
– »Die Musik war sehr eindrucksvoll.«

– »Ich konnte fast den ganzen Text auswendig.«
– »Es erinnerte mich an andere Feiern, die wir in der Schule haben.«
– »Nein, ich war nicht wirklich glücklich. Ich hatte nicht einmal das Gefühl, daß sie auf der Bühne glücklich waren.«

Was zu einem festlichen Feiertag gehört, entwickelte jeder aus der Vorstellung, daß Feiern aus der Routine des Alltags ausbrechen und etwas Ungewöhnliches bieten müssen.

Als ich mit den Lehrern die Aufführung analysierte und dabei ihre Videobänder und Aufzeichnungen einsah, wurde klar, daß die Lehrer zwar ihre Schüler während der ganzen Planung des Friedenstages ermutigt hatten, daß sie aber versäumt hatten, in irgendeiner Weise mit ihnen über die Auswahl des Materials zu reden, das man für diese Feier verwenden konnte. Sie hatten Fragen vermieden wie: »Unser Land: Was heißt das für die Araber? Was heißt es für die Juden?« »Unser«, »dazugehören«, »Identität«, »Territorium«, das waren Begriffe, die die Schüler gebraucht hatten in ihren Aufzeichnungen oder in dem Material, das sie in den Unterricht einbrachten – aber die Lehrer hatten sie nicht aufgegriffen.

Der jüdisch-arabische Streit geht v.a. um den Besitz von Land. Die Lehrer wollten mit diesem fundamentalen Thema nichts zu tun haben, als sie an ihrer Friedensidee arbeiteten. Sie wählten nur solche Texte, die keine Kontroversen auslösen würden.

Die Lehrer wußten, daß es genauso gefährlich war, vorhandene Probleme aufzuschieben wie sie sofort zur Debatte zu stellen. Trotzdem meinte Ronit, eine der jüdischen Lehrerinnen: »Es gibt für alles die richtige Zeit. Jetzt müssen wir die Hoffnung stärken, das Glück, die abstrakte Möglichkeit, die plötzlich Realität geworden ist.«
Marafat, einer der arabischen Lehrer sagte: »Die Segnungen des Friedens haben heilende Kräfte. Laßt sie uns empfinden.»
Wenn Fragen von Krieg und Frieden zur Lebensrealität gehören, werden Schüler und Lehrer zu Zeugen einer historischen Entwicklung, und wenn eine unbekannte Zukunft Teil des Alltags wird, reagieren sie darauf mit gleicher Leidenschaft. Aber diesem intensiven Gefühl Ausdruck zu verleihen, ist nur der erste Schritt. Wenn es den Schulalltag wirklich prägen soll, dann brauchen wir ein tieferes Verständnis der äesthetischen Gesetze des Schulalltags.

Als die Lehrer ohne jede Nostalgie, Sentimentalität oder Tradition das komplexe Phänomen einer Friedensfeier darstellen wollten, versuchten sie einen Nationalfeiertag wie eine jener Festivitäten zu gestalten, die sie aus Erfahrung kannten. Die Umstände waren anders, aber sie schufen keine neue Form. Dann merkten sie, daß sie sich mit dieser Aufgabe übernommen hatten. Was sie als Erwachsene als ihre Aufgabe ansahen – eine neue Art des Feierns zu finden – konnten sie nicht lösen. Diese Einsicht kam ihnen nur langsam, als sie begriffen, daß die Struktur der Aufführung, die sie gewählt hatten, eher zu einer Zeremonie als zu einer Feier geführt hatte. Die Studenten waren nicht weniger als ihre Lehrer befangen in einer langen Tradition von Gedenktagen, und sie wiederholten das gleiche Gedenkschema in ihrer Aufführung.

Jetzt begreift man vielleicht die Ansicht des Schülers, der die Idee einer Feier abgelehnt hatte. Man muß den Frieden im Kontext des Lebensalltags und Lebensstils feiern, als Grundwert, mit dem man lebt, nicht als isoliertes, künstlich geschaffenes Phänomen.

Die Alltagskultur in Israel hat das Leben in Frieden bisher nicht gekannt. Eine neue Form des Feierns konnte nicht in einem historischen Vakuum geschaffen werden, und die neuen Lebensumstände, die sich gerade entwickeln, müssen über längere Zeit erhalten und vertieft werden, um zur kollektiven Erfahrung der Nation zu reifen.

Die Gelegenheit, den Frieden in einer Schulaufführung darzustellen, forderte Lehrer und Schüler an einem Zentrum menschlichen Lebens, mit dem sie sich vorher weder theoretisch noch praktisch befaßt hatten. Den Lehrern wurde bewußt, daß man daran arbeiten muß, glücklich zu sein. »Das Glücklichsein machen« verlangte ein neues Verständnis menschlicher Emotion und ein neues Ziel für die ästhetische Planung, Präsentation und Evaluation der Aufführung. Was heißt es, in Frieden zu leben? Was für ein Frieden wird das sein? Ist ein echter Frieden möglich – oder nur einer auf dem Papier? Obwohl wir uns über die richtigen Wege zu einem dauerhaften Frieden streiten, will die israelische Gesellschaft insgesamt doch ohne Zweifel diesen Frieden. Die Mehrheit aller, die in Israel leben, Juden und Araber, verbindet die gleiche Sehnsucht nach einem Leben in Frieden, und sie ist zutiefst überzeugt, daß er ihnen eine angemessene, sichere Grundlage für ein sinnvolles Leben bieten wird. Aber es gibt viel Widerstand gegen Feiern. Man fürchtet sich, den Frieden zu feiern und sein Glück zu zeigen. Solche Feiern könnten verfrüht sein; der Frieden könnte eine Totgeburt sein. Als die Schüler versuchten, ihren Gedanken und Gefühlen Form zu verleihen, transformierten sie beide. Eine Rolle einzunehmen und sie darzustellen, verlangt und verleiht ästhetisches Wissen. Sinn zu stiften, durch die Darstellung von Welt auf einer Bühne, bedeutet ästhetisches Wissen. Eine Idee darzustellen, heißt sie abzubilden, sie in Symbole zu fassen.

Als sie sich mit großer Intensität auf eine Untersuchung einließen, die um kritisches Denken und Formen künstlerischer Darbietung kreiste, kamen die Schüler in den Genuß einer ästhetischen Erkenntnisform, und sie gewannen eine neue Einsicht in das Alltagsleben, das sie führten.

Feiertage sind ein wichtiges Element im Leben einer Gesellschaft, die sich ernst nimmt. Zeremonien und die Feiern an Gedenktagen versammeln die Menschen und geben ihnen ein Gefühl der Zugehörigkeit – eine wichtige Aufgabe! Schulfeiern sind eine Kollektiverfahrung: intensiv, emotional, aber gründlich geplant. Wenn eine Schule einen spezifischen Feiertag begeht, so konkretisiert sie eine abstrakte Idee. *Cognitive drama* ist mein Terminus für diesen Prozeß. In einer Interaktion zwischen dem Bewußtsein des Lehrers und dem Bewußtsein des Schülers werden im Verlauf einer unmittelbaren Erfahrung, räumlich und zeitlich genau definiert, neue Verbindungen zwischen Realität und Fiktionalität aufgebaut.

2. Projekt: Das Dorf der Liebe

Lea Caduri ist eine ältere Frau, eine Autodidaktin, die den Holocaust überlebt hat. Sie arbeitet mit Körpersprache, viel Bewegung und Musik – und mit großer emotionaler Intensität. »Ich arbeite intuitiv und mit viel Improvisation. Die Schüler schätzen mich, aber sie lieben mich nicht und damit kann ich gut leben. Ich bin einfach ein älteres Kind, das mit ihnen an Dingen arbeitet, die ihnen wichtig sind.« Lea schreibt Texte, um sie mit ihren jungen Schülern aufzuführen, und sie kümmert sich um den letzten Schliff des Skripts und seine Umwandlung in ein aufführbares Stück.

1995, im Jahr des Friedensschlusses mit Jordanien entschloß sich Lea zu *relevantem Theater*, wie sie es nannte und dazu, das Friedensthema allegorisch, nicht direkt anzugehen. Im Gegensatz zu anderen Lehrern, die konkrete Ereignisse behandelten, wählte Lea die Welt des Märchens. »Es paßt auch zum Alter der Schüler« (6. Jahrgangsstufe), sagte sie, »und ich möchte, daß unser Friedensprojekt sie mit ihren Stimmen sprechen läßt, ohne daß sie eine politische Haltung einnehmen müssen; dazu sind sie noch zu jung.«

Jedes Kind sollte ein Märchen mitbringen, das es mochte, eines, das es gehört oder selber erfunden hatte. Aus all diesen Geschichten machte Lea mit ihren Schülern eine Art Stichwort-Lexikon und so entstanden Bilder wie »das Dorf der Liebe«, »das Dorf des Hasses«, »der Weg der Mühen«, »Friedensstaub«. Schließlich wurde »Das Dorf der Liebe« als Titel für die Präsentation gewählt.

Das Dorf der Liebe

Dies ist eine Geschichte über die Abenteuer von Kindern, die ausziehen, um den Friedensstaub zu finden. Die Handlung besteht aus den Abenteuern, die die Kinder auf dem Weg der Mühen und auf der Suche nach dem Friedensstaub bestehen. Auf der Bühne standen 17 Kinder, die dem Publikum erzählten:

> »Wir erzählen Euch die Geschichte vom Frieden. Sie enthält viel Trauer und Unglück. Du brauchst Hoffnung, du brauchst einen Traum. Wir haben dieses Stück selber geschrieben, wir haben uns hineingedacht, und wir haben uns gefürchtet. Manchmal haben wir gedacht, wir könnten nicht weitergehen, weil es so wehtat, aber wir haben die Hoffnung nicht aufgegeben. In unserer Geschichte gibt es zwei Dörfer, das Dorf des Hasses und das Dorf der Liebe. Vor vielen Jahren waren sie einmal *ein* Dorf, das Dorf des Zuhörens. Die Menschen hörten einander zu; aber was passierte? Der Dorfälteste lag im Sterben und ein Tauziehen begann um seine Nachfolge. Die Dorfbewohner waren in ihrer Meinung geteilt, und so bildeten sich zwei Dörfer, die nur eine Brücke verband.«

Hier spielte Lea Musik und die Kinder demonstrierten durch Bewegung ihre Versuche, die Brücke zu überschreiten. Jeder, der über die Brücke gehen wollte, wurde ausgeschlossen, und eines Tages krachte die Brücke unter dem Gewicht der Gefühle zusammen. In beiden Dörfern brach die Pest aus, der tote Dorfälteste erschien den Kindern der Dörfer im Traum und sagte ihnen, daß sie nicht eher verschwinden werde, als bis der Friedensstaub gefunden sei. So versuchten fünf Kinder aus dem Dorf des Hasses und drei Kinder aus dem Dorf der Liebe eines Nachts, die Kluft zwischen ihnen zu überwinden. Auf den Flügeln der Fantasie brachen sie gemeinsam auf zum Abenteuer und zur Suche nach dem Friedensstaub.

Am Ende der Geschichte, fanden die Kinder – im Gegensatz zu den üblichen Märchen – den Friedensstaub nicht; aber sie fanden etwas nicht weniger Wichtiges: Freunde. Sie entschlossen sich, in ihre Dörfer zurückzukehren, für den Frieden zu kämpfen und die Brücke der Hoffnung wieder aufzubauen.

Überlegungen zu diesem Projekt

Das war das Stück. Wafa Karame arbeitet als Theaterpädagoge im arabischen Viertel von Nazareth, einer Stadt, wo Juden und Araber zusammenleben. Lea und Wafa beschlossen, zusammenzuarbeiten. Als »Das Dorf der Liebe« soweit war, daß man es zeigen konnte, wurden Wafas Schüler eingeladen, und dem folgten zahlreiche Begegnungen zwischen den Kindern, zuerst Unterhaltungen und Reaktionen auf die Aufführung, dann soziale Spiele, »drama« und Theater in gemischten Arbeitsgruppen von Arabern und Juden.

Erez ist ein jüdischer Junge, der im »Dorf der Liebe« mitspielte; sein Bruder wurde vor einem Jahr bei einem Terroristenattentat verletzt und ist immer noch Invalide, muß wegen starker Verbrennungen eine Gesichtsmaske tragen.
Erez sagte: »Ich habe viel Haß, aber nachdem ich in der Gruppe mit Salim gearbeitet habe und wir gemeinsam Grimassen in einen Zerrspiegel geschnitten und darüber gelacht haben, habe ich das Gefühl, das Salim ein Typ ist wie ich. Ich möchte mit ihm was unternehmen, und vielleicht spielen wir am Samstag Fußball auf dem Sportplatz.«

Für Lea Caduri bedeuteten diese Worte von Erez einen emotionalen Höhepunkt und sie brach in Tränen aus. Lea wußte wie die anderen Lehrer, die mit Erez gearbeitet hatten, wie tief seine Furcht vor den Arabern saß, wie tief sein Haß. Sie begriff, wie bemerkenswert diese Aussöhnung war, diese Fähigkeit, sich vor anderen frei und aus dem Alltagskontext heraus zu äußern, ohne einen vorher geschriebenen Text.
Obwohl wir nicht wissen, wieweit die Reaktion von Erez typisch ist für die Reaktionen anderer, so kann man doch sagen, *daß es in einem Stück immer eine Lösung gibt – anders als in der Wirklichkeit, wo Probleme manchmal unlösbar bleiben. Wenn Drama und Leben sich auf der Bühne begegnen, entdecken wir eine spezifische pädagogische Qualität, die zur Versöhnung führen kann.*

Konsequenzen

Meine Arbeiten gehen von der Grundthese aus, daß Theater/Drama-Erziehung neue Möglichkeiten und Wege des Verstehens eröffnet. Eine Möglichkeit, das Leben zu verstehen, ist die Erfahrung des Friedens. Frieden wird bei uns im Mittleren Osten von vielen Menschen hoch

geschätzt, aber erst seit kurzem ist er auch eine Tatsache, mit der man sich in israelischen Schulen praktisch auseinandersetzen muß.
Der Streit um Friedensfragen wird in der isrealischen Gesellschaft grundsätzlich geführt und beschränkt sich nicht auf marginale Mißverständnisse. Dazu gehören unterschiedliche Auffassungen von der Vergangenheit, eine unterschiedliche Terminologie bei der Beschreibung unserer Lebenswirklichkeit und bei der Vorstellung vom zukünftigen Charakter unseres Staates.
Ich ging davon aus, daß Friedensstudien notwendig und möglich sind. Sie mögen philosophisch und theoretisch sein, aber sie sollten auch praktisch sein. Sie sollten den Verstand und die Emotionen entwickeln, aber sie sollten auch zu praktischen Handlungen führen.

Obwohl der Friedensprozeß zwischen Israel und der arabischen Welt seit Anwar Sadats Jerusalembesuch im Jahre 1977 große Fortschritte gemacht hat, hat man doch den Eindruck, daß doch die jüngsten Treffen zwischen Netanyahu und Arafat auf der Wye Plantation in eine existentielle Debatte stürzen, die quer durch die israelische Gesellschaft schneidet, Juden und Araber gleichermaßen erfaßt und viele Konsequenen für das Erziehungssystem birgt.

In Friedenszeiten ist Erziehung ganz wesentlich ein Kampf um den Frieden, ein Oxymoron, das die Dialektik von Krieg und Frieden auf ein hohes und gefährliches Niveau hebt. Das Erziehungssystem, das immer noch den komplexen und unaufhörlichen Konflikt zweier Nationen spiegelt, muß sich dieser neuen Ära anpassen und sich den Fragen einer friedlichen Koexistenz zuwenden. Dabei ist es Prämisse und Hoffnung, daß der Mittlere Osten einen dauerhaften Frieden erleben wird.

Die Herausforderung an die Pädagogen liegt nicht darin, die richtige Balance von Werterziehung, von intellektuellen, emotionalen, kulturellen und ästhetischen Bereichen zu finden – sondern sie als Einheit erlebbar zu machen. Wir versuchten dieser Herausforderung mit unserer Arbeit in den Theater/Drama-Klassen gerecht zu werden.

Friedenserziehung findet üblicherweise im Fach Gemeinschaftskunde statt. Ich habe dagegen versucht, die Friedenserziehung in der ästhetischen Erziehung zu verankern, den nötigen Schritt zu seiner umfassenden Vorstellung vom Frieden zu tun. Wenn man Friedenserziehung als ästhetische Erziehung betreibt, eröffnet man überdies andere Möglichkeiten, in Frieden zu leben: Friedenswege – als mögliche Facetten eines ästhetischen Lebensstils. Schließlich kommen Studenten und Lehrer so zu einem tieferen

Verständnis der Welt, in der sie leben – und der Welt, in der sie leben könnten.

Angesichts dieser Differenz zwischen Fakten und Fiktion und weil ich weiß, daß die Wahrheit immer im Auge des Betrachters liegt, frage ich mich, wie der Baron Münchhausen wohl meine Geschichte erzählt hätte.

Literatur

Berridge, J.A. (1982): Personal and Social Education as a Process for Life: Some Curriculum Implications for Peace Education. Nottinghamshire, County Council

Best, D. (1996): Research in Drama and the Arts in Education: The Objective Necessity Proving It. In: J. Somers (Ed.), Drama and Theatre in Education: Contemporary Research. Canada: Captus Press, 4–23

Bolton, G. (1992): New Perspectives on Classroom Drama. Hemel Hempstead: Simon & Schuster

Brook, P. (1988): Der leere Raum. Berlin: Alexander Verlag

Crowther, D.T. (1997): Taken from the internet. Electronic Journal of Science Education, Vol. 2, No.2, Editorial by David T. Crawther

Diderot, D. (1964): Das Paradox über den Schauspieler. Übs. von K. Scheinfuss. Frankfurt a.M.

Eisner, E. (1985): Aesthetic modes of knowing. In: E. Eisner (Ed.), Learning and Teaching the Ways of Knowing. Chicago: University of Chicago Press, 23–36

Eisner, E. (1998): The kind of Schools we need: Personal essays. Porthmouth: Heinmann

Glasersfeld, E.v. (1990): Environment and communication. In: L. Steffe and T. Wook (Ed.), Transforming Early Childhood Mathematics Education: An International Perspective. Hillsdale: Erlbaum

Gronemeyer, A. (1996): Theater: An Illustrated Historical Overview. New York: Barron's Educational Series, Inc.

Lakoff, G./Johnson, M. (1998): Leben in Metaphern. Konstruktion und Gebrauch von Sprachbildern. Heidelberg

Raspe. R. (1781): <Vademecum für lustige Leute>. 16 Münchhausen-Geschichten, Berlin

Renk, H.E. (1989): »Drama in Education hin – Szenisches Spiel her, oder: Die Retourkutsche über den Kanal« in: *Germanistische Tangenten.* Eichstätter Beiträge 25. Regensburg, 89–104

Schonmann, S. (1996): Jewish-Arab Encounters in the Drama/Theatre Classroom Battlefield. In: *Research in Drama Education,* 1(2), 175–188

Schonmann, S. (1998): Playing Peace. In: *Contemporary Theatre Review,* (in press)

Shaw, G. B. (1975): Mrs. Warren's Profession. Übers. v. Martin Walser »Frau Warrens Beruf«. Frankfurt a.M.: Suhrkamp, 38

Vaughn, J. A. (1978): Drama: A to Z. New York: Frederick Ungar Publishing Co.

Wagner, Betty Jane (1998): Darstellendes Spiel im pädagogischen Raum mit Dorothy Heathcote. in: Das Leben erfassen und gestalten. Übs. von C. Barkhausen. Essen: Die Blaue Eule-Verlag

Drama-in-Education und Lernimprovisation – eine Chance für den offenen Lernprozess

Herta-Elisabeth Renk

1. Drama-in-Education – ein Rückblick

Was man heute Drama-in-Education (DIE) nennt, begann in den 40er Jahren in Großbritannien und erreichte eine Blüte zwischen 1955 und 1980 mit den Arbeiten Gavin Boltons[1], Dorothy Heathcotes und ihrer Schüler, die das DIE in der ganzen Welt verbreiteten, v.a. in den englischsprachigen Ländern, aber auch in den Niederlanden, Skandinavien, in Asien und Afrika; seine Grundideen und viele Techniken seiner Praxis stammen aus höchst unterschiedlichen Quellen (Renk 1989), nicht zuletzt aus der mitteleuropäischen Reformpädagogik, aus der Wertschätzung für die Kunst des Kindes, die sich etwa in der Kunsterzieherbewegung ausdrückte und aus dem kontinentalen Aufbruch von Tanz, Musik und Theater zu ausdrucksvollen und gelegentlich stark didaktischen neuen Formen, wie sie Laban und der deutsche Tanz, Brecht, Weill und andere in den 20er und 30er Jahre entwickelten. Vor allem Brechts didaktisches Theater kam den Briten als Gegenmodell zum eigenen realistischen Theaterstil der 50er Jahre sehr gelegen. Nicht zu unterschätzen ist auch der Einfluß der Exil-Österreicher Fritz Perls und J. L. Moreno, deren Vorstellungen zur Gestalttherapie und zum Psychodrama von den USA aus manche Methoden des DIE geprägt haben. Die praktischen »exercises« von F. Perls und Brian Way (Way, 1967; Hefferline, 1979) beispielsweise sind sich frappierend ähnlich.

Diese Entwicklung wäre nicht denkbar gewesen ohne die pädagogisch-künstlerische Doppelbegabung und das spezifische Charisma Heathcotes oder Boltons intellektuelle Disziplin und ästhetische Sensibilität. Sie haben über Jahrzehnte das DIE geprägt und ihre Ideen auch in Ländern verbreitet, die eine eigene Tradition des educational drama besaßen, wie die USA und Kanada. (Leider ist es ganz unmöglich, im Rahmen eines kurzen Aufsatzes

[1] Zur Geschichte des DIE: G. Bolton (1984): Drama as Education, Burnt Mill: Longman, 173-179 und G. Bolton (1998): Acting in the Classroom. Oakhill: Trentham

auch auf die internationale Palette des educational drama einzugehen. In der Regel wird der Ausdruck DIE für die britische Tradition, educational drama aber generell als Terminus für alle vergleichbaren Formen der Interaktion im Unterricht gebraucht.)
Es sind vor allem zwei Einsichten, die das DIE in den modernen Unterricht zurückgebracht und dort erfolgreich behauptet hat. Das eine ist die ganz selbstverständliche Annahme, daß der Mensch in Situationen lernt; das andere die Einsicht, daß das einzige Medium, das den Menschen als Gesamtpersönlichkeit erreicht, nicht abstrakt-verbal sondern analog-konkret sein muß. Um Mißverständnissen vorzubeugen: Ich rede hier nicht von einer Hinführung zur Kunstform des Theaters oder zu ästhetischer Analyse. Dieser Unterricht benutzt ganz selbstverständlich die Tatsache, daß etwas nicht nur sich selber bedeuten, sondern zum Zeichen für anderes werden kann; daß die metaphorische Qualität unserer Umwelt und sozialen Interaktion genauso wichtig ist wie ihre Alltagssemantik.
Beides sind Grundannahmen des Konstruktivismus: das Lernen in Situationen und die Emergenz von Bedeutung aus der ganzheitlichen ›Perturbierung‹ der Person. Ich habe schon 1990 in der Keynote-speech auf der großen NADIE-Konferenz in Sidney die versammelten drama-teacher Australiens – ca. 1000 Spezialisten - auf die Parallelen zwischen ihrer Arbeit und dem konstruktivistischen Paradigma aufmerksam gemacht, das die wenigsten kannten. Ich hatte Einwände erwartet, aber ich fand nur Zustimmung.

2. Das Lernen in Situationen - warum?

Im Gymnasium lernten wir neun Jahre Latein, tagaus, tagein; als Englisch, Französisch und Italienisch dazukamen, hatten wir für diese Sprachen gerade noch soviel Zeit, wie wir in die erste Sprache schon investiert hatten. Aber nach neun Jahren konnte keiner von uns Latein, und heute haben wir das meiste vergessen; die anderen Sprachen dagegen beherrschen und benutzen wir. Wie war das möglich? Wir haben Latein praktisch ohne Kontext gelernt: unregelmäßige Verben, Grammatik, Vokabeln; nie hatten wir Gelegenheit, es zu hören, zu sprechen oder zu schreiben. Wer 15 Jahre nach dem Abitur seinen Kindern helfen will, macht ähnliche Erfahrungen mit Mathematik und Physik: Nichts oder wenig ist geblieben von jahrelanger Plackerei. Diese Folgenlosigkeit intensiver, aber völlig unpersönlicher Lernbemühungen kommt leider nie zur Sprache, wenn Curricula, Lernziele und ihre Kontrollen diskutiert werden. Sie sollte uns aber bewußt sein, wenn wir über neue Lernformen nachdenken. Nichts ist – relativ – einfacher, als junge Gehirne mit rasch gelernten Fakten vollzustopfen; das heißt noch lange nicht, daß das Individuum wirklich »etwas gelernt« hat und das auch als Teil seiner Lebenserfahrung behalten wird.

Vor einigen Jahren lernten meine Studenten im Rahmen ihrer Zusatzausbildung in »Spiel- und Theaterarbeit mit Kindern und Erwachsenen« auch eine Sprache, ohne daß das überhaupt beabsichtigt war. Zwei Drittel unserer Dozenten sprachen nur Englisch, und so mußten die Studenten notgedrungen mit Arbeitsanweisungen, Erklärungen und sozialer Interaktion in einer fremden Sprache zurechtkommen, die die meisten nur sehr schlecht beherrschten. Anfangs stöhnten sie, doch nach zwei Jahren konnten sie genügend Englisch, um ihre Praktika in englischsprachigen Ländern zu absolvieren, auf englisch Arbeiten schreiben und sogar Prüfungen ablegen. Sie hatten die Sprache gelernt – nicht perfekt aber recht passabel – ohne es überhaupt zu merken; sie waren viel zu sehr mit der Bewältigung konkreter Aufgaben beschäftigt gewesen. Das erinnert an Maturanas Aussagen über die »Wurzeln des Erkennens«:
»Unser Ausgangspunkt war die Feststellung, daß alles Erkennen ein Tun des Erkennenden ist und daß jedes Erkennen von der Struktur des Erkennenden abhängt. Es geht um die Fragen: Wie kommt es zu diesem Hervorbringen des Erkennens im Tun? Was sind die Wurzeln und die Mechanismen, die das Erkennen auf diese Weise operieren lassen? Das Erkennen ist als Tun des Erkennenden in der Eigenart seines Lebendig-Seins, seiner Organisation, verwurzelt. Wir behaupten, daß die biologischen Grundlagen des Erkennens nicht allein mittels der Untersuchung der Prozesse im Nervensystem verstanden werden können. Unerläßlich für ein Verständnis dieser Grundlagen scheint uns vielmehr ein Verständnis für die Verwurzelung dieser Prozesse im Ganzen des Lebewesens zu sein« (Maturana, Varela, 1987, 40).
Die Studenten lernten eine Sprache, weil sie nur mit ihr Dinge tun konnten, die ihnen wichtig waren, und was sie lernten, hing von ihrem persönlichen Umgang mit der Situation ab, wie sie sich in ihr wiederfanden, wie sie auf sie antworten, wie sie sich präsentieren wollten. Und das war bei jedem anders. Das gleiche erlebt man, wenn Heathcote mit amerikanischen Kindern in die Sprache mittelalterlicher Romanzen verfällt – sie greifen das auf und produzieren sich als Ritter und Damen am Hof des König Artus, und niemand weiß, woher sie so schnell ein anderes Idiom nehmen.
Wissen entsteht aus der Antwort eines Lebewesens auf den Reiz einer Situation; die Integration der neuen Erfahrung in die persönliche Lebenspraxis ist der eigentliche Lernprozeß.
Die neue Erfahrung führt zu einer neuen Vorstellung von Realität, und die verlangt nach einem Ausdruck. Wir können darüber reden, wir können ihr

symbolische Form geben, sie in die Tat umsetzen; in jedem Fall nimmt sie für uns erst Gestalt an, wenn wir sie ausdrücken.
Neue Lebenserfahrungen verlangen nach einem entsprechenden Ausdruck, der körperlich, symbolisch oder auch verbal sein kann.

Diesen Vorgaben entsprechen die wichtigsten Elemente der Arbeitsweise des Educational Drama.

3. Das Lernen in imaginierten Situationen – wie? Die Antwort des Drama-in-Education

Wenn es natürlich und effektiv ist, in Situationen zu lernen, dann müssen wir Lernsituationen in der Schule herstellen. Da Alltagssituationen nur ausnahmsweise in die Schule kommen, müssen Situationen imaginiert werden, die dem Lernprozeß ohnehin näher sind, weil wir sie handelnd herstellen und sofort auf unsere Lebenspraxis beziehen. So einleuchtend das klingt, so offen ist doch die Frage, WIE das geschehen kann; da sich das britische DIE seit Jahrzehnten vor allem mit diesem WIE beschäftigt, kann man einiges von ihm lernen.

1. Bolton (Bolton, 1992, Kap. 2–4) sieht im DIE zunächst die »dramatic playing activity«, die Bereitschaft, »einen sozialen Kontext zu schaffen, in dem interessante Dinge passieren können«. Er sieht keinen großen Unterschied zwischen den Teilnehmern einer Party, einer Konferenz, einer Familienfeier, einer Schulstunde oder einer Sonntagsmesse, die solche Ereignisse auch erst gemeinsam schaffen und den Spielern einer drama-session, die eine Spielsituation erfolgreich gestalten wollen. Was die drama-session von der Party unterscheidet, ist nur das Bewußtsein der Spieler, daß dieses Spiel nicht in der Alltagsrealität verankert ist, daß man es »nur« imaginiert. Boal nennt diesen Zwischenbereich von Realität und Fantasie Metaxis (Boal, 1979). Integriert in die »dramatic playing activity« sieht Bolton »the illustrative performance activity«, für ihn »the intention to show an idea«. Konkret gibt es dafür viele Varianten, für die jeder Spielleiter gerne seine eigenen Termini erfindet; Bolton verweist auf das Tableau und Boals Forum-Theater; ich würde dazu auch die Techniken des Psychodramas und des Lehrstücks nach Brecht zählen.

2. Während das deutsche Rollenspiel weithin der Illusion anhing, daß sich intensive und interessante Spiele sozusagen von selber ergeben, haben britische drama-teacher ganze Bibliotheken über die richtige (und noch mehr über die falsche) Initiierung und Durchführung von drama-sessions geschrieben. Bolton unterscheidet v.a. zwischen der Leitung innerhalb und

außerhalb der Spielhandlung. Der Schutz der Spieler und ihrer Privatsphäre spielt eine wichtige Rolle. Immer wieder wurde auch die Frage diskutiert, wie unverhüllt und direkt ein Problem im Spiel behandelt werden dürfe. Die »Rape-Lesson« ist ein gutes Beispiel für die Dramaturgie des Indirekten, die so entwickelt wurde.

Eine der wichtigsten Techniken ist die des Teacher-in-Role (T in R). Sehr vereinfachend kann man sagen, daß der Lehrer die Spieler aus einer spezifischen Rolle und Situation anspricht und ihnen damit den Einstieg in die eigene Rolle erleichtert. Bolton zitiert einige Eröffnungen dieser Art. »I understand you were in Neville Chamberlain's party when he returned from Hitler waving his bit of paper ... What went on at that treaty-making? What did you see?«; oder »as a managing director of a chemical firm, do you not feel any guilt at all the chemical waste you have poured into the ocean over the years?« (Bolton, 1992, 31) Eine andere Technik, die v.a. von Heathcote entwickelt wurde, ist die des Mantle of the Expert, wo Schüler in der Rolle von Experten Entscheidungen treffen. Heathcote hat diese Technik inzwischen so definiert, daß die Spieler sich tatsächlich in irgendeinem Bereich Fachkenntnisse aneignen und mit dieser Kompetenz eine Spielsituation angehen. Mir erschien aber auch ihr früheres »Macbeth-Modell« sehr einleuchtend, wo Schüler von ihr eine kurze – psychiatrisch formulierte – Anamnese von Macbeth erhielten und daraufhin – im gleichen Fach-Jargon – ein Gutachten schreiben sollten, ob »der Patient noch resozialisierbar sei«. Das Gutachten der Spieler, im erwünschten Jargon, befragte das Stück eigentlich nur danach, was von diesem Macbeth zu halten sei, und dafür waren sie natürlich Experten – in ihrer Rolle als Zuschauer.

3. Das DIE plant für Themen und Bereiche, in denen diese soziale Aktion stattfindet. »I work on the assumption that drama is primarily about social events« (Bolton, 1992, 34). In der Bewertung von Spieleinheiten zählt, was die Schüler zur Bewältigung sozialer Interatkion gelernt haben, und das sind soziale und kommunikative oder ästhetische Fähigkeiten, wie bildhaftes und dramaturgisches Denken, Fragen der Präsentation, des Handlungsaufbaus und der Form. Natürlich könnte auch der Lernbereich selber instruktiv sein. Aber was wie ein Lernziel erscheint, ist eigentlich nur eine Metapher, in der soziale Interaktion stattfindet. So soll Marianne Heathcote in einem längeren drama-Projekt Themen aus dem Religionsunterricht und den Naturwissenschaften unterbringen. Ihre Spieler leiten als Mönche ein Kloster wie einen Wirtschaftsbetrieb und wollen wegen eines wichtigen Auftrags des Bischofs ihr Skriptorium vergrößern, wozu sie anhand von Modellen und Plänen den Lichteinfall berechnen und schließlich auch eigenes Papier herstellen müssen (Bolton/Heathcote, 1995). Aber der

Unterricht ist nicht um diese Lernziele aufgebaut, sie könnten jederzeit ersetzt oder gestrichen werden.

4. Da Bolton, Heathcote und ihre Schüler im drama eine soziale Aktion von (mindestens) ähnlicher Intensität erwarten wie in der Realität, müssen sie dafür sorgen, daß sich jeder Spieler auf die Situation konzentriert, an sie glaubt. Diese »willing suspension of disbelief« ist geradezu ein Kriterium für die Qualität des drama. So wird das Aufgehen der Spieler in der Situation vom drama-teacher mit raffiniertesten Mitteln gesucht, sehr häufig mit einer subtilen Mischung von Indizien, Identifikation und Distanz, mit Handlungsaufgaben und einem fesselnden Focus, einer interessanten Haltung zur Situation. Als Faustregel kann man sagen, daß diese Spielhandlungen ein Thema eher vom Rande angehen, daß sie »Dramatik« oder gar »Melodramatik«, emotionale oder rhetorische Ausbrüche bewußt vermeiden, daß sie die Spieler in Fragen, praktische Entscheidungen und Tätigkeiten verwickeln. Wenn amerikanische Schüler mit D. Heathcote die Ermordung des Präsidenten spielen wollen, können sie sicher sein, daß menschliche Interaktionen und moralische Entscheidungen im Umfeld eines Attentats intensiv erforscht werden – aber gewiß werden sie nie dazu kommen, ein Attentat oder auch nur eine dramatische Flucht zu spielen. Da die Handlung und das, was sie bedeutet, gleichermaßen Gegenstand des Spiels sind, ergibt sich oft eine hohe metaphorische Dichte.

Die Spannung und Intensität, die Bolton geradezu als Grundvoraussetzung eines drama ansieht, erfordert in seinen Augen auch einen straffen und spannungsvollen Aufbau der »Handlung« – wie im Beispiel von Robin Hood. So hat der britische drama-teacher die Zügel immer fest in der Hand, auch wenn er an manchen Punkten den Schülern die Wahl zwischen verschiedenen Möglichkeiten läßt, die aber alle gleichermaßen in sein Konzept passen. Worauf drama-Projekte hinauslaufen, was gelernt oder erarbeitet werden soll, was an Handlung zugelassen wird und was nicht, das entscheidet (und weiß nur) der Lehrer, der dies weder diskutiert noch offen darlegt. Das hat natürlich einen praktischen Grund: Wenn man vorher diskutieren wollte, wie, warum und mit welcher Handlung Robin Hood beizukommen sei, käme sicher kein Spiel zustande. So bleiben die wichtigsten Prämissen des Handelns lange und nicht selten immer unausgesprochen. Wozu über Ängste, persönliche oder soziale Tabus reden, wenn man die Spieler schützen und allmählich von ihnen befreien will? Man kann eine spontane soziale Interaktion nicht vorher besprechen, weil sie dann eben nicht mehr spontan ist. Man muß dem drama-teacher zunächst vertrauen und hoffen, daß es anständig und sinnvoll ist, worauf man sich einläßt.

Andererseits hat das Engagement für eine soziale Interaktion wohl auch etwas mit sachlichen Interessen zu tun. Ohne einen guten Grund läßt sich das Interesse der Spieler, ihre Motivation, in eine Sache tiefer einzusteigen, nur punktuell und nie für ein Ziel eines drama-Ablaufs nutzen, was vor allem dann an Bedeutung gewinnt, wenn man das DIE im Fachunterricht nutzen will. Und da genügt es nicht, daß physikalische Gesetze als Metapher eines gut funktionierenden Klosters erfahren werden. Das Interesse an einem Bereich, in dem interagiert wird, läßt sich nicht imaginieren, das muß wirklich gegeben sein; und ein guter Grund dafür ist m.E., daß es um Bereiche geht, in denen man sich auch wirklich auskennen möchte.

Man kann das Drama-in-Education schwer beschreiben oder erklären. Es ist eine vielschichtige Interaktion, die auf einer pragmatischen, einer fachlichen, einer pädagogisch-psychologischen und einer ästhetisch-theatralen Ebene operiert. Jeder muß es, entsprechend seiner Persönlichkeit und seinen Intentionen weiterentwickeln; und selbst lang erprobte drama-Modelle ändern sich, wenn der gleiche Spielleiter mit einer neuen Gruppe arbeitet. Wer nicht eine ganze Reihe solcher drama-sessions gesehen oder noch besser mitgemacht hat, kann sich oft schwer vorstellen, wie das aussieht und funktioniert. Darum halte ich es für nötig, hier einige Beispiele vorzustellen.

4. Modelle des Drama-in-Education

Es ist so schwierig, eine drama-lesson zu beschreiben wie eine Aufführung. Vielleicht ist gerade das am wichtigsten, was man verbal nicht wiedergeben kann – die sprachlosen Interaktionen, die Aura und die Stimmung einer Person, die Räume, die Bilder, die Klänge, die Rhythmen und v.a. die Intensität. Im übrigen läßt sich der drama-teacher ebenso sehr von den Antworten und Einfällen der Studenten leiten wie umgekehrt, und keine drama-lesson wird exakt wiederholt. Hier skizziert Gavin Bolton eine frühe drama-session von D. Heathcote.

»DIE BRONZEZEIT« von Dorothy Heathcote[2]

---

[2] In Anlehnung an G. Bolton (1984): Drama as Education. Burnt Mill: Longman, 173-179

Phase 1 An der Tafel steht:

BRONZE AGE PEOPLE

Einladung an die Schüler, sich Bilder und Dinge vorzustellen und darüber zu berichten.

Phase 2 Die Schüler werden eingeladen, das zu zeichnen, was sie in ihrer Vorstellung sehen.

Phase 3 Sie werden eingeladen, sich die Zeichnungen der anderen anzusehen.

Phase 4 Sie geben ihren Zeichnungen Unterschriften. »Benenne in Deinem Bild, wovon Du sagen würdest ›das weiß ich‹, ›das nehme ich an‹, ›das möchte ich gerne wissen‹«.

Phase 5 Einladung an die Schüler, ihre Zeichnungen an die Wand zu heften, »so wie in einer Galerie« und an ihnen vorbeizuschlendern »wie in einer Galerie«.

Phase 6 Dorothy benutzt die Metapher der »Zeitmaschine«, für einen »Besuch« der Klasse in einer Gemeinde der Bronzezeit. Sie läßt sechs schwarz gekleidete Erwachsene (ihre Studenten, Anm. d. Übers.) mit Stein-Masken eintreten – sie repräsentieren Monolithen aus der Vergangenheit. Die Klasse beobachtet sie schweigend, dann fragt die Lehrerin: »Was habt Ihr gesehen?« Dies ist ein einfacher, aber faszinierend komplexer Einfall, denn so hat sie die Klasse in einen anderen dramatischen Kontext versetzt, in einen theatralen, um genau zu sein; nun sind die Schüler Zuschauer bei einer theatralen Darstellung – aber nicht ganz, denn sie befinden sich im gleichen Raum wie die »Schauspieler«.

Phase 7 Dorothy entwirft nun eine komplexe Expertenrolle für die Schüler: als Manager eines Bronzezeit-Projekts. Sie vermittelt ihnen die Vorstellung, daß ein Teil der Britischen Inseln dafür reserviert wird, experimentell eine Bronzezeit-Gemeinde zu simulieren, in der Freiwillige tatsächlich sechs Jahre leben sollen. Dies und die folgenden Schritte sind verschiedene Einstiege in diese spezifische Expertenrolle. Damit hat sie zum ersten Mal den Schülern Rollen angeboten. Sie erhalten nun Bewerbungsschreiben von möglichen und unmöglichen Kandidaten, die an diesem Sechs-Jahres-Abenteuer teilnehmen möchten. Schüler und Lehrer diskutieren – in ihren Rollen – ausgiebig über die Qualitäten jedes einzelnen Kandidaten.

Phase 8 Die »Experten« sollen ein Gelände aussuchen und dazu eine Karte der Britischen Inseln benutzen.

Phase 9 Sie plazieren die »Steine« (maskierte Erwachsene) »als wenn« sie wirklich im Gelände stünden.

Phase 10 Eine Begegnung mit dem teacher-in-role als Vertreter des Militärs, das in diesem Gelände Schußrecht hat, und in der Rolle eines Bauern, von dem man das Land pachten will.

Phase 11 Inspizieren und Vermessen des Geländes

Phase 12 Die Schüler sollen ihre »Geländebeschreibung« auf Geländekarten eintragen.

Phase 13 Die Klasse teilt sich nun in kleinere Gruppen, jede angeleitet von einem »Stein«; jede Gruppe teilt sich weiter in »moderne Experten für die Vorbereitung eines Projektgeländes« und »wirkliche Bronzezeit-Menschen«, die sie dabei beraten. Die Schüler erfüllen pantomimisch Aufgaben, die ihnen als Experten in professionell aufgemachten Akten, mit genauen Zeichnungen der zu benutzenden Werkzeuge übertragen werden.

Phase 14 Die »Steine« helfen den Schülern, Aufgaben, die im modernen und im bronzezeitlichen Dorf anfallen, zu präsentieren. Während die »Steine« die Aufgaben erzählen, stellt jede Gruppe sie pantomimisch dar, während die anderen zuschauen.

Phase 15 Dorothy meint, die Klasse sei jetzt bereit, im Drama Erfahrungen zu machen, bereit für »man in a mess« (»wir sind in Schwierigkeiten!«). Man beachte, sie hat vierzehn Schritte gebraucht, um einen Punkt zu erreichen, an dem viele Lehrer begonnen hätten! Sie führt nun die Vorstellung von einer bronzezeitlichen Siedlung ein, die mit einer Krise fertigwerden muß und lädt die Schüler ein, aus ihren Tätigkeiten Vorschläge zu entwickeln, was in ihrem Dorf schiefgehen könnte.

Um der Vorstellung der Spieler nachzuhelfen, wenn sie eine solche Krise dramatisieren, benützt sie das »Bild« eines »Mannes mit einer verletzten Hand«, der nicht mehr in der Lage ist, das Kupfer und Zinn zu schmelzen, das die Gemeinde braucht. Sie markiert sogar eine »Verletzung« auf der Hand eines Schülers, um die Vorstellung anschaulich zu machen.

Phase 16 Während die Lehrerin versucht, sich aus der Entscheidung herauszuhalten, diskutieren die Schüler lange, welcher Art ihre Krise sein soll. Schließlich wählen sie eine »Feuersbrunst«.

Phase 17 Diesen Abschnitt sollte man eigentlich in sechs Phasen untergliedern, denn Dorothy stoppt die Vorbereitung der Krise sechsmal – und die Schüler werden tatsächlich nie dazu kommen, ihre »Feuersbrunst« zu spielen.
Sie erlaubt ihnen keine Oberflächlichkeit, sie verlangt ehrliches Spiel. Sie arbeitet auf zwei Ebenen: einmal was die spezifischen Ereignisse angeht, wo sie nichts durchgehen läßt, woran die Spieler selber nicht glauben; zum anderen was die Verantwortung der Gemeinschaft betrifft, denn bei »einem Menschen in Schwierigkeiten« geht es nicht um die Schwierigkeiten. Wenn es in einem drama über »Feuer« nur ums Feuer geht, bleibt es ziemlich sinnlos. Das Feuer ist die Linse, durch die man eine Zivilisation wahrnimmt.
Wenn die Schüler mit dem Feuer nicht zu Rande kommen, werden sie auch das andere nicht erreichen, und die Erfahrung ist pädagogisch wertlos. Die Schüler machen eine bessere Erfahrung, wenn sie frustriert eine Aufgabe nicht ganz schaffen, als wenn sie sich über die Glaubwürdigkeit ihres »Feuers« betrügen dürfen. Tatsächlich hat Dorothy sie in dieser Schlußphase nie einen Brand spielen lassen – sie hat ihn nur antizipiert. Die Schüler müssen ihr drama als unfertig empfunden haben, und das verweist auf einen anderen wichtigen Aspekt von Dorothys Philosophie: Für sie ist ein drama nie abgeschlossen. Es ist stets ein neuer Anfang.
Dies ist der einzige Aspekt, der in diesen 12 Stunden einer »direkt erlebten«, kontextuellen Erfahrung nahekommt, nicht projiziert und nicht in distanzierendem Rahmen. Die Schüler füllten die Rollen von Bronzezeit-Menschen, beschäftigt mit Bronzezeit-Dingen, und spielten in dramatischer Form eine

Sequenz über einen Brand. Doch ironischerweise erreichten sie nie die Intensität und Integrität des dramatischen Spiels, weil Dorothys Versuche, die Verantwortung an sie abzugeben, immer wieder untergraben wurden von ihrer geringen Ausdauer bei der Suche nach Wahrhaftigkeit.
Während der Schlußphase dieses »Mantle of the Expert«-drama übernahmen die Schüler Verantwortung für ihre Arbeit, aber die Simulation einer Krise verlangte eine Identifikation mit der Gruppe und eine Unmittelbarkeit der Interaktion, zu der sie nicht bereit waren. So mußte das »dramatic playing« fast zur Unkenntlichkeit modifiziert werden: Dorothy mußte immer wieder die Leitung übernehmen, so sehr, daß die Erfahrung der Spieler fast nur noch projiziert wurde in der Rolle, die ihre Lehrerin spielte.

Hier wird die Technik des Mantle of the Expert (M of E) vorgestellt, die inzwischen von Heathcote fast ausschließlich und wesentlich anspruchsvoller benutzt wird, als sie das hier tut. Im folgenden Beispiel wird eine viel kürzere drama-lesson beschrieben, wie sie Lehrerstudenten des Birmingham Polytechnic (1981–82) als Teil ihrer Ausbildung entworfen und gehalten haben.

»The ›RAPE‹ LESSON«[3]

Die Klasse wollte eine Stunde über das Thema Vergewaltigung. Bei der Planung sah die Lehrerin, daß die Schüler dieses Thema zwar verlangt hatten, aber eigentlich zu jung und unerfahren waren, um es direkt anzugehen und daß man das Thema »durch einen Botenbericht« ins drama einführen mußte wie im griechischen Drama. Sie begriff auch, daß das Mädchen, das die Klasse als »Opfer« vorgeschlagen hatte, vor jedem Stigma bewahrt werden mußte, das diese Rolle ihr möglicherweise aufdrücken konnte. (Nominiert war ein sehr beliebtes Mädchen, gut entwickelt und der Rolle nicht abgeneigt.) Die Lehrerin überlegte, welcher Aspekt das Thema für diese Altersgruppe erschließen könnte, und sie entschied sich für

3 In Anlehnung an G. Bolton (1984): Drama as Education. Burnt Mill: Longman, 173-179

Klischeevorstellungen, die über Frauen kursieren und ihre Freiheit einschränken.
Sie meinte, daß ihre zentrale Frage lauten müßte: »Warum sollten Mädchen weniger Freiheiten haben als Jungen?« Sie mußte die Gefühle des Mädchens in der Opferrolle neben die Vorurteile von Leuten stellen, die gerne sagen, daß das Opfer einer Vergewaltigung »selber schuld ist«. Sie mußte daher zuerst dafür sorgen, daß die Schüler sich für die Figur »engagieren«, die das Mädchen spielte, auch wenn sie vielleicht nur einen stellvertretenden Kitzel erwarteten.

Die Stunde

Durch Fragen entsteht ein Bild des Mädchen – sie ist beliebt – warum? Die Klasse spielt einige Szenen nach, die das erklären. Einmal ist sie gegen einen älteren Schüler aufgetreten, der einen Kleinen schikanierte. Einmal hat sie ihre Karte für ein Konzert der »Madness« einer Freundin gegeben, die sich gerade von einem Verkehrsunfall erholte und nicht um Karten für ihre Lieblings-Band anstehen konnte. Eine dieser Szenen spielt in einem Jugendclub. Informationen werden eingeführt (she feeds in information) – alle Schüler sind Mitglieder eines Jugendclubs, zwischen verschiedenen Jugendclubs wird ein Schönheitswettbewerb ausgeschrieben. Die Klasse beschließt den ersten Preis: Eine sehr beliebte Band der Stadt wird ein Gastspiel in dem Club geben, dessen Vertreterin zur Schönheitskönigin gewählt wird. Das Mädchen, das sich zur Verfügung gestellt hat, wird für ihren Club antreten. Die Klasse bespricht, was es für den Wettbewerb anziehen soll – sie entscheidet sich für einen kurzen Rock und ein Top. Die Schwester einer Schülerin ist Friseuse und kann dem Mädchen das Haar richten, einer der Jungen erklärt, er werde seinen Bruder bitten, es mit seinem Auto abzuholen und einige Kilometer zum Wettbewerb zu fahren. Das Mädchen trainiert den richtigen Gang, »vergiß nicht zu lächeln!«, sagt ein Mädchen, während einer der Jungen den Conférencier spielt und ihr »die Sorte Fragen stellt, wie sie auf solchen Schönheitskonkurrenzen üblich sind«.
(Jetzt hat die Klasse viel in das Mädchen investiert, sie hat ihr viele Hilfen gegeben, sie hält sie jetzt für fähig, zu gewinnen.)

Hier beendet die Lehrerin das drama und läßt sie aus einer gutgefüllten Kostümkiste etwas aussuchen, was den Kleidern entspricht, die sie vorher beschrieben haben.
Den nächsten Abschnitt des dramas erzählt die Lehrerin: Das Mädchen wurde zweite beim Wettbewerb und meinte, es habe seine Freunde enttäuscht, die ihm so geholfen hatten; es lief einfach weg, ehe sie mit ihm reden konnten. Die Klasse protestierte, »Sie ist doof, einfach wegzulaufen, das macht uns doch nichts aus«. Für den nächsten Abschnitt bittet die Lehrerin sie, ihre Stühle in Reihen aufzustellen wie in einer Schul-Aula. (Während das geschieht, steckt sie die Kleider des Mädchens in eine Papiertüte.) Dann erklärt sie, die Mitglieder des Jugendclubs seien alle in der selben Schule und das folgende spiele sich da am nächsten Tag ab.
Sie versammeln sich in der Aula, weil die Direktorin mit ihnen sprechen will. Die Lehrerin bittet sie, die Direktorin wie üblich zu begrüßen; diese tritt ein und stellt sich vor die Klasse. Mit ernster, ruhiger Stimme bittet sie alle, sich zu setzen. Dann fährt sie in diesem Ton fort, »Etwas Schreckliches ist passiert«, und sie erzählt ihnen, daß ihre Freundin auf dem Heimweg von der Nachbarstadt überfallen und vergewaltigt worden ist. »Wie oft seid Ihr Mädchen gewarnt worden, nicht allein nach Hause zu gehen und so lange auszubleiben? Eure Eltern sagen Euch das ständig.«
Sie hebt die Papiertüte auf, nimmt den kurzen Rock heraus, den das Mädchen hätte tragen sollen. »Das hat das dumme Ding getragen. Was denkt Ihr Mädchen Euch eigentlich, was passiert, wenn Ihr so was anzieht?« Sie läßt den Rock auf die Tüte am Boden fallen. Die Klasse ist still, schockiert durch die Nachricht und die Verurteilung ihrer Freundin durch die Schulleiterin (die sie damit indirekt mit verurteilte). Dann geben sie Erklärungen: »Sie war mit uns dort, es war ein Schönheitswettbewerb.«
Die Direktorin ist entsetzt, »Wollt Ihr mir wirklich erzählen, Ihr habt sie noch angestiftet, sich so anzuziehen?« Die Klasse steckt in einem Dilemma; sie weiß, daß sie das Mädchen ermutigt hat, sich herauszuputzen und daß sie damit zu dem Überfall irgendwie beigetragen hat. Sie ärgert sich über die Unterstellung der Direktorin, das Mädchen habe »nuttige« Kleider getragen: »Es war ein Wettbewerb!« »Mädchen tragen so was, es ist in.« »Aber es ist gefährlich, so herumzulaufen,« antwortet die Direktorin. »Warum nicht?

Es ist doch nicht unsere Schuld, daß es solche Männer gibt!« Es folgte eine Diskussion über Kleider, über Klamotten und Aufmachung in der Werbung, über Freiheit, Sicherheit und Rechte des Individuums. Wie soll man als Frau einen Ausgleich schaffen zwischen Vorsicht und Freiheit. Ist die Abhängigkeit der Frauen von Männern naturgegeben? Warum haben Mädchen weniger Freiheit als Jungen?

ROBIN HOOD[4]

(Bolton erläutert sein Szenario für 9 – 10jährige und Erwachsene, spricht von vielen Varianten seines Grundschemas.)

Schritt 1 Ich erklärte der Gruppe von Erwachsenen, daß sie über dieses Thema arbeiten würden, »Ich weiß, daß es Sie vielleicht etwas erschreckt, mittelalterliche Zeiten darzustellen, aber es ist meine Aufgabe, Ihnen das zu ermöglichen.«

Es ist wichtig, daß die Klasse weiß, daß man ihr denkbares Unbehagen versteht.

Schritt 2 »Erzählen Sie einander in Paaren (nicht ›in role‹), wie Sie denken, daß man in den Tagen von Robin Hood Pfeile herstellte. Aus welchem Holz? In welcher Größe? Wie schwer? Woraus bestand die Spitze? usw. Raten Sie, was Sie nicht wissen!« Als sie fertig waren, lud ich sie ein, für den Moment das, was sie geraten und vermutet hatten, als Tatsachen anzunehmen.

Dies ist ein fröhlicher, sehr eng geführter (focused) Einstieg in ein drama. Einige Studenten ziehen automatisch ihre Notizblöcke heraus, um Modelle zu zeichnen, während sie sich gegenseitig Erklärungen geben.

»Geben Sie in den gleichen Paaren, eine übertriebene Version eines modernen Geschichtsprofessors, der seine jährliche Vorlesung darüber hält, wie man im Mittelalter

---

[4] In Anlehnung an G. Bolton (1992): New Perspectives on Classroon Drama. Hempel Hempstead: Simon and Schuster, 70 - 77

Pfeile herstellte. Einer von Ihnen ist der Professor, der andere die Klasse, die natürlich Fragen stellen kann!«

Das ist wieder eine leicht selbstironische Übung, aber sie gibt einen ersten Vorgeschmack auf das Spiel in der Rolle (in role).
Es wird viel gelacht. Natürlich würde ich das nicht mit Neunjährigen machen.

»In den gleichen Paaren sind Sie jetzt Vater und Sohn, die im Mittelalter leben (in role) und der Vater bringt dem Sohn bei, wie man Pfeile macht.« Dies muß man etwas sorgfältiger vorbereiten und es funktioniert nur, wenn die Studenten eine relativ hohe Konzentration erreichen. Der »Vater« muß zunächst seinen Raum definieren: »Stell Dich vor die Bank, an der Du arbeiten willst. Sieh sie vor Deinem geistigen Auge. Berühre sie. Merke Dir ihre Ausmaße und wo Deine Werkzeuge auf ihr liegen, die Du für das Pfeilschnitzen hergerichtet hast und wo sonst alles ist. Wenn Du glaubst, Du ›kennst‹ Deine Arbeitsbank, dann rufe Deinen Sohn herein.«

Dies ist ein erster Vorgeschmack auf ernsthaftes dramatisches Spiel (dramatic playing), einige der Erwachsenen kommen damit vielleicht nicht zurecht. Für unerfahrene Spieler ist das eine recht schwierige Übung; selbst wenn sie nicht über ihr Unvermögen stolpern, an den »Pfeil« zu glauben, scheitern sie vielleicht an der Vater-Sohn-Beziehung. Darum ist diese Übung ein guter diagnostischer Test für den Lehrer. Anschließend sollten die Studenten darüber sprechen, wie sie mit dieser Übung zurechtkamen. Man könnte auch die Sprachregister vergleichen, die sie in jedem Teil der Übung benutzten, um zu sehen, wie das Gefühl für das »Hier und Jetzt« in der letzten Übung durch physische Aktionen und paralinguale Mittel unterstützt wird.

Schritt 3 »Wir werden jetzt ein Dorf aufbauen im mittelalterlichen Nottinghamshire – ein Dorf von Handwerkern. Jede Familie, 5 oder 6 Mitglieder, wird für ein bestimmtes Handwerk zuständig sein. Wir haben mit Pfeilen begonnen, aber ich bitte Sie, im Moment die Pfeilmacherei zu vergessen. Vertrauen Sie mir, es wird Ihnen alles rasch

klar werden. Jede ›Familie‹ wählt ein Handwerk. Wenn wir wissen, was Sie gewählt haben, werde ich Sie bitten, jedes Familienmitglied für einen anderen Arbeitsvorgang einzusetzen. Wenn Sie beispielsweise Weberei wählen, dann wird eine Person die Wolle zupfen, eine andere sie waschen, eine andere die getrocknete Wolle spinnen, eine weitere den Webrahmen aufstellen usw. Üben Sie diese Tätigkeiten separat. Wenn Sie mit ihnen vertraut sind, machen Sie daraus keine naturalistische Interaktion mit Dialog, arbeiten Sie einfach an Ihrer Aufgabe, die Sie den Zuschauern demonstrieren.
Planen Sie eine Art ›bewegter Collage‹ einer ganzen Familie bei ihrer Arbeit in stummer Pantomime. Finden Sie einen gemeinsamen Rhythmus für das ›Bild‹ in einer Kreisbewegung. Wenn wir der Reihe nach die Vorstellung jeder Gruppe gesehen haben, sollten wir in der Lage sein, zu erraten, was jedes Familienmitglied getan hat. Wir sollten auch erraten können, wer das ›Familienoberhaupt‹ ist.«

Das ist ein großer Schritt von der Arbeit in Zweiergruppen, aber wiederum fokussiert es die Aufmerksamkeit der Studenten sehr eng auf eine »projizierte« Tätigkeit, das heißt auf äußere Aktionen mehr als auf sie selber. Aber es bedarf großer Disziplin; der Lehrer benutzt Ausdrücke wie »Collage«, »demonstrieren«, »Vorstellung«, »wir sollten erraten können», usw. Die Tatsache, daß es nicht naturalistisch und illustrativ verläuft, schützt die Studenten, sie werden nicht gebeten, diese Familien zu sein, nur physische Handlungen zu demonstrieren.

Schritt 4 Der Ablauf der Präsentationen schuf eine Art »lebendes Museum«, mit der übrigen Klasse sozusagen als Besucher. Daraus entwickelte sich eine Kettenreaktion von »Vorzeigen«, Zuschauerreaktionen und feed-back der Spieler. Ich erinnerte die Studenten daran, daß diese Übung das ästhetische Bild eines harmonischen, rhythmischen Arbeitsprozesses vermitteln sollte, mit gerade soviel Klarheit im Detail, daß der Zuschauer die Aufgabe jedes einzelnen erkennen konnte.

Man kann nicht genug betonen, wie hilfreich es ist, aus dieser Präsentation ein Ereignis zu machen; so werden die Spieler gewürdigt und die »Zuschauer« begreifen, daß sie

Verantwortung übernehmen für das, was sie sehen, wie sie es interpretieren. Darum gebe ich oft ein Zeichen an einem Punkt, wo die Zuschauer beginnen dürfen, miteinander zu flüstern und das zu kommentieren, was sie sehen, ehe sie das dann laut und öffentlich tun.

Schritt 5 »Jetzt beginnen wir mit dem dramatischen Spiel (dramatic playing activity). Alle Familien werden weiter arbeiten, aber sie werden ihre Arbeit nicht mehr ›zeigen‹, sondern sie wird tatsächlich geschehen.Sie können sich bei der Arbeit leise unterhalten, wenn Sie wollen. Stellen Sie sich vor, es ist ein heißer Sommertag, weshalb Sie entweder vor dem Haus arbeiten oder zumindest bei offenen Türen und Fenstern. So sehen Sie, wie ein Fremder kommt: Zuerst hören Sie den Hufschlag eines Pferdes, und wenn er auftaucht, erkennen Sie an seinen Kleidern, daß er zu den Männern Robin Hoods gehört. Ich werde diesen Fremden spielen, aber statt einfach aufzutauchen, werde ich seine Ankunft ›erzählen‹. Ich könnte sagen: ›Sie waren ganz versunken in ihre Arbeit, als sie überrascht einen Besucher bemerkten. Sie kannten ihn nicht, aber sie erkannten ihn‹ usw. Dann werde ich eine Interaktion mit Ihnen beginnen.«

Dies ist eine Möglichkeit, Teacher in Role einzuführen: die Spieler werden vorgewarnt und wissen, daß dem Dialog mit dem Lehrer ein Bericht vorausgehen wird.

Ich trat auf – »in role« – und bat um Verständnis, »Robin Hood braucht dringend neue Pfeile, um Nottingham Castle anzugreifen, wo zwei seiner Männer gefangen sind. Könntet Ihr Eure normale Arbeit eine kleine Weile unterbrechen und Pfeile für Robin herstellen?« – Ich würde ihnen aber Zeit geben, sich ihre Antwort zu überlegen.

So führt man die Anfänge einer Handlung ein, eines »plot«, die sich weiter entwickeln, wenn man in der nächsten Rolle als Vertreter des Sheriffs ankommt und die Dorfbewohner einlädt, ihre Handwerkskunst auf der jährlichen Messe vorzustellen. Es gehört zu den klassischen Anwendungen von Teacher in Role (T in R) ein Dilemma einzuführen, und zwischendurch ist es sehr nützlich; übertreibt man es, verliert es seine Wirkung.

Als ich Robin Hoods Bitte den Neunjährigen vortrug, wollten sie dem Fremden gleich ihre Hilfe versprechen. Die Erwachsenen, wie zu erwarten, überlegten die finanziellen Folgen und fragten sich nach ihren Prioritäten. Eine solche Diskussion ist der erste Ansatz zu informellem Dialog »in role« und für Jugendliche und Erwachsene gleichermaßen eine Herausforderung. Einstweilen haben sie wenig Sicherheit in ihren Rollen und wenig Glauben an die fiktive Situation – schließlich haben sie bisher nur die Aktivitäten eines Handwerks imitiert, und dies bedeutet nun, daß sie sich die Situation erheblich mehr zu eigen machen (»ownership«).
An solchen Punkten spielt der Zeitfaktor eine große Rolle. Wenn man unter Druck steht, »ein schnelles drama« durchzuführen, dann wird man den hier beschriebenen Schritten folgen. Wenn man Zeit hat, wäre es freilich besser, hier eine Sequenz zu entwickeln, aus der die wirtschaftliche Situation verständlich wird. Wenn geklärt wird, wie sie ihre Waren verkauften, ob es zusätzliches Einkommen gab, etc., können die Schüler besser erfassen, was der Beschluß für sie bedeutet, einige Tage nur Pfeile für Robin Hood herzustellen.

Schritt 6 Als Vertreter des Sheriffs (T in R) sage ich: »Es wird Euch freuen, daß Euer Dorf ausgewählt wurde, seine Waren auf der nächsten Messe des Sheriffs in Nottingham auszustellen!«

Erwachsene Spieler machten sich hier Sorgen um die Wirkung dieses politischen Drucks auf eine Gemeinschaft. Als ich in Columbus, Ohio, ein Workshop leitete, ließ ich den Auftritt als Botschafter des Sheriffs weg, weil die Klasse ohnehin mit ihrer Arbeit in eine Richtung ging, die diesen Schritt unnötig machte.

Schritt 7 Ich unterbrach ihre Auseinandersetzung über Robin Hoods Nachricht, merkte mir aber, daß sie davon sprachen, daß sie als »Steinmetze an der neuen Kathedrale« arbeiteten. Ich bat die Familien spontan, eine Geschichte zu erfinden, (spontan, um den Erzähler zum Extemporieren zu veranlassen), die Robin Hoods Heldenruhm in den Augen der Familie begründete – eine Geschichte, wie sie heute vielleicht in Nordirland, Irak oder Amerika von neueren

Heldentaten erzählt wird. »Wählen Sie in Ihrer Familie einen ›Erzähler‹, der diese Geschichte nun dem ganzen Dorf erzählen wird, das im Kreis um ihn sitzt und ihm begierig zuhört wie Kinder einer Heldensage.« (Das gibt dem Erzähler und seiner Geschichte mehr Status.)

Schritt 8 Dann sprach ich über die neue Kathedrale, die beim Priorat von Nottingham gebaut werde sollte, von ihrem wichtigsten Arbeitgeber, dem Abt und Freund des Sheriffs. Ich bat die Familien entsprechend ihrem Handwerk um einen Entwurf für die Kathedrale oder das Priorat. Während sie diese Entwürfe zeichneten, fanden sie in ihre Rollen, um dem Boten Robin Hoods zu antworten. Dann erweiterten sie die Übung in eine »Dorfbesprechung«. Es wurde deutlich, daß alle Familien bereit waren, die Sache des Gesetzlosen zu unterstützen, aber daß sie Vorsichtsmaßnahmen treffen mußten. Eine Familie sprach von regelmäßigen Besuchen der Männer des Sheriffs. Das gab mir einen Hinweis für die nächsten Schritte, für die Camouflage des Pfeilschnitzens.

Schritt 9 Ich bat sie, sich als Familien (aber »out of role«), zu überlegen »was ein aufmerksamer Beboachter von den Vorgängen im Dorf vielleicht bemerken könnte.«

Schritt 10 Ich bat dann um einen Freiwilligen aus jeder Familie, der die Rolle des Schreibers (oder Spitzels!) des Sheriffs spielen würde. Diese Freiwilligen »besuchten« jede Familie und stellten Fragen, vermieden aber Beschuldigungen.

Es ist dramatischer, keine Beschuldigungen auszusprechen, weil es eine Beschränkung auferlegt: Ginge man wirklich bis zur expliziten Beschuldigung, würde es das drama abschwächen.

Schritt 11 Nach dem Spiel in kleinen Gruppen fanden wir einen Weg, die Interaktion der ganzen Gruppe auf die Ebene von »Theater« zu heben. Ich übernahm die Rolle des Vertreters des Sheriffs, dem die »Besucher« ihren Bericht vorlegten. Aber dieser »Bericht« erfolgte vor den Häusern der Familien, und die Familien waren in einer Reihe angetreten, um sich gegen die Verdächtigungen der

»Besucher« zu verteidigen. Ich nutzte meine Rolle, um für etwas Ordnung zu sorgen – und einen Eindruck der enormen Autorität zu vermitteln, die der Sheriff über diese Menschen besitzt. Sie schlugen sich wacker bei ihrer Verteidigung, eine starke »Gemeinschaft«, deren Selbstgefühl daran wuchs. Das war aufregend! Als wir, d.h. die Leute des Sheriffs aus dem Dorf abzogen, war das drama vorbei, aber es gab natürlich noch viel zu bereden, vor allem den eindrucksvollen Theaterschluß, den wir gefunden hatten.

Bolton listet in seiner Analyse auch auf, wovon die 9jährigen vielleicht etwas gelernt haben: Pfeile und ein Handwerk nach eigener Wahl; die historische Epoche; die Macht des Sheriffs; was es hieß, als Gesetzloser zu leben; der politische Kampf zwischen Richard Löwenherz und König Johann; Entscheidungen zu treffen; als Familie zusammenzuarbeiten; richtig auszuwählen, um eine Handlung sorgfältig darzustellen; die logischen Folgen eines Problems zu erkennen, das T in R präsentiert; zu Täuschung und Verstellung der wahren Absichten gezungen zu sein.

5. Drama-in-Education und das konstruktivistische Paradigma

Die wichtigste Parallele zwischen der Praxis des DIE und den Kognitionsvorstellungen des Konstruktivismus ist *das Lernen in der Situation.* Heathcote redet davon, daß die Lernenden in der Situation gefangen seien (trapped), »what mattered then to me was that suddenly they were in a very real situation with their capacity to understand it being employed in the process of change. It is not for me as a teacher to dictate how they should go about choosing. I have set it up. It has a form. But how they choose is for them to decide.« (Johnson/O'Neill, 1984, 120) Varela sagt fast das gleiche: »Frage: Was ist Kognition? Antwort: Wirksames Handeln: Die Geschichte der strukturellen Koppelung, die eine Welt hervorbringt bzw. erzeugt.« (Varela, 1988, 110)

Wenn die Spieler handelnd Entscheidungen treffen, gehen sie zunächst von ihrer *Lebenspraxis* aus. In der »Rape-Lesson« entwirft eine Gruppe ihr »dream-girl«; dabei verlassen sich die Spieler auf ihr Körpergefühl und ihre eigenen erotischen Erfahrungen, ihre Vorstellungen, wie man »Männer anmacht«, sie testen in Gedanken die Bewegungen, die Rocklänge, das Make-up und Auftreten dieses Mädchens. Deshalb muß seine Vergewaltigung die Gruppe besonders treffen; der Akzent liegt nicht auf der Melodramatik eines Verbrechens, sondern auf dem Bewußtsein der Spieler, daß dieses Verbrechen das direkte Resultat ihrer eigenen Vorstellungen von attraktivem Auftreten und Flirt sein könnte. Darum geht es in der Auseinandersetzung mit der Schulleiterin gar nicht mehr um das, was mit dem Mädchen passiert ist, sondern um die Frage, ob die Spieler ihre Lebenspraxis vielleicht anders interpretieren sollten. Die Schüler sehen sich aus der Sicht der Schulleiterin; und sie protestieren gegen die Vorstellung, das Mädchen habe sich falsch verhalten. Auch die (unterschiedlichen) Strategien der Handwerker, die den Sheriff von Nottingham hinters Licht führen, stammen aus ihrer Lebenserfahrung.

Jede Situation wird zunächst durch *Handlungen* etabliert, aus ihnen erwächst situatives Wissen. Immer geht es um einen ganz undramatischen Aufbau einer Situation auf der Basis eigener Vorstellung und Arbeit; so wie man auch in einer Familie gemeinsam Situationen gestaltet, um sich gelegentlich zu fragen, »wollen wir das so?«, »sollten wir das vielleicht anders angehen?«. Der drama-teacher übernimmt dabei abwechselnd die Rolle des Stückeschreibers, des Dramaturgen und des Regisseurs: in welchen Tätigkeiten, aus welchem Blickwinkel und Focus ein Thema zu erschließen sei, welche Hinweise für die Fantasie der Spieler, welche Schutzmechanismen nötig, welches Tempo angemessen sind.
Vor allem geben die drama-teacher dem drama *ästhetische Form*, metaphorische Vieldeutigkeit und klare dramaturgische Strukturen. Nur so ist es möglich, daß sich in der drama-session zu Robin Hood das Imitieren handwerklicher Tätigkeiten zur Erfahrung einer bestimmten Gesellschaft verdichtet, daß die Kleidung des Opfers zum Symbol für einen Übergriff und für die fehlgeschlagenen Hoffnungen der Spieler wird, daß »Indizien« an die Stelle von Aktionen und Personen treten können. Dies sind Beispiele für die Emergenz von Bedeutung aus einer ganzheitlich erfahrenen Situation und für die Notwendigkeit, der eigenen Erfahrung Ausdruck zu verleihen. Es genügt nicht, zu sagen »ich bin ein Handwerker in einem feudalen System« – man muß es auch konkret ausdrücken, um es sich selber klar zu machen. Auf diesem Weg entsteht auch der *Konsens* der Gruppen – wenn es ein Fehler war, das »dream-girl« so auszustatten, dann hat ihn die ganze Klasse begangen. Wenn die Schüler mit der Schulleiterin diskutieren, ob man sich so anziehen dürfe, reflektieren sie ihre bisherige Lebenspraxis und eine neue Erfahrung. Selbst dort, wo man dann nicht gleicher Meinung ist – die Erwachsenen in der »Robin-Hood«-Session haben unterschiedliche Antworten auf den Druck des Sheriffs – versteht man doch, wie der andere zu seiner gekommen ist. Konsens und Wissen wird im DIE nicht einfach vorausgesetzt, sondern hergestellt. Als ihm die 9jährigen ein wenig zu schnell auf die Bitte Robin Hoods eingehen, überlegt Bolton, ihnen mit

einigen Szenen klarzumachen, was sie dieser Verdienstausfall kostet und ob sie sich das leisten können.

Auffallend auch, wie das DIE auf der *Emergenz von Wissen* besteht, zwar Themen oder Sachbereiche, aber keine Lernziele und Lösungen vorgibt und selbst abschließend nur ganz vorsichtige Schlüsse zieht, was möglicherweise gelernt wurde. Schon seine Dramaturgie verrät, daß Bolton mit »Robin Hood« das Thema politischer Unterdrückung und der Organisation des Widerstands ansteuert, doch er selber formuliert es viel vager. Die Spieler werden mit Druck konfrontiert – aber Bolton läßt offen, wie sie darauf reagieren wollen. (Das wäre in bestimmten Varianten des deutschen Rollenspiels wohl anders gelaufen, wo man sich kaum die Möglichkeit hätte entgehen lassen, über »richtiges«, »emanzipiertes« Verhalten zu reden.) In der »Rape-Lesson« ist die Nähe von erotischem Spiel und sexueller Gewalt ganz offensichtlich ein wichtiges Thema – aber es wird nicht explizit genannt. Die Emergenz von Wissen ließe sich aber zumindest mit einer nachträglichen Bestandsaufnahme verbinden; wenn das DIE weder vor, noch nach einem drama über den didaktischen Sinn von Handlungen, Situationen oder Lernbereichen reden will, dann muß man daraus schließen, daß es sich wohl grundsätzlich nicht auf eine Diskussion des Informationswertes seiner drama-sessions einlassen will.

So muß man fragen, in welcher Rolle sich das DIE als Instrument zur Vermittlung von Fachwissen sieht.

6. Die Schwierigkeiten des DIE mit einem offenen Lernprozess

Was immer die Ziele des britischen DIE sein mögen – sie haben jedenfalls nichts mit Fachwissen oder mit Lernzielen im traditionellen Wortverstand zu tun. Die modernen Vertreter des DIE suchen das soziale Lernen, die Interaktion der Gruppe. »I work on the assumption that drama is primarily about social events. ... There are few plays that appear to concentrate on a protagonist's inner or spiritual progress without reference to other people. The extreme examples that spring to mind are Everyman (anon.) and Dr. Faustus (Marlowe), but the agonies of the central character in each of these plays are reflected through the other characters with which the two dramatists people the stage. Thus I assume that drama par excellence is about social interaction, and this principle applies as much to play-making in the classroom as to stage plays. This assumption has a considerable effect on how one sets about creating drama in the classroom, for one's starting point is a social context and not, as some drama teachers have it, a characterization. This seemed appropriate in a therapy context, where the focus was on the individual's capacity for extending his repertoire of roles and for living a particular role more fully. For the most part, however, I claim that our initial focus, or ›pre-text‹ as Cecily O'Neill (O'Neill/Lambert, 1982) calls it, must serve the art form of drama by creating a tacitly or explicitly agreed social context. Thus the starting point for ›dramatic playing‹ is nearly always to do with what the characters have in common« (Bolton, 1992, 34/35). Es geht also um soziale Interaktion, doch das Indviduum soll darin nicht vorkommen. Für jeden Anthropologen oder Kommunikationstheoretiker ist das ein Widerspruch an sich. Für Morris und Mead beispielsweise: »Mead sieht das unterscheidende Merkmal der Identität in der Fähigkeit des denkenden Organismus, sich selbst Objekt zu sein. Insofern man die Rolle eines anderen übernehmen kann, kann man gegebenenfalls aus dieser Perspektive auf sich selbst zurückblicken (oder auf sich selbst reagieren) und so für sich selbst Objekt werden. Daher ist es wiederum nur im gesellschaftlichen Prozeß möglich, daß sich, im Unterschied zum biologischen Organismus, Identität entwickelt – Identität als Wesen, das sich seiner selbst bewußt wurde« (Mead, 1968, 26/27).

Bolton begründet die dominierende Rolle der sozialen Interaktion im DIE nicht kognitiv oder pädagogisch, sondern dramaturgisch. Und da muß man ihm widersprechen.Tatsächlich kennt das kontinentaleuropäische Theater durchaus (und weit mehr als das britische) die Tradition monologischen Theaters; dazu gehört Calderóns »Der Standhafte Prinz«, dessen Wiederentdeckung durch Grotowski zu einem Meilenstein des modernen Theaters wurde; dazu gehören Hofmannsthals Einakter wie »Der Tor und der Tod«, Becketts »Glückliche Tage« oder Thomas Bernhards »Der Theatermacher«. Die Liste ließe sich allein aus dem deutschsprachigen Raum mit vielen wichtigen Werken ergänzen. Solches Theater ist nicht die Regel, zugegeben, aber für die Moderne prägend und unverzichtbar. Wirklich entscheidend ist aber ein anderer Gesichtspunkt; seit jeher gehört beides zum Theater: die soziale Interaktion und der Blick in die Seele, das Denken einer Figur, ganz losgelöst vom Austausch mit anderen. Im Sprechtheater gibt es die Monologe, im Musiktheater, das damit an antike Vorbilder anknüpfte, sind es die Arien, in denen Zeit und Handlung stehenbleiben und alle Mitspieler verschwinden. Theaterhistorisch hatte die soziale Interaktion der Bühnenfiguren keineswegs jenen Vorrang, den ihr Bolton zumißt. Im Musiktheater ist das Rezitativ bis heute der Arie und dem Ensemble bestenfalls gleichrangig, sicher nicht überlegen.

Das spiegelt sich in den Vorstellungen, die Dramaturgen schon sehr früh von Form und Wirkung des Theaters entwickelt haben. Von Aristoteles über

Boileau, Lessing, Schiller, Ibsen bis zu Artaud, Horvàth, Handke und durchaus auch bei Brecht geht es in erster Linie um das, was Theater beim Individuum auslöst und nur sehr nachranging um das, was es an sozialer Interaktion transportiert. Es war in Athen Bürgerpflicht, ins Theater zu gehen, wo man auf der Szene der sozialen Interaktion der Stadtgötter zuschauen konnte; doch worüber zerbricht sich Aristoteles den Kopf? Über Katharsis und das, was in der Seele jedes Besuchers vorgeht. Das Theater, soviel steht fest, ist am privatesten Erleben einer Bühnenfigur oder eines Zuschauers genauso interessiert, wie an den Interaktionen, die es zweifellos reichlich anbietet.

Es war also keine dramaturgische oder kognitive Notwendigkeit, sondern eine bewußte Entscheidung, wenn die britischen drama-teacher ihre Arbeit in erster Linie auf ein Lernen in sozialer Interaktion beschränkten. Die Techniken des DIE sind nicht unauflöslich mit sozialer Interaktion oder mit den Vorstellungen verbunden, die die Briten favorisieren. Was bedeutet es, wenn Bolton und Heathcote das dennoch tun? Es bedeutete zunächst die Beschränkung auf eine von Sachbereichen weithin losgelöste soziale Interaktion, wie sie in der Frage am Anfang einer drama-lesson: »What do you want our drama to be about?« durchaus zutreffend charakterisiert wurde. Bolton und Heathcote sind offenbar zufrieden, das verantwortlich-humanistische Interagieren ihrer Schüler in jeder beliebigen Umgebung zu fördern. Das hatte zum zweiten die Folge, daß die Lernbereiche, in denen sich solche Interaktionen abspielten geschlossen wurden. Wenn das Zustandekommen einer straffen Interaktion wichtiger ist als die Frage, worüber man interagiert, dann darf die unterschiedliche Neugier an der Sache sie offenbar nicht stören.

Heathcote hat einmal erklärt, wie sie das Thema »König Arthur« als Lernbereich analysiert: »Der Lehrer wählt das Segment, das der Reife, dem Verhalten und den Interessen seiner Klasse am meisten entgegenkommt. Wenn ein Lehrer z.B. entschieden hat, daß seine Erstkläßler jetzt sensibel für das Segment ›Training‹ sind, so betritt er damit den größeren Kulturbereich der Erziehung. Was mußte ein Ritter zur Zeit Königs Artus können? Wie man die Rüstung sauber hält und anlegt, wie man das Schwert in die Scheide steckt und wie man es im Kampf schwingt, wie man ein Pferd reitet und wie man das Wild jagt, wie man vor dem König kniet und wie man ihn anredet, wie man sich an der Tafelrunde benimmt und wie beim Gottesdienst, wie man eine Burg bei einer Belagerung befestigt, wie man die Gesetze des Königs einhält.« (Wagner, 1998, 54/55) »Heathcote findet es nützlich, sich beim Nachdenken über Segmente eines Themas an die Bereiche zu halten, in die man alle Kulturen einteilen kann. Bei ihrer Auflistung kultureller Bereiche ließ sie sich leiten durch E.T. Halls (Hall,

1959) Klassifizierung: Wirtschaft, Kommunikation, Kleidung, Erziehung, Familie, Ernährung, Gesundheit, Recht, Freizeit, Wohnen, Verkehr, Krieg, Arbeit, Religion.« (Wagner, 1998, 57) Für König Artus machte sie daraus die folgenden 10 Segmente und wählte davon das Waffentrainig und den Tischdienst der Knappen bei Hofe.

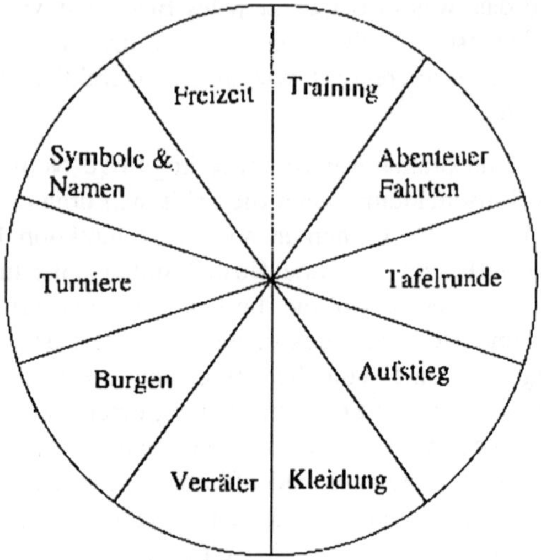

Hier geschieht etwas Seltsames. Heathcote, eine Pionierin, die weithin gegen das akademische und schulische Establishment ihre revolutionäre Form des educational drama entwickelt hat, war wohl verblüfft, in Chicago einem veritablen Anthropologen zu begegnen, der ähnlich zu denken schien wie sie selber. So übernahm sie Halls Kategorien, die sie an ihren eigenen Umgang mit einem Thema erinnerten, das ihr die Schüler am Beginn einer drama-session anbieten. Was ihr dabei entging, war der Widerspruch zur Philosophie ihrer eigenen Arbeit. Denn offenbar laufen Halls Kategorien nicht auf emanzipatorisches Denken hinaus, sondern auf ein geschlossenes Weltbild.

Wenn Heathcote die Welt wie einen Kuchen mit soundsoviel Stücken betrachtet, übernimmt sie von Hall dessen subjektive Einteilung der Welt in Kategorien, die ebenso statisch wie ahistorisch sind, die *Welt wird zu einem geschichtslosen, geschlossenen System.* Alle Kulturen sind in 14 Kapitel zu gliedern, jede Zivilisation ist eine Addition der gleichen Einzelelemente.

Epochen und Kulturen sind aber nicht durch die Aufzählung ihrer Einzelelemente zu erfassen, so wenig wie Menschen als die Summe diverser Eigenschaften. Zivilisationen und Individuen sind keine geschlossenen

Systeme, sondern dynamische, selbst-regulierende Netze, in denen Veränderungen immer das Detail und zugleich das Ganze prägen. Tatsächlich ist es die Spannung zwischen Gegensätzen, die Interrelation von Kräften und Elementen, die eine historische Epoche definieren. Begriffe wie Erziehung, Karriere oder Freizeit sind keine absoluten Größen, es sind Funktionen einer Kultur, die wir in einem historischen Kontext oft kaum noch mit unseren Begriffen benennen wollen.

Oder bleiben wir bei Heathcotes Thema von König Artus. Er war, wie sie durchaus weiß (Bolton/Heathcote, 1994, 117 – 168), ein keltischer Anführer in römischer Tradition, der das Land gegen die Sachsen zu einigen suchte. Der Artus der mittelalterlichen Artusepik, wie wir ihn bei Chrétien de Troyes, Wolfram von Eschenbach, Hartmann von Aue (ca.1150 – 1230) oder in Malory's »La Morte D'Arthur« (1469) finden, ist das Idealbild eines hochmittelalterlichen Herrschers, der Artushof mehr eine Idee als ein Ort. Hier sind die Damen jung und schön, die Herren tapfer und siegreich, das Essen exquisit, die Bäder und die Betten untadelig. Die Artushelden schätzten die Luxusherberge zum König Artus nicht zuletzt als Kontrastprogramm zur âventiure. Da ging es in den Wald, wo böse Zwerge, Drachen, Kraftprotze mit mißhandelten Damen im Schlepptau, Hunger, Kälte, Krankheiten und anderes Ungemach sie erwartete. Die Artuswelt ist eine Märchenwelt, die sich zwar an der Realität orientiert, sie aber ganz offenkundig zu einer metaphorischen Darstellung ritterlichen Lebens und höfischer Werte stilisiert. So sahen es auch die Zeitgenossen. Es gab an deutschen und romanischen Höfen philosophische Debatten über das Verhalten und das Ethos von Romanfiguren. Die Frage, wie die Karriere als Ritter (werldes êre) mit einem gottgefälligen Leben (gôtes hulde) zu verbinden sei oder das Handwerk des Krieges und der Macht mit Sensibilität und Liebesfähigkeit, das hat nicht nur die großen Dichter dieser Zeit beschäftigt – in solchen Spannungen denken auch moderne Historiker. Georges Duby etwa in »Wirklichkeit und höfischer Traum« (Duby, 1986) oder in »Ritter, Frau und Priester« (Duby, 1988); Emmanuel Le Roy Ladurie kommt Heathcotes Vorstellungen verblüffend nahe, wenn er aus dem Alltagsleben okzitanischer Bauern die Spannung eines Weltbilds zwischen Liebe, Tod und Geld entwickelt (Ladurie, 1984). Aber da liegt eben auch der Unterschied: Er nimmt nicht Geld, Jenseitsvorstellungen oder Liebe als Schubladen mittelalterlichen Denkens, er stellt dar, wie sie sich gegenseitig definieren.

Jede Kultur lebt von der Spannung ihrer Polaritäten. Und genau diese Spannungen prägen auch den *offenen Lernprozeß*; denn wie sich das Individuum in diesem Energiefeld entscheidet, ist nicht nur eine Frage der Epoche und der individuellen Entscheidung, es ist auch das halbe

Vergnügen am Lernen; freilich nur solange man die eigenen Fragen stellen, die eigenen Antworten finden darf. Wenn man in einem Stück mitspielt, bei dem Dialog und Ausgang weithin festliegen, läßt die Konzentration auf die Spielsituation zumindest bei jenen nach, die das Stück anders geschrieben hätten.

Und da liegt das fachliche und das anthropologische Problem: Soziale Interaktion im DIE hat nichts zu tun mit einer offenen Recherche von Sachbereichen; und wenig mit dem Individuum, das sich selbst definieren will.

Ich vermute, daß sich die Mädchen jenes Artus-dramas durchaus fragten, was junge Mädchen lernen konnten, um sich auf ihr Leben in einer ritterlichen Gesellschaft vorzubereiten. Tatsächlich gibt es in den Romanen und in der historischen Realität die verschiedensten weiblichen Biographien – eine Palette von der heiligen Genoveva bis zu ZsaZsa Gabor; bei Wolfram heißen sie Sigune und Orgeluse.

Und die naheliegende Frage eines Lernenden erweist sich rasch auch als die offene Frage der Wissenschaft. So wie Duby eine mittelalterliche Gesellschaft von ihren Polaritäten her definiert, so wollen auch Schüler herausfinden, was denn in dieser mittelalterlichen Interaktion überhaupt möglich war.

Warum also die Fragen so eingrenzen? Niemand weiß wirklich, was ein Kind am Artushof lernte; die Spieler haben tatsächlich keine Ahnung, was und wie man speiste, welche Waffen man benutzte, wie man sie trug und pflegte. Warum nicht einfach das fragen, was man tatsächlich wissen will: Was konnte ein Mädchen oder ein Junge um 1100 lernen? Wie und wo und wie lange und wieweit war es eine Vorbereitung auf das Leben, das sie erwartete? Warum sollen die Spieler sich bei ihrem Spiel mit Waffen auf Klischees aus Hollywoodfilmen verlassen, warum ihre Neugier nicht mit *Informationsmaterial* befriedigen, das sie benutzen können – oder auch nicht? Schließlich sind auch Kinder selbstkritisch. Manche spielen drauflos, andere haben keine Lust, etwas zu simulieren, was sie doch nicht wissen.

Ein offener Lernprozeß ist undenkbar ohne die Freiheit des Lernenden, seine eigenen Fragen zu stellen – und dann auch in eine *Recherche* zu ihrer Beantwortung einzutreten. Dazu muß aber das Informationsmaterial die tatsächliche Breite des Themas und der denkbaren Fragen spiegeln. Es sollte auch auf dem neuesten Stand sein und nicht überholte Gemeinplätze transportieren.

Heathcote ist sich dessen inzwischen offenbar bewußt, und sie sieht die Lösung in einem fächerübergreifenden drama, wie sie es in den letzten

Jahren mit der Technik des Mantle of the Expert immer mehr entwickelt hat. »The M of E approach is always an approach to the whole curriculum, not a matter of isolating just one theme. Any one theme you want to teach must become meshed within broad curriculum knowledge and skills. The students are more likely to take the Mantle if to begin with they are further away from a classroom-related situation: something more like a business where they are professionals who work as troubleshooters.« (Bolton/Heathcote, 1995, 16/17) Mit anderen Worten, die Schüler entwickeln eine gemeinsame Komptenz, die bei Heathcote in der Organisation eines Forschungslabors, eines Warenhauses, eines Klosterlebens oder der Bienenzucht bestehen kann. Mit 9- bis 11-jährigen hat sie über 30 Stunden hinweg in einer amerikanischen summerschool ein drama-Projekt durchgeführt, wo die Spieler in der Expertenrolle von amerikanischen Bienenzüchtern an einem fingierten BBC-Projekt mitarbeiteten, das die Imkerei zur Zeit von König Artus illustrieren sollte. Als Dokument dieser anderen Zeit erhalten sie von Heathcote einen kurzen Ausschnitt aus The Mabinogion, einer wenig bekannten walisischen Artusdichtung, in der die Reise des Helden Gwalchmai an den Hof des Königs skizziert wird. Gwalchmais wichtigste Vorzüge sind seine Künste als Reiter und Harfenspieler. Heathcote unterschlägt die widersprüchliche Fülle des Materials ganz bewußt, um ihre Geschichte zu erzählen. »Dorothy felt the Gwalchmai story had advantages over the somewhat cliché images of The Knights of the Round Table, which is too much concerned with noble deeds and life at court rather than with the real political problem of the times – uniting the whole kingdom against the invading Saxons. She felt that the hazards of Gwalchmai's story came closer to the modern conception of a hero, at least for the age group she was about to teach«. (Bolton/Heathcote, 1995, 118/119) Für Bolton ebenso wie für mich opfert sie damit jenen Teil ihres Themas, der bis heute Kinder und Erwachsene an den Artusromanen fasziniert – zugunsten von Bienenzucht und der BBC. Es lohnt sich nachzulesen, wie es ihr mit diesem idiosynkratischen Programm dennoch gelang, die kleinen Amerikaner zu faszinieren.

Heathcote ist nicht damit zufrieden, irgendeine soziale Interaktion zum Thema des drama zu machen – sie will, daß die Spieler auch die Befriedigung haben, etwas zu lernen und zu leisten: »For Dorothy this is a moral choice. She wants our children to have the fulfilling experience, however briefly, of creating a fictional society that cooperates, takes responsibilities, sets high standards of achievment, brings out the best in everyone through committed endeavor.« Doch fast im gleichen Atemzug bedauert Bolton auch: »In regular drama, with the many tragic themes mentioned above (which Gavin is still strongly attached to!), the feeling of oppression or secret anger provides the subtext for everything the characters do and say. In mantle of the expert drama the subtext is the educational program, the curriculum. There will be no ›characters‹, as such, no simulated feelings, nor the kind of ›motivation‹ that grows out of shared responsibility«. (Bolton/Heathcote, 1995, 170/171) Während Bolton die soziale Aktion zur Katharsis der Gruppe nutzen will und sich dabei an der Dramaturgie von Bühnenstücken orientiert, entwickelt Heathcote die soziale Interaktion zur gemeinsamen Arbeit und macht diese zum Thema des DIE.

Diese Entscheidungen zwingen aber Bolton und Heathcote, sowohl auf die individuell-subjektive Erfahrung als auch auf die offene Recherche eines Themas zugunsten einer klar strukturierten und straff geführten sozialen Interaktion zu verzichten. Individuelle Umwege stören dabei ebenso wie die offene, nichtautoritäre Recherche eines Themas oder Sachbereichs.
Wie Heathcote finde ich den Lernbereich, in dem ein drama stattfindet, eine eminente Chance für »drama-learning«. Aber anders als sie frage ich mich, ob es nicht Kenntnisse und Fähigkeiten gibt, die mir wichtiger sind als andere. Imkerei gehört sicher nicht zu meinen Prioritäten. Ich finde, wie Heathcote, daß intensives Lernen wünschenswert ist – aber nicht jedes beliebige Lernen. Wenn Schüler Kuriositäten lernen, ist das ihr Privatvergnügen, nichts, was die Schule einfordern darf. Wo Sachbereiche und Beziehungen zum Thema werden, müssen diese auch der didaktischen Rechtfertigung und wissenschaftlicher Kritik standhalten.

Wie Bolton finde ich, daß die soziale Aktion in den Themenbereichen von Literatur (das ist jedenfalls mein Gebiet) große Möglichkeiten bietet.
Auf keinen Fall aber kann das heißen, daß die soziale Interaktion auf Kosten der persönlichen Erfahrung geht. Individualität bildet sich ja in der Interaktion; wir wissen, daß autoritäre Gesellschaften, die die soziale Interaktion ihrer Bürger entsprechend beschränken, auch die Ausbildung starker Individualitäten behindern. Boltons »Robin-Hood«-drama ist ein gutes Beispiel dafür. Wenn sich in diesem Dorf – und das war ja durchaus historische Realität – Männer und Frauen fast nur durch ihre Familienzugehörigkeit und ihre Arbeit definieren, ist man noch sehr weit entfernt von neuzeitlicher Individualität. Wenn wir also heute soziale Interaktion initiieren, dann sollte sie modernen Sensibilitäten entsprechen; es sei denn, es soll gerade diese Beschränkung individueller Freiheit erfahren werden.
Literatur aber ist untrennbar vom persönlichen Erleben des Lesens. Eine soziale Interaktion, die darauf keine Rücksicht nähme, wäre als Lernimprovisation im Rahmen des Literaturunterrichts völlig fehl am Platz.
Im übrigen, so wie man kaum je diskutiert, was in einem drama gelernt wurde, so werden auch die Spieler nach seinem Abschuß nicht eingeladen,

über ihre Erfahrungen zu sprechen. Drama-teacher legen den Rahmen dessen fest, was in einer Interaktion möglich ist, dieser Rahmen selber aber kann weder innerhalb des Spiels noch außerhalb thematisiert oder in Frage gestellt werden.

Es sollte am Rande vermerkt werden, daß Bolton und Heathcote Ende der 80er Jahre angegriffen wurden, weil sie zu vage in ihren Lerninhalten waren – was man als Einladung an die Spieler zu exzessivem Subjektivismus mißverstand! Das Heilmittel sah D. Hornbrook in einer straffen Schulung in »dramatic art« – einer Hinführung zu Theaterwissen und weithin historischer Dramaturgie. Die Präokkupation des DIE mit Methoden und seine Abneigung, sich mit Lerninhalten und Lernerfolgen zu befassen, machte es seinen Gegnern leicht, das kommunikative Lehrpotential des DIE einfach zu ignorieren, so als handelte es sich nur um eine andere Form von Schultheater (Hornbrook, 1989).

7. Individuelle Erfahrung und Recherche in Lernimprovisationen

Ich hoffe, es ist klar geworden, daß das DIE außerordentlich nützliche Methoden entwickelt hat; aber auch, daß man sie so nicht für einen offenen Unterricht übernehmen kann.

Die Frage ist wohl die, wie man sie zur Erschließung von Fachgebieten nutzen kann.

Bolton, der selber Englischlehrer war, hat eine Reihe von Seminaren an unserer Universität gehalten, wo er literarische Werke wie Frischs »Andorra« Grass' »Die Blechtrommel« und Arthur Millers »The Crucible« in mehrtägigen DIE-Projekten thematisierte[5].

Ich wollte kürzere Lernimprovisationen, um die Texterfahrung zu vertiefen, nicht die Textlektüre zu ersetzen.

Ich wollte auch vermeiden, daß die Interaktion der Klasse die Erfahrung des Individuums verhinderte. Ich habe an vielen drama-sessions teilgenommen, und es gab immer einzelne, die sich aus der spezifischen Handlung zurückzogen. Dafür gab es die unterschiedlichsten persönlichen Gründe, vor allem aber zwang die durchgehende Interaktion, entweder mitzumachen oder sich zurückzuziehen. Die Dorfbewohner in Boltons »Robin Hood« organisieren sich in ganz traditionell-patriarchalischen Familien mit

[5] Die Dokumentation dieser Seminare an der Kath. Univ. Eichstätt ist in Vorbereitung.

entsprechenden Rollen für Kinder und Frauen. Der Reiz des Themas liegt aber für weibliche und männliche Leser nicht zuletzt in der individuellen Freiheit dieser Anarchisten, dem Ausbruch aus den Rollen der mittelalterlichen Gesellschaft. Dafür ist in Boltons Interaktion kein Platz.

Und hier wird auch deutlich, daß die Freiheit für die individuelle Erfahrung einer Situation direkt verbunden ist mit einer Öffnung des Themas. Würde man das Thema »Robin Hood« nicht festlegen auf die Organisation des bürgerlichen Widerstands gegen Willkür und Unterdrückung, müßten sich manche Spieler nicht vom Lehrer ausgeschlossen fühlen. Erfahrung einer Situation sollte daher nicht heißen, die Erfahrung des Lehrers zur Basis einer Improvisation zu machen.

1. Im Gegensatz zum britischen DIE suche ich in Lernimprovisationen nicht in erster Linie soziale Interaktion, sondern auch die persönliche, private Erfahrung. Ich habe es im Sprach- und Literaturunterricht immer wieder mit der Unfähigkeit von Schülern zu tun, sich in imaginierte Welten zu versetzen, in ihnen die eigenen Bedürfnisse und Träume, und das heißt: sich selber zu finden. Das halte ich aber für das entscheidende Angebot literarischer und dramatischer Kunst. Das ist es, was sie als ein Stück Lebensqualität, eine Kulturtechnik der Selbsterfahrung und Sinnfindung mitnehmen sollen.

2. Der Lehrer muß also einerseits Techniken entwickeln, situative Erfahrungen auszulösen und das educational drama bietet dazu reiche Anregungen. Gleichzeitig muß er einen Blick für das Erfahrungspotential von Texten entwickeln, die er mit seinen Schülern lesen will.

3. Lernen ist auch die Konfrontation mit Neuem. Lernbereiche der Recherche zu öffnen, sehe ich genau wie Heathcote als eine legitime Aufgabe von Lernimprovisationen. Doch die Ergebnisse dieser Recherche dürfen nicht vorher schon begrenzt und auf ein erwünschtes Ergebnis eingeengt werden. Lernimprovisation darf nicht nur das aufdecken, was der Lehrer klug versteckt oder vorbereitet hat. Darum sollte Informationsmaterial möglichst aus anderen Quellen als dem Lehrervortrag stammen. Und die Bereiche, mit denen man sich befaßt, dürfen nicht zufällig sein. Sie müssen Wissensgebiete erfassen, die der Lehrer aus guten Gründen für wichtig hält. Dabei mag er sich täuschen – aber er darf sie nicht einfach achselzuckend dem Zufall überlassen.

4. Wie Bolton sehe ich in Lernimprovisationen eine Möglichkeit, einen temporären Konsens als Ergebnis gemeinsamer Erfahrungen herzustellen. Selbst wenn er nie von allen geteilt wird, ist dieses Verfahren doch der

direkteste Weg zum wissenschaftlichen Denken, d.h.ein Weg, sich über die Prämissen des eigenen Denkens klar zu werden und davon abweichendes Denken zu verstehen.

5. Schon deshalb sollte eine Lernimproviation auch immer Gegenstand der nachträglichen Diskussion sein. Schüler müssen Verantwortung für ihr Lernen übernehmen – dazu müssen sie mitreden können, auch über Form und Inhalte von Lernimprovisationen.

8. Formen der Lernimprovisation

Wenn man das educational drama (und das schließt auch nicht-britische Traditionen ein) konstruktivistisch betrachtet, so gibt es im wesentlichen drei Formen, die ich für meine Zwecke adaptiert oder neu geschaffen habe.

1.In der »Rape Lesson« spielen die Jugendlichen mit ihrem Wissen um soziales und individuelles Verhalten, sie erleben ihre Erinnerungen, reflektieren und benutzen sie im Laufe der Lernimprovisation. Sie schaffen ein »dreamgirl« fast wie ein alter ego und verlassen sich dabei auf ihre eigene Lebenserfahrung, v.a. auf ihr Körpergefühl. In dieser Lernimprovisation kommt nichts vor, was jenseits ihrer Lebenserfahrung läge, was ihnen neu oder unbekannt wäre. Aber das Spiel führt sie zur bewußten Wahrnehmung sozialen und individuellen Verhaltens, im Ergebnis vielleicht auch zur Veränderung von Gewohnheiten und Haltungen; in jedem Fall zu einer sehr bewußten persönlichen Erfahrung und einem Gruppenkonsens über das Thema. Ich nenne dies eine ***Lernimprovisation der Selbstfindung.*** Sie ist hier das Wesentliche, aber sie ist in jedem guten drama mit enthalten; in jeder Interaktion, in jeder Begegnung mit Neuem überrascht uns die Einsicht, wer wir selber sind und was wir für selbstverständlich halten. Man muß allerdings daran erinnern, daß Lebenserfahrungen sehr unterschiedlich sind und man nicht grundsätzlich für die Schüler entscheiden darf, welche man benutzt und welche ausgeschlossen werden. Es war sinnvoll, die »Rape-Lesson« aus der Sicht des Opfers zu planen. Aber sollte man sich nicht auch fragen, was diesen Mann zu seiner Attacke gebracht haben kann?

2. Heathcotes »The Bronze Age« thematisiert die Gründung einer Gemeinschaft, die Übernahme von Aufgaben und Verantwortung, die Bewältigung von Krisen; das hat utopische Qualität – wie wir sie in Robinsonaden, in Siedler- und Pionierlegenden, in den Utopien Platos, Moores oder Orwells, in Startrek, in Filmen, Romanen, virtuellen Spielen und der Science Fiction erleben. Ich nenne sie ***Lernimprovisationen der***

Welterfindung. Jedes Spiel in imaginierten Welten ist immer auch ein Spiel mit der Möglichkeit, neue Welten zu denken und in die Wirklichkeit zu holen, aber hier wird das zum eigentlichen Inhalt. Shifra Schonmanns DIE-Projekte zur Friedenserziehung sind solche Improvisationen der Welterfindung und hoffentlich keine uneinholbare Utopie.

Auch hier muß man die Akzente eindeutig für offenes Lernen setzen. Schonmann trifft diesen Punkt genau, wenn sie analysiert, warum das drama zur Friedensfeier kein voller Erfolg war. Für die Lehrer stand von vorneherein fest, wie der Frieden zu feiern sei – obwohl sie diese Frage angeblich im Spiel thematisieren wollten. Schonmann dagegen besteht auf dem Recht, ja der Pflicht der Spieler, mögliche Welten zu denken, die noch gar nicht existieren. Genauso könnte man auch Heathcotes drama zur Bronzezeit analysieren. Wenn es ein Spiel der Welterfindung werden soll, dann muß man die Spieler wirklich ihre Welt erfinden lassen. Warum dann die Auswahl von Kandidaten, die Heathcote doch durch ihre Vorgaben schon im Detail definiert hat? Warum diese Beschränkung auf einen arbeitsintensiven Pfadfinder-Trip? Die Dichter der Bronzezeit erzählten andere Geschichten: von einem jungen Prinzen, der in den Bergen die Herden seines Vaters hütet und plötzlich von drei Göttinnen umworben wird; von einem Baby, das in einem Körbchen den Nil hinunterschwimmt, von Damen des königlichen Haushalts aufgefischt wird, und eine ordentliche ägyptische Erziehung in Mathematik und Astronomie bekommt. Im Vergleich zu den Geschichten, die uns das Gilgamesch-Epos, die Rigweda oder die homerischen Epen erzählen, ist Heathcotes Bronzezeit ziemlich ernüchternd. Kein Wunder, daß die Spieler darauf bestanden, ein schönes Feuer abzubrennen.

3. Vor allem ging es mir darum, die Mittel des educational drama für den Fachunterricht zu nutzen – in meinem Fall für den Sprach- und Literaturunterricht. Hier mußte ich also Neuland betreten, und ich nenne meine Entwicklung entsprechender Formen ***Lernimprovisationen der Wissensassimilation.***

Dies ist nicht mehr vorranging die Reflexion der eigenen Lebenspraxis, nicht mehr das Erschaffen utopischer Welten, hier geht es in erster Linie um die Begegnung mit Neuem, also mit »Lernstoff«. Dieser Lernstoff ist nun in meinem Fall Literatur – und man muß Literatur zuerst rezipieren und erleben, ehe man darüber reflektierend literarkritisches oder literarhistorisches Wissen erwerben kann. Das ist das Problem jedes Literaturlehrers. Wir wissen, daß viele Schüler die Werke gar nicht oder nur oberflächlich lesen, über die dann stundenlang geredet wird; daß das Wissen, das sie sich für Prüfungen rasch aneignen, ebenso rasch wieder verfliegt. Die Folge davon ist, daß die Schüler den Zugang zu Literatur verlieren oder gar nicht erst erlernen. Das Denken und Leben in imaginierten Welten ist aber eine uralte und äußerst hilfreiche Kulturtechnik. So hat man schon vor Jahrtausenden die eigene Welt interpretiert, ihr Sinn und Schönheit verliehen. So lernte man sich und andere kennen, so gestaltete man Beziehungen und ging mit Trennungen und Sinnkrisen um. Es wäre eine tragische Ironie, wenn uns dieses elementare Potential von Literatur abhanden käme – weil wir sie zu einem Schulfach gemacht haben.

Dabei geht es eigentlich um die Frage, wie Literatur als Lernstoff zu strukturieren sei, ohne ihren offenen Entwurf-Charakter zu verlieren. Jedes Kunstwerk hat sein eigenes Repertoire von Zeichen, seine eigenen Oppositionen und Paradigmen. Sie mögen uns beim Lesen wenig bewußt sein, wir werden sie individuell immer anders wahrnehmen und artikulieren – sie prägen trotzdem unser Verständnis.

Die Rezeptionsgeschichte großer Werke ist geprägt von jenen Energiefeldern, jenen Verwerfungslinien, an denen ganz unterschiedliche Interpretationen ansetzen. Dafür muß man einen Blick entwickeln, um dann mit Geschick und diagnostischem Gespür die Klasse bei ihrer Artikulation des Repertoires zu begleiten.

Lernimprovisationen sollten sich an diesem Repertoire orientieren, die zentralen Erfahrungen zugänglich machen und einen Konsens oder zumindest eine Auseinandersetzung in Gang setzen. Im Prinzip kann das Ergebnis einer Improvisation der Ausgangspunkt der nächsten sein, man kann aber auch nur eine Erfahrung durchspielen und dieses Ergebnis in einen eher traditionellen Unterricht einbauen. Wo Lernimprovisationen über die Lebenserfahrung der Spieler hinausweisen, müssen Informationen Voraussetzungen für die Recherche schaffen, ohne ein Ergebnis vorwegzunehmen. »Es ist nicht möglich, das Verhalten eines anderen Menschen zu beeinflussen oder das gezielt festzulegen, was mit einem anderen Menschen geschehen wird. Das einzige, das Sie tun können, ist, jemanden zu ›perturbieren‹. Was auch immer dann in dem anderen jeweils geschieht, resultiert aus seiner Struktur. Ich denke, daß ganz alltägliche Situationen das zeigen. Wenn das nicht der Fall wäre, bräuchte man einem Menschen das eine oder andere nicht so oft zu erklären, wie man das manchmal muß. Man erklärt etwas einmal, muß aber die Erklärung noch einmal wiederholen. Gelegentlich muß man auch ganz neue Erklärungswege finden, und so weiter und so weiter. Was bei diesem Vorgang geschieht, ist, daß zwei Personen zusammenleben und sich zusammen verändern. Sie werden vom ›Strom des Lebens‹ dahin getrieben, und zwar in einer Konsensualität. Am Ende dieses Prozesses könnte dann jemand sagen: Sie befinden sich im Einklang, da sie aufgehört haben zu sprechen und ihre Handlungen zu koordinieren. Das ist aber das Ergebnis der aufeinander abgestimmten Strukturänderungen, die durch die rekurrenten Interaktionen bei der Ausdehnung der Konsensualität zustande kamen. Man kann einen anderen Menschen also nicht in dem Sinne kontrollieren, daß man bestimmen könnte, was mit dem anderen Menschen geschieht. Häufig passiert es aber, daß Menschen Umweltbedingungen herstellen, durch welche die Bewegungsmöglichkeiten anderer Menschen eingeschränkt werden« (Riegas/Vetter, 1990, 23).

Erfahrungen und elementare Strukturen – konkrete Handlungsmuster für den eigenen Einstieg in einen Text – wie kann das aussehen?

Lassen Sie mich das am Beispiel von Shakespeares »Hamlet« skizzieren. Dies ist sicher einer der meist interpretierten Texte der Weltliteratur – ein Indiz für seine Rätselhaftigkeit, die auch darin gründet, daß jede Figur praktisch zwei Gesichter hat, Opfer oder Täter sein kann. Ein Staatsstreich, ein Briefwechsel mit dem norwegischen Landesfeind, einige ungeklärte Todesfälle, die Angst um das eigene Leben bei den Protagonisten – nie weiß man, wer gerade lügt, eine Schurkerei plant oder verbirgt. Dieses fast detektivische Suchen nach Indizien und möglichen Antworten, diese Hamlet-Welt, in der man leicht die Orientierung verliert, ist eine jener zentralen Erfahrungen, von denen ich rede. Man kann sich nur in sie hineinbegeben, wenn man tatsächlich Spuren verfolgt. Ein Vorschlag aus der Gerichtsmedizin: elisabethanische Kräuterkunde und Kräuterzauber. Wer elisabethanische Gärten mit ihren herbal borders kennt, die pomanders, Kräuterbouquets und die noch völlig mittelalterliche Vorstellung, daß für jeden Zweck ein Kraut gewachsen sei, der liest manche Szenen einfach anders. Für die Kräuter und Blumen, die Ophelia in ihrer Verwirrung am Hofe austeilt, gibt es in alten (und neuen) Handbüchern eindeutige Indikationen. Was sie bei sich trägt war nach der Vorstellung der Zeit geeignet als Rauschmittel, als Liebeszauber, Heil-, Potenz- und Abtreibungsmittel. War sie gar nicht verrückt – sondern nur high? Wollte sie Hamlets Verwirrung heilen, oder wollte sie ihn mit einem Liebeszauber an sich fesseln oder ein Kind aus ihrer Beziehung mit dem Prinzen abtreiben? Sie hat diese Kräuter selbst gesammelt und ertrinkt, als sie weitere sucht. Kräuterzauber waren das Privileg der weisen Frauen. Vielleicht auch der Königin, die Ophelia folgt und über ihr Ertrinken so verdächtig genau Bescheid weiß? Es wimmelt in Hamlets Welt von Giften: Der alte König wird von Gift getötet, das man ihm ins Ohr träufelt, Claudius besitzt eine giftgefüllte Perle, die sich in Wein auflöst, und Laertes beschmiert die Spitze seines Degens mit Gift. Am Ende sind fast alle

Hauptpersonen vergiftet. Überdies wird am Hof von Claudius ziemlich viel gesoffen – Hamlet beklagt den schlechten Eindruck, den diese Trunksucht im Ausland macht. Wenn man diesen Befund aus der Perspektive eines Apothekers oder einer Kräuterfrau des 16. Jahrhunderts betrachten will, muß man sich – ganz ähnlich wie es Heathcote tut – ein gewisses Expertenwissen aneignen. Da man die Lebensumstände der Verdächtigen gerne kennen möchte, gehört dazu auch einiges Wissen zur Ausbildung junger Frauen von Stande. Ophelias Bruder geht immerhin an die Sorbonne, und ihr Vater ist bei keiner Gelegenheit davon abzuhalten, mit seinem Wissen zu prunken. Daß er seiner Tochter nicht Latein beigebracht hat wie Thomas Morus, auch ein Lordkanzler, den Shakespeare kannte, ist anzunehmen; aber ganz so dämlich, wie Ophelia häufig dargestellt wird, kann sie nicht gewesen sein. Jedenfalls würde sich jeder Kriminalinspektor vergewissern, wieweit er ihrer Naivität trauen kann. Im übrigen ist auch Hamlet Student und nur kurz von seiner humanistischen Universität in Wittenberg nach Hause gefahren. Zu solchen Recherchen braucht man die Vorarbeit des Lehrers, Informationsmaterial für den feed-in. Das sind hier übrigens nicht nur Texte, sondern auch Kräuter, Rezepte, Krankheitsbilder, Indizien aus dem Stück. Wie man damit das Puzzle des Stücks zusammensetzt, ist völlig offen. Immerhin ist es ein Prozeß, in dessen Verlauf das Stück gelesen und auf Indizien durchforscht wird – womit viele Lehrer ohnehin schon sehr zufrieden wären. Dieses Angebot sollte vielleicht nicht das einzige sein, das man seinen Schülern macht; nicht jeden interessieren Ophelia und ihre Kräuterzauber. Im abschließenden postmortem mit Horatio und Fortinbras könnten auch andere Dinge eine Rolle spielen: ein Staatsstreich mit der Erbfolge durch einen Nachbarkönig – den Untertanen der kinderlosen Elisabeth angesichts der bedrohlich katholischen Erbin Maria Stuart ein vertrauter Gedanke.

Man sollte den Spielern durchaus erklären, welche Absicht solche Lernimprovisationen verfolgen; ihre Ansichten, Fragen, Interessen integrieren. Es ist doch anzunehmen, daß sie eher bereit sind, sich mit Fantasie und Findigkeit auf situatives Lernen einzulassen, wenn sie wissen, daß dabei »etwas herauskommt«, was rationalen Ansprüchen gerecht wird; auch wenn das am besten im nachhinein bei der Auswertung von Lernimprovisationen zur Sprache kommt. Wahrscheinlich werden sie gelegentlich dann eigene Vorschläge und Projekte anmelden.

Nebenbei gesagt: Offener Unterricht befreit auch den Lehrer von der Frustration durch Lernziele, die genau betrachet nur einen allwissenden, allmächtigen Puppenspieler und Manipulator glücklich machen können.

Literatur

Boal, A. (1979):Theatre of the Oppressed. London: Pluto Press

Bolton, G. (1992): New Perspectives on Classroom Drama. Hemel Hempstead: Simon and Schuster

Bolton, G. / Heathcote, D. (1995): Drama for Learning, Portsmouth: Heinemann

Bolton, G. (1984): Drama as Education. Burnt Mill: Longman

Duby, G. (1986): Wirklichkeit und höfischer Traum. Zur Kultur des Mittelalters. Berlin: Wagenbach

Duby, G. (1988): Ritter, Frau und Priester. Frankfurt a.M.: Suhrkamp

Hall, E.T. (1959): The Silent Language, Garden City. N.Y.: Doubleday& Co

Hefferline R. F/Goodman P.(1979): Gestalt-Therapie, Wiederbelebung des Selbst. Stuttgart: Klett-Cotta

Hornbrook, D. (1989): Education and Dramatic Art. Oxford: Blackwell

Johnson, L./O'Neill, C. eds. (1984): Dorothy Heathcote, Collected Writings on Education and Drama. London et al.: Hutchinson

LeRoy Ladurie, E. (1980): L'argent, l'amour et la mort en pays d'oc. Paris: Ed. du Seuil

Maturana, H.R./Varela, F.J. (1987): Der Baum der Erkenntnis, München: Scherz

Mead, G. H. (1968): Geist, Identität und Gesellschaft. Frankfurt a.M.: Suhrkamp TB

O'Neill, C./Lambert, A. (1982): Drama Structures. London: Hutchinson

Renk, H.E. (1989): Drama in Education hin, szenisches Spiel her, oder: Die Retourkutsche über den Kanal. In: Germanistische Tangenten, Eichstätter Beiträge Nr. 25. Regensburg

Riegas, V./Vetter, C. (1990): Gespräch mit Humberto R. Maturana, in: H.R. Maturana, Zur Biologie der Kognition, V. Riegas/C. Vetter, eds. Frankfurt a. M.: Suhrkamp

Varela, F.J. (1993): Kognitionswissenschaft – Kognitionstechnik, (Cognitive Science. A Cartography of Current Ideas 1988). Frankfurt a.M.: Suhrkamp

Wagner, B.J./Heathcote, D. (1998): Das Leben erfassen und gestalten, dt. Übers. v. C. Barkhausen. Essen: Die Blaue Eule; englische Fassung (1979): Drama as a Learning Medium. London: Hutchinson

Way, B. (1967): Development through Drama , London: Longman

Angaben zu Herausgeber und Autoren:

EDITH ACKERMANN
geb. in Winterthur, Studium der Psychologie an der Universität Genf, Zusammenarbeit mit Jean Piaget (Forschungsprojekt zu Fragen der Wahrnehmung bei Kindern), Ph.D. bei B. Inhelder; Zusammenarbeit mit Seymour Papert am Massachusetts Institute of Technology, Media Laboratory, 1985 bis 1994; Senior Research Scientist bei MERL, Media Laboratory, Boston; Guest Lecturer am Massachusetts Institute of Technology, School of Architecture; ordentliche Professorin (beurlaubt) an der Université de Provence, Aix-en-Provence, Frankreich.

UTE FISCHER
geb. in Bamberg, Studium der Germanistik und Schulpsychologie an der Universität Eichstätt und der Catholic University of America, Washington D.C., bayer. Staatsexamen für Gymnasiallehrer, Assistentin in deutscher Sprachwissenschaft Universität Eichstätt, Ph.D. an der Princeton University in kognitiver Psychologie, von 1991 bis 1995 Research Scientist der NASA, derzeit NASA-Forschungsprojekt zur Sprache von Piloten in Extremsituationen, seit 1996 Research Scientist am Georgia Institute of Technology, Atlanta/USA. In ihrer Forschung untersucht sie, wie Expertenteams komplexe Probleme lösen und Entscheidungen finden.

HEINZ VON FOERSTER
geb. in Wien 1911, Studium der Physik in Wien und Breslau; aufgrund seiner quantenphysikalischen Theorie des Gedächtnisses Einladung und beruflicher Wechsel in die USA; Herausgeber der Berichte der Macy-Conferences zur Kybernetik, Professor und Leiter des Biological Computer Laboratory zur interdisziplinären Erforschung kognitiver Prozesse an der University of Illinois, Urbana (bis 1976); wird nicht selten als Erfinder der Kybernetik und des Konstruktivismus bezeichnet, will aber das Wort Konstruktivismus nicht mehr hören; jüngere Publikationen: "Sicht und Einsicht" (1985), "Wissen und Gewissen" (1993), "KybernEthik" (1993). Heinz von Foerster lebt in Pescadero, Kalifornien.

ERNST VON GLASERSFELD
geb. in München 1917, österreichische Eltern, Studium der Mathematik in Zürich und Wien; während des 2. Weltkriegs Farmer in Irland; ab 1949 Journalist in Italien; 1962 bis 1970 Leiter eines Forschungsprojekts in maschineller Sprachanalyse; 1970 bis 1987 Professor für kognitive Psychologie an der University of Georgia/USA; Mitarbeiter am Scientific Reasoning Research Institute at the University of Massachusetts/USA.

HEINZ MANDL
Studium der Psychologie, Pädagogik und Soziologie (Lehramt), Lehrer (1961 bis 1967); Univ. Augsburg, wiss. Mitarbeiter an der Forschungsstelle für Entwicklungs-psychologie und Pädagogische Psychologie; Professor für Pädagogische Psychologie und Erziehungswissenschaften an der Universität Tübingen; seit 1990 Professor für Empirische Pädagogik und Pädagogische Psychologie an der Universität München, seit 1995 Dekan seiner Fakultät für Pädagogik und Psychologie; Arbeitsschwerpunkte: Komplexes Lernen, Erwerb und Anwendung von Handlungswissen in komplexen Domänen, selbstgesteuertes und kooperatives Lernen, Initiierung der DFG-Schwerpunktprogramme "Wissenspsychologie" und "Lehr-Lernprozesse in der kaufmännischen Erstausbildung" sowie der DFG-Forschergruppe "Wissen und Handeln" an der Universität München. DFG-Fachgutachter für Pädagogische Psychologie und Entwicklungs-psychologie (1989 bis 1991), Präsident der European Association for Research on Learning and Instruction (1989 bis 1991).

HERTA-ELISABETH RENK
geb. in München, Studium der Germanistik, Anglistik und Theaterwissenschaft in München, London (King's College) und Wien; seit 1975 Lehrstuhl für germanistische Sprach- und Literaturdidaktik an der Katholischen Universität Eichstätt; Initiatorin und Leiterin des Studiengangs "Spiel und Theaterarbeit mit Non-Professionals (STAKE)" von 1991 bis 1995; Gastprofessuren in Washington D.C., Paris/Nanterre, University of Southern California und Arizona State University, Tempe; Vorsitzende der Deutschen Gesellschaft für Theater, Spiel- und Lernprozesse; Arbeitsschwerpunkte: Theater und Film (Geschichte, Ästhetik, Vermittlung), educational drama und Lernimprovisationen, Literaturvermittlung.

SHIFRA SCHONMANN

geb. in Haifa, Studium der Bibel,- Literatur- und Theaterwissenschaften in Haifa und Jerusalem, Habilitation mit einer Arbeit zum drama-in-education, seit 1990 Professorin und Institutsleiterin in der Fakultät für Lehrerbildung an der Universität von Haifa; daneben Leiterin des Institute for Research in Theater/Drama Education; Arbeitsschwerpunkte: drama-in-education und cognition drama, auch im Rahmen der jüdisch-arabischen Friedenserziehung, Schauspielerziehung, Arbeit in Lehrplankommissionen.

LUCHTERHAND – 75 JAHRE VON PROFI ZU PROFI

1924
Verlags-Gründung in Berlin durch Hermann Luchterhand (1886–1950).

Erste Verlagserzeugnisse: Steuerinformationen und Formblätter. Entwicklung des Loseblattwerks „Handbuch für das Lohnbüro“.

1934
Eintritt von Eduard Reifferscheid (1899–1992) als Prokurist in den Verlag, später Mehrheitsgesellschafter und Geschäftsführer.

Allmählicher Aufbau des juristischen Fachbuchprogramms. Edition von ergänzbaren Loseblattwerken aus verschiedenen Rechtsgebieten und Einzeldarstellungen zum Wirtschaftsrecht.

1945
Nach Ausbombung von Verlag und Druckerei 1943/44 beginnt Eduard Reifferscheid im Sommer mit dem Wiederaufbau.

1948
Eröffnung einer Zweigniederlassung am heutigen Hauptsitz Neuwied/Rhein.

Konsequente Entwicklung von Loseblattwerken, Büchern und Zeitschriften in zahlreichen Rechtsgebieten.

1955
Start des Belletristik-Programms, u.a. mit Werken von Günter Grass, Peter Härtling, Eugène Ionesco, Georg Lukács, Anna Seghers, Christa Wolf und den Nobelpreisträgern Miguel A. Asturias, Alexander Solschenizyn, Pablo Neruda und Claude Simon.

1972
Erweiterung der Programmpalette durch „Alternativkommentare“ und zahlreiche juristische Fachzeitschriften.

1987/88
Verkauf des Luchterhand Verlags an den holländischen Verlagskonzern Kluwer NV. Verkauf des literarischen Verlagsteils und Integration juristischer Kleinverlage in den Luchterhand Verlag, dadurch Gründung einer Niederlassung in Frankfurt/Main. Seitdem ist Luchterhand ein Unternehmen der Verlagsgruppe Wolters Kluwer, Amsterdam.

1991
Übernahme pädagogischer Programmteile vom Berliner Verlag Volk und Wissen. Gründung der Berliner Niederlassung.
Verlegung der Niederlassung Frankfurt/Main nach Kriftel (Taunus).

1991/92
Erste elektronische Produkte, Disketten und CD-ROM.

1994
Erwerb des auf Architektur, Bautechnik, Bauwirtschaft und Baurecht spezialisierten Werner Verlages, Düsseldorf.

1998
Erwerb des Fachverlages Deutscher Wirtschaftsdienst, Köln, mit den Programmschwerpunkten Außenwirtschaft, Wirtschaftsförderung, Personalmanagement sowie Informationstechnologie.

1999
Der Hermann Luchterhand Verlag feiert sein 75jähriges Bestehen. Insgesamt sind 1.500 Titel – als Buch, Loseblattwerk, Tabelle, Formular, CD-ROM/Diskette sowie rund 30 Fachzeitschriften – zu den Schwerpunkten Recht, Wirtschaft, Steuern, Bildung, Erziehung und Soziale Arbeit lieferbar.